박열, 불온한 조선인 혁명가

박열,
불온한 조선인 혁명가

안재성 지음

일왕 부자 폭살을 꿈꾼 한 남자의
치열하고 뜨거운 삶과 사랑

인문서원

저항의 시대, 빛나는 별들

긴 투쟁의 시대였다. 기나긴 저항의 시간이었다. 선진 자본주의 제국들이 일으킨 식민지 쟁탈전으로 온 세계가 전화에 휩싸여 있던 시대, 나라 잃은 한국인들에게는 전사가 필요했다. 어둠의 시대를 빛낼 별들이 필요했다.

1894년 동학농민군이 낫과 죽창을 들고 일본군 중기관총 부대에 돌진해 우금치 언덕을 피로 물들인 이래 1945년 제2차 세계대전이 종식되기까지 꼬박 50년 간, 헤아릴 수 없이 많은 한국인들이 일본인의 침략에 맞서 싸웠다. 어떤 이는 봉건왕조의 재건을 위해, 어떤 이는 1919년에 수립한 대한민국을 위해, 어떤 이는 사회주의 혁명을 궁극적인 목표로 싸웠으나 투쟁의 대상은 같았다.

싸우는 방식도 다양했다. 짚신에 화승총 하나 들고 눈밭에 피를 뿌리던 초창기 의병들, 혹독한 고문과 옥살이를 감수하며 파업과 소작쟁의를 일으켰던 국내 사회주의자들, 영하 40도를 오르내리는 만주 대륙을 누비던 빨치산들, 한 자루 권총과 수류탄으로 자살과 다름없는 육탄공격을 감행했던 우국지사들도 있었다.

투쟁의 방식은 달랐으나 그들은 모두 전사들이었다. 어둠의 시대를 빛낸 별들이었다. 박열은 그 어둠의 시대, 수없이 명멸해간 빛나는 별들의 하나였다.

일왕 부자를 죽이려다 체포되어 장장 22년여의 감옥살이를 견뎌낸 박열은 뛰어난 전사였다. 다른 모든 전사들도 마찬가지지만, 그의 투쟁이 값어치가 있는 것은 유일무이한 투사이기 때문이거나 가장 큰 공을 세워서가 아니다. 보다 큰일을 했든 시도만 하다가 실패하고 이름 없이 사라졌든, 저항의 시대를 빛낸 모든 별들이 다 똑같은 가치를 가진다.

그런데 박열이 유독 눈에 띄는 이유는 재판정에서 보여준 그의 기개 때문이다. 또한 시대의 한계를 뛰어넘는 고민의 깊이 때문이다. 선과 악, 정의와 불의, 투쟁과 굴종 등 인간의 본성에 뿌리박은 제 문제들을 고민하고 회의하고 또 질타하는 그의 연설문과 논문은 오늘의 현실에도 길을 안내하는 등불이 되기에 부족함이 없어 보인다.

이제 전사들의 시대는 갔다. 적어도 외형상으로는 사람마다 제각기 각양각색의 재능과 개성으로 세상을 꾸며나가는 자유롭고 평화로운 시대가 수십 년째 이어지고 있다. 그럼에도 박열과 같은 이들의 생애가 여전히 의미를 갖는 이유는 인간의 역사에 종착역이란 없기 때문이다. 새로운 시대, 새로운 사람들에게 주어진 새로운 형태의 모순과 부조리를 개선하고 또 다른 억압자가 되려는 이들과의 투쟁을 계속해야 하기 때문이다.

자유·평등·평화를 위한 인간의 이 끝없는 도전에 앞장 선 이들을 기억하고 존중하는 일, 그것이 인류의 미래를 열어줄 것이다. 개인의 부와 권력과 명예를 위한 경쟁에서 성공한 이들의 출세기가 서점의 서가에 넘치고 있는 이기주의 시대에 뒤늦게나마 박열 평전을 내는 이유이다.

이 책에 인용된 자료와 사진은 사단법인 박열의사기념사업회에서 운영하는 박열의사기념관의 도움을 받았으며 한국독립운동사연구소가 기획하고 김인덕 선생이 집필한 『박열』(역사공간, 2013)과 김삼웅 선생의 저작 『박열 평전』(가람기획, 1996)을 많이 참고했다. 선행 연구에 힘쓰신 두 저자께 깊이 감사드린다.

2017년 봄

안재성

차례

우리들은 너희들의 끊임없는

제국주의적 야심의 희생이 되기 위해

전 세계로부터의 약속에 의해

태어났는지 어떤지는 모르겠다.

이것이 우리들에게 주어진

유일한 운명인지 뭔지는 모르겠다.

그러나 가령 그것이 우리들에게 있어서

피할 수 없는 운명이라 해도

우리들은 이처럼 잔인한 운명에 대하여

순종할 수는 없다.

- 박열, 「한 불령선인으로부터 일본의 권력자 계급에게 전한다」에서

1.
샘골의 수재

박열은 1902년 3월 12일, 경상북도 문경군 호서남면 모전리에서 태어났다. 현재 주소로는 문경시 모전동 311번지다. 아버지 박지수와 어머니 정선동 사이의 3남 1녀 중 막내로, 유아기에 문경군 마성면 오천리 98번지, 샘골로 이사해 어린 시절을 보냈다.

샘골은 5, 6가구밖에 되지 않는 한촌이었다. 맑은 개울이 흐르는 이 작고 평온한 마을에서 가난하지만 화목한 3남 1녀의 막내로 온 식구들의 사랑을 듬뿍 받으며 자라난 박열은 훗날 일본 감옥에서 아내 가네코 후미코에게 자신의 고향과 어린 시절을 이렇게 말한다. 가네코의 자서전에 나온다.

"화목하고 아름다운 촌락이지. 사방에 산이 둘러싸여 있고 맑은 물이 개천을 흐르고 있는 우리 집은 지금은 박정식이란 형

님이 호주이며, 형님은 부드럽고 순박한 사람이야. 농사와 양
잠으로 생계를 이어가지만, 옛날에는 상당한 가문으로 이조시
대에는 판서공으로서 학문에 뛰어난 인물도 배출되었었지. 아
버지는 내가 9살 때 돌아가셨으나 어머니는 아직 살아 계시
며, 어머니는 나를 무척 사랑해주셨으며 매일 밤 나는 어머니
의 발에 내 발을 끈으로 묶어두고 잠을 자곤 했지."

가네코 후미코의 글에는 박열이 9살 때 아버지를 잃었노라 말
했다고 나오는데 실제로는 5살 때 사망했다. 전달 과정이나 기억
에 약간의 오류가 있던 것으로 보인다.

문경군은 북으로 아름다운 주흘산을 등지고 남으로는 들과 야
산이 어우러진 평화로운 농촌이었으나 일본 침략 후 곳곳에 탄광
이 개발되어 조선인들에 대한 가혹한 노동착취와 인권유린이 벌
어지던 지역이었다. 때문에 주민들 사이에 반일 정서가 널리 퍼져
있었다. 박열도 어려서부터 자연스럽게 그 영향을 받았을 것이다.

오천리에는 인근의 산림과 식수를 관리하고 경로사업을 하는
성산조합이라는 마을자치 단체가 결성되어 있었다. 이 단체는
1919년 권농조합으로 개칭되었는데 박열의 큰형 박정식과 작은
형 박두식도 이 조합의 회원이었다. 인품 좋은 박정식은 1921년
부터 2년간 마을 이장을 맡기도 했다.

함양박씨 집안은 수백 년간 경북 예천 금당실 선동에 자리 잡
고 살아온 유서 깊은 지방 명문가였다. 고려 말에 재상을 지낸 박
충좌의 후손으로, 그 7세손인 박눌의 아들 5형제는 모두 과거시험

대과에 합격해 널리 존경을 받았다. 박열은 그 5형제 중 막내인 박종린의 14세손이었다.

3대 독자이던 박열의 할아버지가 조상의 터전이던 예천 선동을 떠나 멀지 않은 마을인 문경군 호서남면 모전리로 이주해 온 것은 1880년대였다. 양반 명문가라 해도 왕조 말기의 혼란 속에 빈부 격차가 극심할 때였다. 수만~수십만 평을 가진 대지주들이 성장한 반면, 굶주리다 못해 상민 출신 부자들에게 양반 족보를 팔아먹는 이들도 널렸을 때였다. 더욱이 박열의 할아버지는 당시 반봉건 혁명세력이던 동학과 가까웠다는 전언으로 보아 자영농 수준이었을 것으로 보인다. 4대 독자로 태어난 박열의 아버지 박지수가 장자상속법에 따라 큰아들 박정식에게 남긴 땅이 논밭 합쳐 고작 3,000평이었던 점으로 보아도 그렇다.

집이며 의복과 생활도구까지 기본적인 의식주를 모두 자체 생산하던 봉건시대에는 논밭 3,000평이면 한 가족이 먹고 사는 데 큰 어려움이 없었다. 하지만 일본의 침략과 더불어 자본주의가 도입되어 공장에서 생산되는 생필품이며 교육비, 의료비 같은 소비가 늘어나면서 대부분의 중소지주들은 몰락하게 된다.

남자 형제들은 결혼을 해도 대가족으로 한 집에 모여 사는 게 보통이었다. 박열의 아버지 박지수가 1906년 위장병으로 사망하고 큰형 박정식이 전 재산을 물려받아 동생네 가족까지 여러 식구를 먹여 살리면서 생활은 나날이 어려워졌다.

나이가 박열보다 20살이나 많아 신식학교에 다닐 기회조차 없던 큰형 박정식은 9살에 서당에 다니며 『천자문』을 배운 후 독학으로 한문을 공부한 게 전부이고 작은형 박두식은 5개월간 서당에 다닌 후 농사만 지어 문맹이나 다름없었다.

박정식은 일본인들이 세운 함창잠종전습소에서 6개월간 교육을 받아 면내 각 마을을 돌아다니며 누에치기를 가르치는 등 대가족을 먹여 살리느라 분주했으나 잘못 선 빚보증이며 식구들의 병치레로 얼마 되지 않는 땅은 빠르게 줄어들었다.

생활의 어려움과 행복이 반드시 비례하는 것은 아니다. 막내인데다 착하기도 했던 박열은 유난히 사랑을 받고 성장했다. 어렸을 때 어느 날 길을 가다가 거지 할머니를 보자 어머니를 졸라 옷을 주도록 약속받은 다음, 기어이 거지 할머니를 집까지 데려온 일도 있었다. 박열은 어머니와 큰형, 그리고 공평에 살던 누이와 매형, 함창에 살던 고모 등 온 가족의 기대와 애정을 받으며 성장한다.

사랑이 풍부할수록 아이들은 의지가 강하고 자신감 있게 자라는 법이다. 어린 시절 박열은 돈 없는 집 아이들을 멸시하는 부잣집 아이를 때려주기도 하고 잘난 체하는 아이들을 혼내기도 하는 다혈질이었다.

스스로 박열이라 이름 붙인 사연도 그랬다. 살아생전 아버지는 막내로 태어난 그에게 '혁식'이라는 이름을 지어주었는데 일제에 의해 호적법이 시행되면서 1909년 '준식'으로 개명해 신고했다. 그러나 박열은 스스로 자신의 이름을 '열(烈)'이라 불러달라고 어머니와 형제들에게 요구했다. 불과 7, 8살 때로, 서당에 다니던 무렵이었다.

동생이 스스로 박열이라고 칭한 이유에 대해, 큰형 박정식은 나중에 일제 경찰의 참고인 조서에서 "결심한 것은 꼭 수행하고야 마는 성격이었기 때문에 그렇게 칭했다."고 진술한다.

후일 감옥에서 쓴 글들이 보여주듯이, 두뇌도 상당히 좋고 생각도 깊었다. 서당에 나가던 7살부터 8살까지 『천자문』, 『동몽선습』, 『자치강목』 등을 떼었다. 인간을 왕과 신하, 양반과 상민, 남자와 여자, 노인과 유아 등으로 차별하고 높은 사람에게 충성하라는 내용을 담고 있는 유교 서적들이었다. 독특하게도 박열은 그런 유교적 교리에 동화되기는커녕 심한 반감을 가진다. 훗날 법정에서 박열은 서당에 다니던 8, 9살 때 벌써 이러한 신분질서, 성차별에 불만을 품었노라고 진술한다.

> "우선 첫 번째는 학교에 가기 전 내가 8, 9세 때의 일이었다. 조선은 전통적으로 계급제도를 중시하고, 약자는 강자에 대해 절대복종 관계의 고전주의였다. 예를 들면 자식은 부모에 대해, 남동생과 여동생은 형과 누나에 대해, 어린 사람은 나이든 이에 대해 절대복종 관계에 있고, 특히 조선의 관습상 기혼자는 성인으로서 대우 받으므로 연장자의 미혼자는 연하의 기혼자에 대해, 또 연장자의 하급 친족자는 연하의 상급 친족자에 대해 절대복종적 관계에 있었다."

중국문화에 대한 사대주의에도 반감을 가진다. 그는 조선이 고유의 문자와 언어를 가지고 있음에도 중국 한자와 중국에서 들어온 고전들을 숭배하는 어른들의 사고방식에 회의를 품는다. 역시 박열의 법정 진술이다.

> "또 조선에 있어서 조선 고유의 문자가 있는데도 불구하고,
> 한문을 진서라 부르고 존중하며, 새 것을 배척하고 낡은 것을
> 존중하는 고전적인 이들의 절대복종적, 고전적인 것에 관해
> 나는 어린애이지만 회의를 품고 있었다."

오히려 일본에 대해서는 처음에는 호의적인 감정까지 가졌다.
이는 조선 말기 지식인들이 일본과 서양의 신문명을 동경하여 호
의적으로 받아들이다가 일본의 침략이 본격화되면서 항일운동에
나섰던 것과 같은 맥락이다. 보통의 조선인들은 일본인을 왜놈이
라 부르며 멸시하고 거부했으나 박열은 오히려 일본의 신문명을
배워야겠다는 생각으로 11살이 되던 1912년 보통학교에 입학한
다. 역시 본인 진술이다.

> "두 번째로, 내 사상에 영향을 미친 것은 학교에 다니게 된 후
> 의 환경이다. 조선인은 일본인을 왜놈이라고 부르며 모욕하고
> 무조건 일본인을 배척하였지만, 나는 일본인의 생활이 비교적
> 개화되어 있는 것을 보고 일본인이 경영하는 학교에 들어가
> 고 싶어져서, 서당에서 함창공립보통학교에 전학했다."

인류 역사 자체가 끊임없는 침략과 전쟁의 역사이지만, 특히 19
세기 말부터 선진자본주의 제국들이 일으킨 침략전쟁은 값싼 원

료와 노동력을 수탈하기 위한 경제적 목적을 가지고 있었다. 1910년 조선을 합병한 일제는 산업화에 필요한 노동력을 양산하는 동시에 친일화 교육을 위해 전국의 고을마다 보통학교를 세우고 큰 도시에는 고등보통학교와 농업학교나 사범학교 같은 전문학교를 세웠다.

일제의 의도와 상관없이 조선인들의 학구열은 높았다. 인구의 80% 이상을 차지하는 가난한 농민들은 자식에게 신학문을 가르쳐 도시로 진출시키는 것이 유일한 탈출구라 생각했다. 가난한 이들에게는 보통학교 학비도 큰 부담이었지만 어떻게든 똑똑한 자식 하나는 학력을 갖추게 하려고 애썼다. 고등보통학교는 물론이요, 보통학교 입학 경쟁률도 높아서 몇 년씩 재수를 하는 이도 있을 정도였다.

학교는 사립과 공립으로 나뉘고 조선인 학교는 4년제로, 일본인 학생을 위한 학교는 6년제로 나뉘었다. 함창보통학교는 조선인을 위한 4년제 공립학교로 1910년에 설립되었다. 당시 보통학교 월 사금은 40전으로 입학금과 후원비 등을 합치면 1년 학비가 20원에 이를 때였다. 몇 년 후의 일이지만 큰형 박정식이 6개월간 양봉학교를 다니며 기술을 배워 1년에 양봉으로 얻는 수입이 30원이었으니 박열을 보통학교에 보내는 건 쉬운 일이 아니었다. 학교도 집에서 20킬로미터나 떨어진 함창읍에 있어 하숙 비용이 추가되어야 하니 더욱 난감했다.

박열을 보통학교에 입학시키라고 강력하게 형들을 설득해준 이는 매형이었다. 하나뿐인 누나의 남편인 그는 개화된 지식인으로 함창에서 조금 떨어진 공평에 살고 있었다. 집안에 여유가 있었던 그는 연필과 공책 등 박열의 학용품을 도맡아 대주었는데 박열은 그것을 혼자 쓰지 않고 꼭 친구들에게 나눠주었다.

함창에 살던 고모도 적극적인 지원자였다. 박열은 학교 다니는 동안 주로 함창 고모 집에서 생활을 했다. 따로 교통수단도 없는 시골이라 수업이 없는 날은 20킬로미터 먼 길을 걸어 집에 왔고 공평의 누나 집에서 한동안 다니기도 했다.

학적부가 소실되어 성적을 확인할 수는 없지만 공부를 퍽 잘했던 듯하다. 큰형 박정식은 후일 법정에서도 박열이 공부에 꽤 재능이 있었다고 진술한다. 박열 자신도 열심히 공부를 했다고 진술한다. 졸업 후 조선 제일의 명문이던 경성고등보통학교에 장학생으로 들어간 것만 봐도 성적이 대단히 우수했을 것이다. 하지만 두뇌가 뛰어나고 공부를 많이 할수록 현실에 대한 불만도 커지는 법이다. 그는 법정에서 진술한다.

"나는 일본의 교육 방법이 얼마나 진보되어 있는가에 감탄하여 열심히 공부했다. 교사로부터 일본과 조선은 한 나라이며, 일본인과 조선인은 동포이며 평등하다는 것을 가르치는 일본 천황의 고마움을 설교받았지만, 사실상 일본인 소학교는 조선인 소학교보다 우선순위에 놓여지고, 학교에서 조선어를 사용하는 것을 금하며, 조선의 지사나 위인에 관한 것은 물론 조선 황제에 관한 것조차 조금도 언급되지 않을 정도로 불평등한 것에 대해 나는 회의를 품고 있었다."

조선이 유교 숭배자인 대원군의 쇄국정책으로 수십 년간 정체해 있던 사이, 메이지 일왕의 주도로 자진해서 서구문명을 받아들인 일본은 불과 30년 만에 서구 제국들과 대등한 수준의 경제력과 군사력을 가진 대국으로 성장해 있었다. 경제뿐 아니라 정치적인 측면에서도 자본주의를 토대로 한 자유와 평등의 사상이며 의회제도 같은 근대제도가 도입되었다. 하지만 천황제가 강화되고 호적상의 신분서열이 온존하는 등 반봉건적 제도와 문화도 공존했다. 자생적인 변혁의 과정을 거치지 못한 채 강제로 자본주의를 이식당한 조선인들에게는 봉건적 문화가 더 뿌리 깊었다. 신학문을 배울 기회가 있던 학생들은 그나마 서구사상을 접할 기회가 있지만 대다수 조선인들은 여전히 봉건의식에 젖어 있었다. 박열은 말한다.

> "학교에서의 생활은 그토록 평등을 표방했지만 사실상 불평등했기 때문에 거듭 학교생활과 가정생활은 모순, 충돌하고 있었다. 학교에서 교사가 옳다고 가르친 것이 내 가정에서는 옳지 않은 경우도 있었다."

　일본인과 마찬가지로 조선인의 호적에도 양반, 평민, 상민의 계급이 명시되어 있었을 뿐 아니라 실제 생활에서도 양반이 지날 때면 평민들은 그 자리에 서서 허리를 굽혀 인사했고 불손하게 행동하면 양반가에 끌려가 볼기를 맞았다. 달라진 게 있다면, 과거의 종들은 무상으로 노동력을 바치고 주인 맘대로 팔고 팔리는 노예와 같았는데 이제는 세전을 받으며 그만둘 수도 있는 형식적 자유를 얻었다는 점이었다. 남녀의 차별은 거의 변한 것도 없었다. 그나마 조선인들 사이의 봉건의식은 시간이 가면서 변했지만, 일본인과 조선인 사이의 불평등은 결코 해소될 수 없는 문제였다.

> "당시 나는 어린이였지만 실제로 사회를 보면, 일본인과 조선인은 평등하며 동포라고 하였지만 조선인은 차별적이고 불평등한 대우를 받고 있었다. 조선인 공무원은 직무상 중요하고 높은 지위에 앉는 일이 불가능하고, 일본인 관리보다 봉급도 적고, 승진도 늦고, 또 일본인이 경영하는 상점에서는 조선인 손님에게 도량이나 눈금을 속이고 있었고, 같은 노동자간에도 일본인과 조선인을 차별대우하고 있었다."

학교에서는 일본 땅을 '본국' 또는 '내지'라 불렀고 일본어를 '국어'라고 가르쳤으나 조선인의 입장에서 보면 일본은 본국이 아니고 일본어도 국어가 아니었다. 보통학교에서 가르친 위인들은 모두 일본인 조상들뿐, 이토 히로부미를 죽인 안중근이나 이순신 같은 조선의 위인들에 대해서는 일체 가르치지 않았다. 그런 이름들은 부모나 동네 형들을 통해 말 못할 비밀처럼 깨우쳐야 했다. 교과서에는 자유와 평등을 표방하고 있었지만 현실은 달랐다. 그것은 일본인들 내부에 적용되는 사상에 불과했다. 총독부는 한일합병 직전까지 대한제국 정부에서 세운 소학교와 서당에서 가르치던 『동몽선습』을 비롯한 교과서들과 대한제국의 연호를 사용한

서적들은 몰수해 폐기시켰다. 그런 책을 소지하다가 발각되면 벌금을 내야 했다.

　함창공립보통학교에 다니던 10대 초반에 이미 박열은 상당한 반일의식을 갖게 된다. 박열은 서당에 다니던 시절에는 유교적 유습에 반감을 가졌으나, 일제의 민족정신 말살 정책에 반감을 가지게 되어 호기심으로라도 조선시대의 고전들을 읽고 싶었다고 후일 법정에서 진술한다. 특히 졸업을 얼마 앞둔 1916년 초, 젊은 조선인 교사 이순의가 학생들을 모아놓고 울면서 한 말이 그에게 깊은 인상을 남겼다.

"나를 용서해라. 나는 일본이 우수하고 일본이 조선을 하나로 묶어 다스리는 것이 당연하다고 너희들에게 가르쳤다. 반면 조선은 못나고 힘없는 나라로 일본에 합쳐져야 마땅하다고 가르쳐왔다. 그런 것들은 모두 거짓이었다. 내 목숨을 지키려고 비겁한 마음에서 내가 이제까지 너희들에게 마음에도 없는 거짓 교육을 했다. 조선의 역사를 존중하지 않으면 안 된다. 일본의 교사는 경찰서의 형사나 다름없다. 조선은 일본보다 훨씬 더 오랜 역사를 가진 나라다. 조선 민족은 일본 민족보다 훨씬 우수한 문화를 지켜왔다. 조선인으로 태어난 것을 자랑스럽게 여겨라."

　박열은 울면서 말하는 이순의 선생에게 큰 감명을 받았노라고 나중에 법정에서도 진술했다. 양심의 가책으로 더 이상 친일화 교육을 할 수 없던 이순의는 결국 관립학교에서 쫓겨나 조선인들이 세운 사립학교 교사로 일하다가 해방을 맞게 된다.

현실 생활에서도 조선인에 대한 횡포를 여러 차례 직접 목격하며 더욱 반감을 품게 되었다. 특히 일본인들의 조선인 재산 강탈 행위를 목도하며 분노를 쌓는다. 강제 병합에 성공한 일제는 동양척식주식회사를 차려놓고 전국의 모든 땅에 대한 측량 사업에 들어갔다. 조선인들로부터 토지 소유권을 강탈하기 위해서였다. 박열은 말한다.

"일본 정부는 토지측량조사를 함에 있어서 진짜 소유자가 누구든 간에 상관없이 조사 당시의 토지 소유 명의인에게 소유자임을 인정한다고 하는 법령을 설정해, 일본인을 소유 명의인으로 하여, 전국적으로 조선인의 토지를 빼앗아버렸다. 민둥산을 몰수한다는 법률을 설정하고 일본인에게 식수를 장려하여 일정기간 내에 일정한 숲을 이루게 해서 일본인에게 그 토지를 내려주어, 결국 전국적으로 조선인의 손에서 산을 전부 빼앗아버렸다."

조선으로 이주해 온 일본인들의 사적인 수탈도 극심했다. 관헌의 보호를 받는 그들은 갖가지 악랄한 수단을 동원해 조선인들로부터 토지와 재산을 강탈한다. 박열의 말이다.

"일본인은 한창 고리대금업을 하여, 조선인의 무지함을 이용해 소유하고 있는 토지 또는 가옥을 저당잡고, 조선인이 변제기일에 돈을 되돌려주러 가도 그 고리대금업자는 돈을 받지 않고 저당물을 몰수해버리며, 후에 말다툼이 되면 고리대금업자에게 얻어맞아 피를 흘린 조선인이 헌병대에 호소하면 헌병대는 그 고리대금업자를 옹호하여, 저당물을 몰수당한 조선인을 꾸짖거나 때리거나 했다."

일본 헌병과 경찰은 무거운 짐이 있으면 아무나 만나는 조선인을 잡아서 그 짐을 목적지까지 나르게 하고는 어떤 사례나 보답도 하지 않는 게 통례였다. 강제 합병 후 일어난 조선인 의병들을 폭도라 부르고 학살한 이야기도 입소문을 통해 널리 알려졌다.

이 부당한 현실에서 15살 소년이 할 수 있는 일은 무엇이었을까? 보통학교를 졸업할 무렵 그의 꿈은 교사가 되는 것이었다. 한국인의 주권을 찾기 위해서는 자신부터 신학문을 배워 후진을 양성하자는 것이었다. 큰형 박정식은 법정에서 증언한다.

"당시 꽤 재능이 있었다고 생각합니다만 어디까지나 공부하여 후진을 양성하려고 한다고 말하였고, 그러므로 고등보통학교 사범과에 입학한 것입니다. 여하간 열의는 넘칠 만큼 강경했습니다. 보통학교 졸업 당시 그는 학문 성업 후에 입신하여 후진을 양성한다고 말했으므로 제가 자택에 자본이 없으니까 불가능하다고 말하자, 무슨 일이든지 하기 나름으로, 어떻게든 할 수 있다고 말한 것이 전부입니다. 요컨대 제자를 양성할 목적이었다고 생각합니다."

먹고 사는 일, 재산 모으는 일, 자신의 이익에 관심 없이 전력을 다해 공부하여 후진을 양성하는 게 소년 시절 박열의 꿈이었다는 말이다. 보통학교도 힘들게 보냈는데 고등고보까지 보낼 집안 형편은 더욱 못 되었다. 일반 고등학교는 월사금이 4원 이상 할 때였다. 외지에 나가면 하숙비까지 필요하니 갈수록 어려워지고 있던 집안 형편으로는 거의 불가능했다.

기쁜 정보를 알려준 이는 함창보통학교 시절 눈물로써 민족의식을 불러 일으켰던 은사 이순의였다. 오늘의 도지사인 도장관의 추천을 받아 경성고보 사범과에 들어가면 월사금을 면제받을 수 있다는 정보였다. 경상북도 도장관의 추천을 받기 위해서는 대구에서 시험을 치러 우수한 성적을 내야 했다. 박열은 조선 제일의 명문으로, 전국의 수재들이 모여든다는 경성고보 사범과를 목표로 삼았다.

박열은 환갑이 되어가는 어머니와 두 형을 설득해 경성고보에 가겠다고 고집했다. 공부를 하겠다는 열의가 넘칠 만큼 강경했다. 큰형 박정식은 막내동생의 고집을 꺾지 못하고 승낙하고 말았다. 그는 박열이 입학시험에 응시하도록 김천까지 배웅했다. 큰형의 법정 진술이다.

"다이쇼 5년(1916년), 그가 15살 때 경성보통고등학교에 입학
신청을 하여, 당시의 생계도 전술한 대로였으므로 가정에서

학업을 그만둬주기를 권고했으나, 원래 준식의 성격은 어릴 때부터 결심한 일은 반드시 관철하는 본성이 있고, 보통학교의 성적도 나쁘지 않았기 때문에 결국 동생의 희망을 받아들여 저도 승낙하고, 그 후 입학시험과 수험을 위해 대구에 갈 때 제가 도중에 김천까지 동반하여 그곳으로부터는 대구까지 그 혼자서 출두, 응시 결과, 통과하였습니다."

박열 본인은 법정 진술에서 입학시험에 낙제했을 경우의 수치를 고려해 무단으로 대구에 가서 입학시험을 치른 후 합격 소식을 알렸다고 말한다. 큰형의 기억과는 약간 다른데, 해석 차이일 뿐일 것이다. 합격 소식을 들은 어머니와 형들은 학비를 일부 부담하겠다고 약속했다.

월사금은 무료였으나 생활비는 본인이 부담해야 했다. 한 달에 10원 정도가 필요했는데 박열은 학과 공부 외에 도쿄의 와세다대학으로부터 정치, 경제, 상업에 관한 강의록을 구독해 공부를 하느라 1년에 한두 번씩 15원에서 20원을 추가 지출했다. 가난한 집안으로서는 감당하기 어려운 돈이었다.

박열은 처음에는 하숙을 하다가 돈을 아끼려고 안국동에 방 한 칸을 얻어 동급생 두세 명과 자취를 하기도 하고 학교 기숙사에서 생활하기도 했다. 그래도 나중에 중퇴하기까지 300원 가량의 돈이 들었고, 큰형이 얼마 안 되는 농토를 팔아 충당한다. 가난했던 그의 집안이 완전히 파산 상태에 이르게 된 데는 약값이며 빚보증을 잘못 선 이유도 있지만 박열의 학자금이 큰 몫을 했다.

정확한 통계를 내기는 어렵지만, 조선 최고 명문이던 경성고보와 경성제대는 중앙고보나 보성전문 등 다른 학교들에 비해 상대적으로 적은 항일운동가를 배출했다고 한다. 일본인 학생 수가 많은 탓이기도 했겠지만 조선인 학생이라도 졸업만 하면 총독부나 군청, 면사무소 등에 안정된 직장을 얻을 수 있어 체제순응적인 출세주의자들의 배출구가 된 때문일 것이다.

　　박열도 경성고보 사범과를 나오면 보통학교 교사가 되어 극빈한 집안의 기둥이 될 수 있었다. 그러나 그는 육순 어머니와 가난한 형들의 기대에 부응하지 못했다. 잃어버린 조국의 부름에 응해 조국을 찾는 일에 온 젊음을 바치게 되었기 때문이다.

2.

경성고보 3·1운동

경성고보 시절의 박열은 퍽 과묵하고 진지한 성격이었다. 동갑내기 동창인 조재호는 그가 "조용하고 침착해 얼핏 보면 돌같이 무거운 듯한 인상을 주었다."고 증언한다. 박열이 쓴 글이나 법정 발언은 그가 대단히 논리적이고 엄격한 인물이었음을 보여준다.

이미 함창공립보통학교 시절부터 반일 감정에 빠져 있던 박열은 경성고보에 다니면서 그 방법에 있어 사상적인 변화를 겪는다. 1917년 러시아혁명이 성공하면서 사회주의 사상이 빠르게 유입되던 시기였다. 그는 자신의 가난한 처지가 본능적으로 계급적 반항의식을 키웠노라고 고백한다.

"우리 집은 유복하지 않았기 때문에 학비가 궁했다. 그래서 나는 '부'를 매우 부러워했는데, 이것이 내가 자본가 및 자본주의적 사회제도에 대해 증오심을 갖게 된 제일보였던 것으로 생각된다."

공부는 열심히 했다. 학문 자체를 좋아해 연구와 향학열에 불탔노라고 고백한다. 와세다대학의 통신 강의도 따로 신청해 공부했다. 하지만 그래서 더욱 분노하게 된다. 입학하고 한 학기 정도 지나면서 학교에서 가르치는 학문의 수준이 일본인 학생들이 다니는 일본의 중학교보다 매우 낮다는 사실을 깨닫게 되었던 것이다.

일제 치하 고등고보의 학업 내용과 학교 분위기는 3·1만세운동 이전과 이후가 다르고, 공립인지 사립인지, 어떤 민족자본에 의해 세워졌는지 등에 따라 조금씩 달랐다. 대개 고등고보는 영어가 필수였고 많은 조선인 학생들이 종로 YMCA 등지에서 미국 선교사들로부터 영어교습을 받는 등 영어공부 열풍이 불 때였다.

그러나 박열이 다닐 당시의 경성고보 사범과는 달랐다. 영어를 가르치거나 영어로 된 책을 읽는 일조차 금지하고 있었다. 상업조차 가르치지 않았다. 오로지 일본어만 배우게 했다. 조선인이 영어를 배워서 상업에 종사함으로써 시야가 세계적으로 넓어지는 것을 경계하는 총독부의 방침에 따른 것이라고 그는 법정에서 주장한다.

조선의 역사와 문화에 대한 왜곡은 시기와 상관없이 일제 치하 모든 학교의 기본이었다. 역사 등의 문과 학과목은 조선인을 일본의 정신적 노예로 만들기 위해 치밀히 준비된 과목에 불과했다. 역사 교사는 일본과 조선은 한 나라이며, 일본인과 조선인은 동일

인종이라는 것을 고취시켰다. 일본 왕에 대한 충성심과 일본에 대한 애국심을 세뇌시켰다. 박열은 추억한다.

"일본 천황의 고마움이라는 것을 설명했지만 우리들에게는 조금도 일본 천황의 고마움이 느껴지지 않았고, 우리의 흥미를 끌지 않았다. 이 때문에 우리 동료들 사이에는 '국가'를 '곡가(穀價)'로, '우리나라(와카구니)'를 '우리 먹으니(와가쿠이)'라 읽으며 반역적 기분을 만족시키며 살았다."

총독부의 조선정신 말살정책은 집요하고 치밀했다. 조선 반도의 이름난 명산마다 정상의 바위에 쇠말뚝을 받아 조선인의 정신적 기상을 억눌러보겠다고 할 정도였다. 장차 자신들을 대리해 조선인을 지배할 인물들을 양산하는 고등교육에 대한 통제는 말할 것도 없었다.

특히 관립학교 중에서도 최고 일류 학교이던 경성고보는 황민화, 우민화 교육의 중심이라고 할 수 있었다. 일본 기업에 공급할 저급한 기술을 가르치는 곳에 불과했다. 학생들의 교외 활동과 교내에서의 집단행동도 철저히 제한했다. 조선인이 경쟁심이나 전투성을 키우지 못하도록 운동시합이나 이와 유사한 유희까지 금지시켰다. 조선인에 대해서는 일체의 군사교육도 금지시켰는데 일본인 학교에 특례입학한 조선인 부유층 학생들조차 교련에서 제외시켰다.

경성고보는 심지어 다른 학교 학생들 사이의 친교조차 규제했다. 일본인 학생과의 교제는 물론 일본에 유학을 다녀온 조선인은 불건전하다고 만나지 못하게 했다. 사립학교는 조선인 교사들이 가르친다는 이유로 그곳 학생과도 교제하는 것을 금지했다. 다른 학교 학생들과 만날 수 있는 강연회에 출석하는 것도 당연히 금지였다.

반항심 강했던 박열은 그러나 학교의 통제에 따르지 않았다. 호기심이 발동해서라도 집회에 참석했다. 조선에서는 정치적 집회는 물론 연설회도 금지되어 있어 조만식 등 민족주의 우국지사들은 강연회라는 명목으로 YMCA나 천도교회관 등지에서 연설회를 열었다. 박열은 다른 학생들과 달리 매번 강연회도 가고 기독교 교회에도 출석한다. 어떤 날의 추억이다.

"출석해보니 조선인 연사자, 목사, 미국인 목사들이 조선어로 반대어나 속어를 사용해 청중에 대해 인종의 자유 평등, 독립을 활발히 연설하고 있는 것을 듣고 나는 매우 유쾌히 여겼다."

다음 날 학교에 가서 친구들에게 연설 내용을 들려주자, 다른 학생들도 기뻐하면서 그날 밤에 열린 강연회에 무더기로 참석한다. 모든 강연회에는 맨 앞줄에 일본 순사들이 자리 잡고 앉아 발언 내용을 감시하고 중지시키거나 해산시켰는데 학생들이 대거 몰려오자 경찰이 아예 강연을 중단시켜버렸다. 그래도 박열과 학생들은 줄기차게 강연회에 쫓아다닌다.

조선 총독이나 일본 고관이 경성을 출입할 때나 학교에 참관하러 올 때에는 학생들을 사열시켜 환영하는데 그때도 조선인 학생들은 차별을 받았다. 교사들은 조선인 학생들이 담배를 소지했는가 검사한다는 핑계로 몸수색을 하여 위험물을 가졌는가를 조사한 후 일본인 학생들의 뒷줄에 서도록 했다.

　박열이 재학 중일 때, 세계는 제1차 세계대전의 화염에 휩싸여 있었다. 20년 후 일어날 제2차 세계대전에서는 서로 적국이 되지만 이번 전쟁에서는 일본과 미국이 동맹을 맺어 대독일전에 참전하고 있었다. 관립인 경성고보 학생들은 전쟁터로 나가는 일본군을 환송하기 위해 기차역에 동원되곤 했는데 이때도 조선인 학생들은 은근히 반항심을 공유한다. 박열의 진술이다. 그는 제1차 세계대전을 '미국 전쟁'이라 칭한다.

> "내가 학교에 있었을 때, 미국 전쟁이 시작되었으므로 우리들은 정류장에서 일본의 군대를 환송하거나 환영하도록 강요당했는데, 우리들은 군대에 대해 만세라고 외쳐야 하는 것을 '일본 망세(亡歲)'라고 소리치며 내심 몰래 스스로를 위로하고 있었다."

　당시 서울에는 민족 자본으로 세워진 사립학교가 여러 개 있었다. 사립학교 학생들은 관립인 경성고보의 조선인 학생들을 두고 '다된 왜놈'이라 부르며 야유했다. 박열도 일본 정부가 설립한 학교에 도지사의 추천까지 받아 학비까지 면제받으며 공부하는 것을 내심 부끄러워했다. 일본군 환송식에 동원되어 일본 만세를 불러야 하는 처지가 더욱 수치스러웠을 것이다.

교사들의 수준이 낮은 것도 경멸했다. 박열은 경성고보 교사 과반수는 소학교 교사 수준이었으며 남자 교사 대부분이 저능했다고 진술한다. 그럼에도 그에게 영향을 끼친 교사들도 있었다.

하나는 일본에서 고등사범학교를 나와 경성고보에 부임해 온 일본인 교사였다. 심리학을 가르치던 그 일본인 교사는 당시 금기 사항이던 '대역사건'에 대해 말해준다. 1911년 일본의 무정부주의자 고토쿠 슈스이(幸德秋水) 등이 주동이 되어 일본 왕과 가족을 살해하려 모의하다가 26명이 체포되어 12명이 처형되고 5명이 옥사하거나 자살한 충격적인 사건이었다. 일본 정부는 이 사건에 대해 기사화하거나 이야기하는 자체를 금지시켰는데 심리학 교사는 대역사건에 대해서 뿐 아니라 천황제의 문제점과 무정부주의가 무엇인가에 대해서도 말했다. 조선에 고등관으로 부임해 왔던 그는 이 발언이 문제가 되어 판임관으로 강등되고 학교에서도 창가 담당으로 바뀐다.

일본인 역사 교사도 박열을 비롯한 조선인 학생들에게 인기가 있었다. 그는 자신은 일본인이 아니라 세계인이라 말하며, 프랑스에 정복당했던 독일이 투쟁을 통해 독립한 이야기를 들려주어 학생들에게 독립운동에 대한 관심을 고취시켰다.

1905년 러시아에서 제1차 사회주의혁명이 일어난 후, 다양한 진보 사상이 일본의 지식인들을 통해 조선까지 밀려들어오고 있었다. 비록 러시아의 제1차 혁명은 실패했으나 신분차별에 기초한 봉건적 억압과 초창기 자본주의의 무자비한 착취에 저항하던 세계의 수많은 지식인들이 공산주의 사상에 매료되고 있었다.

다른 한편으로는 공산주의운동이 가진 또 다른 전체주의적인 집단주의와 그 폭력성에 반발한 무정부주의자들도 양산되고 있었다. 무정부주의는 도덕과 이념으로 인간을 통제하는 공산주의까지 넘어선, 국가제도 자체가 소멸되어 어떠한 통제도 없이 만민이 자유롭고 평등하게 어울려 사는 세상을 꿈꾸는, 보다 급진적인 사상이었다.

일본인 심리학 교사와 역사 교사의 사상을 구체적으로 확인할 수는 없지만 당시 진보 사상을 가진 운동가들을 통칭하던 '주의자'였을 것이다. 박열은 두 사람의 이야기에 깊은 인상을 받는다. 그는 법정에서, 심리학 교사로부터 대역사건을 들은 이후 무정부주의운동에 흥미를 갖게 되어 여러 일본인 사상가들의 저서를 탐독한다. 고토쿠 슈스이의 대역사건은 몇 해 후 박열 본인이 일본 왕과 아들을 처단하려 시도하는 단초가 되었을 것이다.

분노의 밑바탕에는 나날이 심해지는 조선인 차별이 깔려 있었다. 일상생활은 물론, 일본 정부 차원에서 벌어지는 차별에 대해 박열은 이렇게 진술한다.

"일본인은 열차 안에서 넓게 좌석을 차지하고 결코 조선의 노약자 남녀에게 자리를 양보하지 않았고 목욕탕 같은 곳에서도 조선인의 입장을 거부하며, 조선인 노동자보다 일본인 노동자에게 먼저 일을 준다. 쌀이 모자라 나눠주던 때도 나중에

온 일본인에게 우선 주었다. 그러므로 일본인과 조선인 사이에 불화가 생겨 수 명이 사상한 일도 있다. 재판에서도 조선인과 일본인 간의 소송에서는 조선인 쪽이 패소함이 당연한 귀결이었다."

박열은 특히 마음에 걸리는 일로, 데라우치 마사타케 총독시대의 아편정책과 매독정책을 든다. 일본은 대내외적으로 아편을 금지한다고 선포하고 있으나 표면상으로만 그럴 뿐이라는 것이다. 아편은 대개 일본인 의사의 손으로 팔리는데 도쿄산 제품이 애용되고 있다는 것이다.

"생각 있는 조선인이 그 매매 사실을 알고 관헌에 신고하면 그 위범자는 2, 3일간 구류해두는 데 그치는 것이다. 그러면서도 일본에서의 아편 매매는 엄중히 단속되고 있다. 일본 정부는 은근히 매춘을 장려하고, 성병을 일본으로부터 유입해 결코 매독 검사를 하려 하지도 않는다. 이러한 것 등은 일본 정부가 정책상 조선인의 멸망을 꾀하고 있다는 증거다."

동양척식주식회사를 통한 토지 강탈은 그가 경성고보 재학 중 거의 마무리가 되어 엄청난 토지가 일본인들에게 넘어갔다. 그는 이것을 두고 말한다.

"일본인과 일본 정부는 정치적, 경제적, 사회적으로 조선인의 손에서 실권을 빼앗고 나아가 조선 민족의 멸망을 꾀하고 있다. 학대받고 착취당하고 있는 조선 민족이야말로 정말 가엾기 짝이 없다. 나는 학창 시절부터 그런 사회 실상을 보고, 일본 민족에 대한 증오의 염, 조선 민족 독립의 염을 갖지 않을 수 없었다."

일본의 침략에 대해 당대나 현대나 '일본제국주의의 침략'이라고 명명하는 게 보통인데 박열은 '일본인' 또는 '일본 정부'라는 단어만을 사용한다. 20세기 초의 침략만을 놓고 보면 제국주의 단계에 이른 선진자본주의 국가로서의 식민지 쟁탈전으로 볼 수 있고, 일본도 스스로 대일본제국이라 자칭했던 만큼 일제의 침략이란 말이 맞을 것이다. 그러나 역사를 거슬러 올라가 임진왜란이나 신라시대부터 천 년 이상 지속되어온 왜구들의 침공을 생각한다면 일본인의 침략이라 칭하는 박열의 말이 더 적합해 보인다.

학교 측의 통제에도 불구하고, 조선인 학생들의 반일주의와 진보 사상은 은밀하고 넓게 퍼져나가고 있었다. '조선산직장려계'도 그중 하나였다. 1915년 교원양성소의 조선인 학생들이 비밀리에 결성한 이 단체는 '일본에 대한 경제적 속박에서 벗어나는 것이 국권 회복의 길이다'라는 목표 아래 전국에서 130여 명의 회원이 일본제품 불매운동을 벌였다. 함창보통학교 은사 이순의도 회원이었다. 경성고보에도 학생들 사이에 비밀스럽게 조선산직장려계가 결성되었고 박열도 회원이었다.

학생들 사이에 비밀 독서회도 퍼져나갔다. YMCA 등지에서 열리는 강연회에 참석하면서 친밀하게 된 학생들은 몇몇이 비밀 독서회를 결성해 반일적인 토론을 벌였다. 박열의 경성고보를 비롯해 보성전문, 연희전문, 배재고보, 중앙고보, 휘문고보, 양정고보 등 시내 학교마다 독서회가 없는 곳이 없었다.

마침내 이러한 반일 감정이 폭발한 것은 제1차 세계대전이 종결되고 베르사유 조약이 맺어질 무렵인 1919년 2월이었다. 1919년 1월 21일 고종이 사망하자 일본에 의해 독살되었다는 소문이 널리 퍼져갔고 이를 계기로 여러 방향에서 반일 시위가 기획된다.

도쿄의 조선인 유학생들이 일으킨 2월 8일의 독립선언에 이어 3월 1일 종로 탑골공원에서 시작된 만세운동은 두 달간 한반도 전역을 휩쓸고 수많은 조선인 농민들이 이주해 간 만주까지 번져나갔다. 무능한 왕실과 탐학에 빠진 관료들이 팔아넘긴 국권을 되찾기 위해 기층민중이 직접 나선 거대한 비무장투쟁이었다.

서울 시내 고등고보 학생들은 만세운동 준비 과정부터 참가했다. 3월 1일 오후 2시 탑골공원에 모여 시위를 벌이자는 연락은 비밀리에 각 학교에 전달되었다. 경성고보에서는 4학년인 박쾌인과 김백평이 대표로 지도부에 참가하고 있었다. 김백평은 경성고보 대표로 200매의 독립선언서를 받아와서 적선동 128번지 박창수의 하숙집에서 박노영, 박쾌인 등과 회합하여 경성고보 시위를 계획했다.

김백평 등의 계획은 3월 1일 12시 경성고보 학생들을 선동해 1시에 탑골공원으로 이끌고 가는 것이었다. 이를 위해 각 교실의 출입문을 막아 일본인 교사들의 방해를 차단하기로 했다.

박열은 이 계획에서 행동대원으로 참가했다. 예정대로 학생들이 수업을 거부하고 집결하자 박열은 박노영 등과 이를 이끌어 탑골 공원으로 행진하며 인사동, 낙원동, 관훈동 일대에서 행인들에게 독립선언서를 배포했다.

　총독부는 즉각 서울 시내 학교에 휴교령을 내려 만세운동을 차단하고 나섰다. 경찰의 체포를 면한 박열은 4, 5명의 동지들과 함께 이종림 등이 집필한 「조선독립신문」을 두 차례 발행하고 격문을 배포한다. 이때의 「조선독립신문」은 대한제국 시절 서재필이 만들었다가 폐간된 「독립신문」과는 다른, 전국에 퍼지고 있던 일종의 지하신문이었다. 이때 박열은 18살이었는데 밀양의 독립운동가 윤세주도 같은 해에 19살의 나이로 「독립신문」 밀양 지국장을 맡아 활약한다. 윤세주는 비밀리에 돌고 있던 「독립신문」에 나온 기사들을 선별하고 지역 기사를 추가해 스스로 신문을 제작, 배포했다는 기록이 있다. 자세한 진술이 없어 확인하기 어렵지만, 박열과 동지들이 만든 신문도 그와 같은 형태였을 것이다.

　휴교와 탄압으로 인해 서울에서의 시위가 어렵게 되자 학생들은 각기 고향으로 내려가 현지 학생들이며 지역 인사들과 합세해 만세 시위를 계속했다. 3월 중순부터 4월 하순까지, 전국의 거의 모든 마을마다 마을 입구나 장날 장터에서 시위가 일어났고, 일경은 기마대와 총칼을 동원해 이를 무참히 짓밟았다.

　박열의 고향 문경에서는 3월 23일 상주읍의 시위를 시작으로 4월 들어서는 화북면 장암리, 운흥리 등 소읍까지 번져나갔다. 4월 13일에는 김용사 지방학림 학생들이 만세행진을 하며 대하주재소까지 내려오다가 대량 검거되었고 4월 15일에는 문경 갈평 장터에서 도로 부역에 동원되었던 주민들이 만세시위를 일으켜 많은 군중이 합세했다.

박열도 고향 문경 오천리에 내려가 그곳의 친구들과 함께 태극기와 격문을 살포하며 잇달아 시위를 주동한다. 야간에 산등성이에 올라 만세를 외치며 횃불을 올리는 봉화투쟁이 곳곳에서 벌어졌는데 박열도 한밤중에 저부실 큰마을 친구인 이동식과 함께 고모산성에 올라가 태극기를 꽂고 '대한독립만세'를 외쳤다. 문경으로 가는 큰길의 전봇대에 격문을 붙이고 갈평 동로를 거쳐 용문마을에 들어가 친척들에게 서울에서의 만세운동 소식을 설명하기도 했다. 그리고 예천 용궁을 거쳐 함창에 머물면서 모전과 함창의 옛 친구들과 함께 잇단 만세시위에 참가한다.

세계 민중운동사에 길이 남을 만세운동은 4월 하순이 되면서 차츰 소강상태에 빠져들었다. 산골짝 구석구석까지 거의 모든 조선인이 나선 싸움은 7,000명에 이르는 사망자와 수만 명의 구속자를 낳은 채 실패했으나 그 영향력은 지대했다. 만세운동의 열기에 놀란 일본이 이른바 '문화정책'을 펴면서, 국내 민족주의자들은 조선어 신문의 발행과 학교와 회사들을 설립해 보다 장기적인 저항으로 선회했고, 해외로 망명한 이들은 중국 땅 상하이에 대한민국 임시정부를 수립했다. 무엇보다도 2년 전인 1917년 10월, 마침내 러시아혁명이 성공해 소비에트연방이 세워진 영향으로 공산주의자가 급속히 늘어나 해방이 되기까지 국내외 저항운동을 주도하게 된다.

박열은 다행히 체포를 면했으나 어용교육을 하는 경성고보에 돌아가고 싶지 않았다. 그는 만세운동으로 체포된 이들의 처참한 고문 이야기를 전해 들으며 더 이상 학교에 다닐 의미도 없고, 조선에서 독립운동을 할 수도 없겠다고 판단해 일본으로 건너가기로 결심한다.

> "나는 3월 1일 소요사건에서, 혀를 자르고 전기를 통하게 하며, 부인의 음모를 뽑고, 자궁에 증기를 통하게 하거나 또는 음경에 지념(비튼 종이)을 쑤셔 넣거나 하는 고문을 했다는 이야기를 듣고, 이렇게 단속이 엄중하고 잔학한 조선에서는 영속적으로 독립운동을 할 수 없다. 조선에서 독립운동을 하다가 한번 잡히는 날이면 그걸로 마지막이며 다시는 운동을 할 수 없다고 생각하여 이윽고 조선을 떠나기로 결심했다."

큰형 박정식은 동생이 학교를 그만둔 이유가 학자금을 대주지 못했기 때문이라고 생각하는데, 꼭 돈 때문만은 아니었을 것이다. 동생이 얼마만큼 반일 감정에 사로잡혔고, 어느 정도 독립운동에 가담했는가를 그는 잘 몰랐을 것이다.

만세운동 전후 박열의 심정을 짐작할 수 있는 또 다른 증언도 있다. 경성고보 동창생이던 조재호는 「한국경제」 1993년 2월 15일자 '잊을 수 없는 사람들'란에서 이렇게 기억을 더듬는다.

> "어느 날 아침 조례를 마치고 기숙사로 들어오려는데 건너편

방에서 우는 소리가 들렸다. 문을 열고 들어가보니 박준식이 부어오른 양 볼을 양 손으로 감싸 쥐고 흐느끼고 있었다. 웬일이냐고 물으니 일본인 사감한테 조례에 참석하지 않았다고 매를 맞았다고 했다. 그는 선생이 학생들 잘되라고 때리는 것은 있을 수 있는 일이지만 일본인 사감이 자기한테 가한 매질은 교사로서의 '사랑의 매질'이 아니고 민족적 감정에서 우러나온 악의에 찬 매질이라면서 흥분하고 있었다. 이 사건이 있은 후 얼마쯤 지나 박준식은 학교를 떠났다. 처음에는 마음에 입은 상처를 달래기 위해 잠시 귀향했거나 아니면 서울 집에서 잠시 쉬고 있는 줄 생각했다. 그러나 그는 졸업할 때까지도 학교에 나오지 않았다."

박열 본인은 만세운동 무렵 이미 자신이 사회주의 사상을 가지고 있었다고 말한다. 단, 넓은 의미에서의 사회주의자였다는 단서를 붙인다. 아마도 공산주의에 부정적이던 무정부주의자들의 책을 통해 사회주의를 알게 되었기 때문일 것이다. 공산주의가 모든 사유재산이 철폐되어 국가를 포함한 지배계급이 없는 만민평등의 이상향을 뜻한다면, 사회주의는 그 전 단계로 국가와 사유재산을 인정하되 평등을 추구하는 단계라고 할 수 있었다. 굳이 20세기 초반의 이상주의를 교과서적으로 나누어 사회주의, 공산주의, 무정부주의로 단계를 매긴다면 그는 사회주의에서 무정부주의로 뛰어 넘어간 경우라고 할 수 있을까?

"그 무렵 나는 인간은, 인종과 인종 사이는 물론이요, 같은 인종의 인간과 인간 사이에도 절대 자유 평등하지 않으면 안 된다는 생각을 하고 있었다. 나는 그즈음 광의의 사회주의 사상을 갖고 있었던 것이다."

예천, 함창 등지를 돌아다니며 만세운동을 도모하던 박열은 5월 문경 고향집으로 돌아갔다. 본인 말대로 '반일민족주의'와 '범사회주의'라는 2가지 사상을 갖춘, 새롭게 태어난 정신으로 귀가한 것이다.

이 무렵 그의 집안은 완전히 파산해 있었다. 박열의 학비며 어머니 치료비로 과도한 지출을 한 데다 큰형이 남의 빚 보증까지 잘못 서는 바람에 3,000평 농토는 물론 살던 집마저 잃은 상태였다. 형들과 어머니는 고향에서 농사를 지으며 같이 살자고 붙잡았지만 입만 늘어날 뿐 희망이 없었다.

잠시 집에 머물던 그는 일본 유학의 꿈을 품고 다시 상경했다. 여럿이 자취를 했던 팔판동 자취방과 친구 집을 전전하면서 방법을 고민하던 그는 학교 근처에 살던 경성고보 담임 김원우를 찾아가 도쿄 유학의 길을 상의했다. 김원우는 일본에서 농업학교를 나온 이로 도쿄 생활에 필요한 사전 지식을 알려주며 학업을 완성해 장차 조국과 민족을 위해 봉사해달라고 당부했다.

몇 달 간 경성에 있으면서 도쿄에 먼저 유학을 간 선배들의 근황과 연락처, 대학입시 요강 등에 대해 조사를 마친 박열은 1919년 10월, 도쿄로의 먼 길에 나섰다. 경성에서 도쿄까지 한 장으로

된 기차표와 배표가 공장 노동자의 한 달 월급보다도 비싼 20원일 때였다. 어떻게 여비를 구했는가 알 수 없으나 경성역에서 기차를 타고 내려오는 그를 고종사촌형이 김천역에서 마중해 부산까지 같이 가서 배웅했다는 증언이 남아 있다.

박열이 일본으로 떠난 지 2년 후, 그의 가족은 경상북도 상주군 화북면 장암리 870번지로 이사했다. 땅 한 평도, 집 한 칸도 없이 남의 집에 얹혀살며 남의 땅 1,500평을 빌려 소작하는 처지였다. 박열이 오랜 옥살이를 하고 있던 1936년에는 충청북도 진천군 이월면 노은리 847번지로 이사하는데 여전히 극빈한 소작농을 벗어나지 못한다.

돌아온다 해도 맘 편히 의탁할 집도 없이, 맨몸 빈손으로 낯선 일본 땅에 떨어진 18살 청년 박열을 기다리고 있는 것도 역시 최하층 빈곤생활이었다.

3.
무정부주의에서 허무사상으로

끔찍하게 곤궁한 유학생활이었다. 맨손으로 도쿄에 도착한 박열은 간다(神田)에 있는 세이소쿠(正則) 영어학교에 들어갔다. 입학은 했으나 학비와 생활비 조달이 문제였다. 조선 엿을 파는 엿장수, 신문배달, 공사장 막노동, 우편배달, 얼음공장 노동자, 인력거꾼, 중국식당 배달부, 야간경비, 점원, 인삼 행상 등 온갖 밑바닥 직업을 전전해야 했다.

박열만이 아니었다. 일본 유학생 중에는 대지주나 친일파 고위층의 아들딸도 있었으나 대개는 지방 중소지주의 자녀들로 넉넉하지 못한 처지였다. 박열처럼 빈손으로 도일해 가족의 지원을 전혀 받지 못하는 고학생도 많았다. 정규대학에 입학하기도 쉽지 않았거니와 전문학교나 학원을 다니고자 해도 월사금 형태로 내야 하는 비싼 학비를 조달하지 못해 밑바닥 생활을 하다가 중도에 포기하는 이가 대다수였다.

아직 친일재벌 김성수가 인수하기 전, 우국지사들이 기금을 모아 창간한 「동아일보」에는 마르크스의 혁명이론이 연재되고 레닌에 대한 우호적인 사설이 실릴 정도로 사회주의에 호감이 높던 시절이었다. 더욱이 당대 세계의 온갖 사상과 문화가 몰려드는 동양의 관문인 도쿄의 분위기는 조선인 유학생들을 진보의 첨단으로 이끌었다. 박열 역시 일본 사회의 최하층민으로 고생하면서도 20세기 초반의 세계를 뒤흔든 사상과 사조에 휩쓸려 들어갔다.

일본 유학생들의 사상 편력은 박열이 도일하기 전부터 시작되고 있었다. 1917년 1월 유학생 홍승로를 중심으로 고학생 단체인 '도쿄노동동지회'가 만들어졌다. 만세운동 이후 급속히 늘어난 유학생들은 요시노 사쿠조(吉野作造)와 후쿠다 도쿠조(福田德三)가 주재하는 '여명회', 사카이 도시히코(堺利彦)가 이끄는 '코스모스 구락부', 다카쓰 마사미치(高津正道)가 이끄는 '효민회', 가토 가즈오(加藤一夫)가 이끄는 '자유인연맹' 등 일본인들이 주재하는 단체에 출입하면서 새로운 진보사상들을 받아들이고 있었다.

이들 단체에 드나들며 진보운동가들과 사귀어 나가던 박열은 이듬해인 1920년 4월 도쿄노동동지회에 가입하고 같은 해 11월에는 백남훈, 김약수, 원종린, 백무, 최갑춘, 황석우, 정태성 등과 함께 '조선고학생동우회'를 결성했다. 회원 50명으로 출발한 고학생동우회는 석 달 후인 1921년 1월에는 김천해, 이기동 등이 합류해 '재일조선인 고학생동우회'로 개칭, 확대했는데 훗날 식민지 조선과 해방 후 남북한의 정치에 영향을 미칠 인물들이 여럿 포진해 있었으나 아직은 친목성이 강했다.

같은 해인 1921년 10월, 유학생 원종린은 '신인연맹'이란 사상 단체를 계획하고 취지서를 만들어 동지를 규합해 나갔다. 이에 박열을 비롯해 조봉암, 김사국, 임택룡, 장귀수 등이 호응해 11월 29일 '흑도회'를 창립했다. 무정부주의를 상징하던 검정색을 넣어 이름을 지은 흑도회는 친목 성격이 강했던 고학생동우회에서 한 단계 발전한, 조선인에 의해 최초로 조직된 진보적 사회단체라 할 수 있었다.

흑도회 선언문은 그 성격을 잘 말해준다. 절대선, 절대진리, 자기희생의 요구, 사상통일처럼 선을 빙자해 만들어진 모든 억압적 교리를 거부하는 흑도회의 선언은 좌파나 우파나 할 것 없이 전체주의와 행동통일만을 강요하던 당대의 풍조를 정면으로 거부한 것이다.

1. 우리는 철저하게 자아를 위해 산다. 평소의 일거일동일지라도 모든 것을 자아를 찾는 데서 시발점을 찾지 않으면 안 된다. 우리는 철저한 자아주의자로서 인간이란 서로 물고 뜯기만 하는 것이 아니라 서로 친화하며 서로 도와가며 사는 것임을 깨달았다.

1. 우리는 각자의 개체적 자유를 무시하고 개성의 완전한 발전을 방해하는 모든 불합리한 인위적 통일을 하려는 데는 끝까지 반대하며, 또한 전력을 다해 그것을 파괴하기 위해 노력한다.

박열.

1. 우리는 어떤 고정된 주의가 없다. 인간은 일정한 틀에 박혀
   버리면 타락하고 멸망하기 마련이다. 마르크스나 레닌이 무
   엇이라 하던 크로포트킨이 무엇이라 하건 우리와는 상관없
   다. 우리에게는 우리로서 존중하여야 할 체험이 있고 명분
   이 있다. 또한 행동방침이 있으며 뜨거운 피가 있는 것이다.

1. 우리는 우리 자신이 해야 할 일과 해서는 아니 될 일을 알
   고 스스로를 규율한다. 밖으로부터의 어떠한 강한 권력이
   있어 우리의 행동을 규율할 수는 없는 것이다.

1. 우리는 자기를 희생하는 어떠한 일도 할 수 없다. 사회 인
   류를 위해 자기를 희생하라고 말하는 저들은 모두 예외 없
   이 위정가들이다. 그중 일부는 이른바 인도주의를 가장하
   고 있다. 하지만 우리에게 진정한 자기희생이 있다면 그것

은 자아에서 출발한 것일 뿐이다.

1. 우리는 모두 자유롭다. 배고플 때면 밥 먹고, 하고 싶을 때
면 한다. 또한 울고 싶을 때면 울고 웃고 싶을 때면 웃으며
화날 때는 화낼 것이다. 어떤 한 가지도 다른 데서 지휘를
받는 일은 없다. 마음 다한 곳에 감격이 있다. 자아의 강력
한 요구에서 생긴 것이라면 그것이 우리에게는 진이고 선
이고 미이다. 우리에게는 소위 일체 보편의 진리, 대법칙이
란 없다. 그런 것들은 모두 자신의 내면적 요구의 진화 발
전과 함께 변해간다.

1. 우리는 이 인성 자연의 변화 속에 참 질서가 있고, 참 통일
이 있음을 발견했다. 여기에 인간의 진화가 있고 새로운 창
조가 있는 것이다.

1. 여기서 우리는 우리 자신에 의한 우리 자신의 입장을 분명
히 선언한다.

흑도회 구성원에는 무정부주의자 오스기 사카에(大杉榮)의 영향
을 받은 이들이 많았다. 오스기 사카에는 1919년 말 여운형이 도
쿄에 왔을 때 도쿄제국대학에서 환영회를 열어주고 그 자리에서
"조선 독립 만세!"까지 선창한 사람이었다. 때문에 흑도회는 무정
부주의자가 다수였다. 하지만 초기에는 사상적으로 완전히 분화되
지는 않아서 민족주의, 공산주의, 자유주의 등 여러 사상 조류가
혼재되어 있었다. 조선의 해방이라는 공통적 목표를 가지고 모였
던 이들은 시간이 가면서 갈라지게 된다.

무정부주의와 공산주의는 여러 나라에서 공동의 목표를 상대로 함께 싸우면서도 서로 비판적이었는데 러시아혁명 이후의 상황에 대해서도 견해 차이가 있었다.

신생 사회주의국가 소련은 세계의 진보적 지식인들로부터 열띤 지지를 받고 있었다. 그러나 대다수가 농민이던 러시아의 낙후한 경제 구조와 봉건적 문화로부터 사회주의로의 이행은 간단한 문제가 아니었다. 박열이 도일할 무렵 소련은 국내의 반혁명 세력과 그들을 지원하는 서구 자본주의 제국의 공격으로 수년째 내전 상태에 빠져 있었다. 레닌과 트로츠키는 전시공산주의 체제로 이를 극복하려 했으나 이야말로 전제왕조 시대 이상의 억압체제로서 반발을 사고 있었다.

공산주의 논리 자체의 맹점을 비판해온 무정부주의자들은 소련에서 이를 확인하며 더욱 비판적이 된다. 반면, 무정부주의로 시작했으나 소련의 모습을 지켜보며 공산주의로 전향하는 이가 더 많았다.

탁월한 조직가로 흑도회를 주도했던 인물의 하나인 조봉암은 후자의 경우였다. 그는 흑도회 활동을 통해 무정부주의의 한계를 절감하고 스스로 공산주의를 택한 사람이었다. 그는 이듬해에 모스크바로 건너가 동방노력자공산대학에서 공부한 후 1925년 조선공산당 건설의 주역이 된다. 그러나 소련이 스탈린주의로 한계에 봉착하는 모습을 보면서 나중에는 박열이 말했던 넓은 의미의 사회주의라 할 수 있는 사회민주주의로 전향한다.

박열의 경우는 전자였다. 도일할 당시만 해도 러시아혁명을 통해 사회주의 사상에 공명하고 있던 박열은 도쿄에서 생활한 지 얼마 되지 않아 무정부주의에 경도된다. 그는 일본인 무정부주의자들의 견해에 공감했다. 공산당 지도부라는 소수 권력자가 국가를 지배하며 민중에게 그 사상을 강요하는 현실 사회주의 체제에 반발했다. 소련식 사회주의란 '다수결 제도에 의해 소수 의견을 유린하고 민중의 의사를 강제하는 국가주의의 변형'에 지나지 않는다고 보았다. 박열은 나중에 법정에서 자신이 공산주의를 비판하게 된 이유를 이렇게 진술한다.

"사상에 관해, 나는 조선에 있었던 당시부터 주의부터 말하건, 반역적 기분의 만족부터 말하건, 일본이 싫어하고 있는 점부터 말하건, 미국의 과격파 운동에 흥미를 갖고 있었는데, 그 후의 러시아의 모양새를 보니, 종속민족의 개방평등을 표방하면서 다수결 제도에 의해 소수의 의견을 유린하고, 법률을 설정하여 사회민중의 의사를 강제하고 있으므로, 일종의 국가주의의 변형에 지나지 않으며, 소수의 권력자가 국가사회를 강제하는 모양새는 로마노프 왕조시대의 그것과 다름없음을 보고 나는 소위 사회주의, 공산주의에 만족할 수 없어 동 주의에 공명할 여지가 없었으므로 무권력·무지배의, 모든 개인의 자주자치에 의한 평화로운 세계를 동경하게 되었다."

그런데 박열은 자신이 얼마 지나지 않아 무정부주의에 대해서조차 회의하게 되었노라고 진술한다. 그 이유는 인간의 본성이 사악하기 때문이라고 보았다. 인간은 본래 이기적이고 추악한 동물이라 사회주의나 무정부주의가 꿈꾸는 유토피아는 결코 이룰 수 없다는 결론이었다.

실천 활동도 별로 해보지 못한 20대 초반의 청년이 내린 결론으로는 지나치게 성급한 이 회의주의는 어디서부터 비롯되었을까? 직접 겪지는 않았으나 일본인 무정부주의자들로부터 들은 소련 상황이 큰 영향을 주었을 것이다. 만민평등의 자유롭고 평화로운 세상이라는 아름다운 이상으로 시작한 사회주의혁명이 인간 불평등을 해소하기는커녕 전대미문의 독재 체제로 추락하는 현실로부터, 사회주의라는 제도의 문제점보다 더 근원적인 문제, 곧 인간성 자체에 대한 회의를 가졌을 것이다.

더 가까이는 도일 후 진보운동을 한다는 일본인과 조선인들의 권력쟁투와 이합집산, 배신과 변절의 행태들을 보며 인간은 결코 아름다운 화합의 세상을 만들 존재가 아니라고 생각했을 것이다. 나라와 민족이 어떻게 되든 아무 상관없이 자기 가족 먹고 사는 데만 관심 있는 대다수의 민중들은 차치하고, 아름다운 이상을 위해 목숨을 바치겠다고 나선 소수의 이타주의자들조차 실은 자기의 주장을 타인에게 강요하려는 지배욕에 빠진 사람들에 불과하다는 생각이 들었을 것이다.

인간을 옭죄고 지배하는 어떤 주의도 불신하게 된 박열은 자신의 생각을 허무주의라 표현하지 않고 허무사상이라고 표현한다. 그리고 왜 무정부주의까지 회의하고 허무사상을 가지게 되었는가를 이렇게 설명한다.

"나는 당시 절대로 권력이 행사되지 않을 것을 목적으로 하는 무정부주의를 마음속에 품고 있었다. 그러나 나는 무정부주의 에도 의구심을 가졌다. 인간성은 모두 추악해서 인간성에 신 뢰하고 기대할 수 없음을 깨닫고 나서, 이 추악한 인간성 때문 에 무정부주의라는 이상이 아름다운 서정시를 이룰 수 없음 을 알고 나는 허무사상을 품게 되었다."

나아가 자신의 허무사상에 대해서 상당히 길게 설명한다. 인간 이 서로를 사랑하는 일면을 가지고 있음을 인정하지만 서로를 증 오하는 감정도 직시한다.

"우선 인간성이란 것이 얼마나 불순한가부터 말하겠다. 일본 에 있어서 각종 사회적 운동자에 관해서 보니 동지를 배반하 고 변절하는 일이 종종 있다. 이런 운동자는 대부분의 경우 부 르주아 생활을 공격하는 이면에 있어서는 이상주의적이지만, 자기의 주장을 자기의 생활에서 실현하려고 하지 않는다. 그 런 점에서 보니 인간에게는 서로 사랑하는 일면, 증오의 감정 이 있으므로 나는 절대적 진리나 절대적 선은 그처럼 많이 있 을 리가 없다고 생각한다."

박열은 사회주의나 민족주의에도 깔려 있는 봉건적 위계질서와 집단주의, 전체주의를 비판할 뿐 아니라, 자본주의가 천명하고 있 는 다수결에 의한 민주주의에 대해서도 비판적이었다.

"또 많은 사람이 똑같이 진리이며 선이라고 생각했다고 해도 이에 반하는 진리와 선의 사고방식을 갖고 있는 소수의 약자는 그 강자인 다수의 진리와 선을 위해서 희생된다. 또 소수의 진리와 선이 보다 강한 권력 위에 놓여지면 다수의 진리와 선은 소수 때문에 희생되는 것이다. 어쨌든 강자와 약자의 투쟁, 약육강식의 관계가 결국 우주의 대원칙과 같다고도 볼 수 있다. 소위 이것이 신의 뜻인 것같이 생각된다. 타인의 결점만을 보고, 책임감이 적으며, 우월감이 강하고, 질투심이 많고 또 잔인하고, 허위와 위선이 많은 인간에게는 언제나 투쟁이 일어나는 법이다."

나아가 박열은 과연 진리란 무엇인가에 대해 회의한다.

"나는 진리는 우주의 원칙이며 신의 뜻이므로 소중하지 않으면 안 된다는 생각에 의심을 품고 있다. 모든 사람은 자기의 주장이 진리이며 선이라고 주장하고 있다. 그렇게 되면 모든 사람의 사고방식이 일치하지 않는 한 소위 인간의 진리나 선은 인간의 수만큼 무수해진다. 인간이 이 신의 뜻에 복종하지 않으면 안 된다고 한다면 인간만큼 무참한 것이 없다. 전지전능의 신이라는 조물주는 인간을 만들어 인간에게 약육강식의 진리에 복종케 하고 인간을 학살로 인도하고 있으므로, 소위 은혜롭고 전지전능한 신은 실로 잔인한 악마이며, 신은 인간과 만물을 만들어낼 때에는 자비심이 깊고 전지전능했다고 해도 인간과 만물을 만들어낸 후에는 그 사이에 약육강식의 투쟁이 일어나게 하여 약자는 잔인한 비극 속에 휘말릴 수밖에 없음을 보면서, 그것을 구해내려고도 하지 않고 또 구해낼 수도 없을 정도로 냉혹하고 무능하다면 그 신은 오히려 가장 무지무능한 존재일지도 모른다."

인간 사회를 유지시키는, 서로 돕고 구제하는 선한 행동조차도 그는 강자들이 자기의 편의를 위해 사용하는 지배 방식에 불과하다고 질타한다.

"약자를 멸한 강자는 그보다 강한 자에 의해 멸망하게 되며, 결과적으로 약육강식의 현상은 각 시대 각 사회를 통해서 영구적으로 일어나는 법이다. 서로 돕고 서로 구제한다는 것은 어쩌면 선일지도 모른다. 그러나 그것은 강자나 약자가 마음대로 자기의 편의를 위하여 사용하는 방편에 지나지 않는다. 그러고 보면 어느 시대나 사회에서 행해지는 바, 진리와 선이라 칭해지는 것은 결국 강자를 위해 설정된 구실이며, 사회의 질서, 법률 제도, 도덕, 종교, 국가주권은 어느 것이나 유형무형으로 약육강식의 투쟁관계를 나타내는 미명에 지나지 않는다."

이 냉소적인 세계관은 자연히 자기 자신에게도 적용된다. 그는 조선인으로 태어나 학대받는 약자가 된 자신을 저주하게 되었으며, 공손하게 일본의 학정을 인내하고 있는 조선인들도 저주하게 된다. 그리하여 반역과 복수로서 세상을 불태워버리는 일이 합리적인 행동이라는 결론에 이른다.

"이런 생각을 해온 나는 인간성 자체를 신뢰할 수 없게 되었고 또한 인간은 적막, 고독하다는 생각을 갖게 됨과 동시에 나 자신이 조선인으로서 태어난 약자인 것, 또 인간으로서 약자라고 하는 것이 저주스럽게 생각되었다. 나는 원래 만물의 존재를 부정함과 동시에, 참을 수 없는 학대 하에 약자로서 인내하며 따르는 것이 저주스러워 모든 것에 대한 반역과 복수로써 모든 것을 멸하는 일이 자연에 대한 합리적 행동이라고 믿게 되었다. 따라서 나는, 자각하여 복수도 하지 못하고 공손 온순하게 일본 정부의 학정을 인내하고 있는 조선 민족에 대해서도 저주스러운 감정이 생겼다. 그러므로 나는 조선 민족의 한 사람으로서, 약자인 조선을 학대하는 강자인 일본의 권력자 계급에 대한 반역적 복수심을 아무래도 떨쳐버릴 수 없었다."

이 끝없는 사유의 종점은 일본 왕과 고관들을 죽이는 것이었다. 동시에 자기 자신을 죽이는 것이었다. 그는 이런 방법이 정당하지 않더라도 커다란 목적을 달성하기 위한 비상수단이므로 선택할 수밖에 없다고 결론 내린다.

"그러므로 나는 방법이 정당하지 않더라도, 커다란 목적을 달성하기 위해서는 비상수단을 행하여 그들을 멸함과 동시에 자신을 멸하기로 생각하여 그 실행에 착수하게까지 되었다. 또한 가능하다면 일본의 권력자 계급뿐 아니라 우주 만물까지도 멸망시키고자 생각했던 것이다."

흑도회가 창립된 1921년 박열은 만 20살이었다. 이때부터 체포되기까지 3년여 동안, 박열은 실로 다양한 조직과 활동에 참가한다. 사회주의에서 무정부주의로, 다시 허무주의로 치달은 이 3년이 사실상 박열 청년기의 전부라 해도 좋았다. 나아가 인생 전체를 통틀어 가장 행복한 절정기였을 것이다. 특히 가네코 후미코의 존재 때문이었다.

4.
박문자

　도쿄 유라쿠초 스키야바시 근처에 있는 〈이와사키(岩崎) 오뎅집〉
은 사회주의자가 운영하고 있어 사회주의자들과 무정부주의자들
이 자주 회합을 갖는 식당이었다. 이 식당에는 가네코 후미코라는
이름의 20살 여급이 일하고 있었는데 갸름하니 매력적인 얼굴에
명랑하고 부지런한 여성이었다. 오뎅집 주인은 나중에 법정에서
증언한다.

　　"좋은 여성이었다. 애교가 넘쳐 가게 운영에 큰 도움이 되었
　　다. 명랑했기 때문에 가네코가 있으면 가게가 밝아졌다."

　가네코는 한가한 오전시간에는 박열도 다녔던 세이소쿠 영어학
교에 다녔는데 일이 끝나고도 밤늦게까지 공부했다. 식당에서 일

하기 전에 그녀를 식모로 고용했던 집주인도 법정에서 이렇게 증언한다.

"참으로 명랑하고 빈틈이 없었으며 밤 1시까지 공부하는 보기 드문 여성이었다."

판매원으로 고용했던 가게 주인도 그녀가 사랑스럽고도 야무진 처녀였다고 말한다.

"말도 또렷또렷했고 부지런해서 집안 사람들로부터 귀여움을 받았다. 또 월급이 아주 적은 편이었지만 거기에 대해서 조금도 불평하지 않았다. 그러나 불의부정을 참지 못하는 성미여서 주인에게도 서슴지 않고 충고를 한 일도 있다."

한때 일했던 인쇄소의 주인도 참으로 일을 잘하는 여성으로, 일의 능률을 올려주어 큰 힘이 되었다고 진술한다.

같은 세이소쿠 영어학교에 다녔지만 재학 기간이 서로 달라서 가네코가 박열을 처음 만난 것은 흑도회가 창립되고 석 달 후인 1922년 2월이었다. 도쿄에 유난히 눈이 많이 내리던 겨울이었다.

어느 날 오전, 세이소쿠 영어학교에 가던 길에 흑도회 회원 정우영의 하숙방에 들른 가네코는 우연히 잡지 「조선청년」의 교정지를 보게 되었다. 그중 '개새끼'라는 독특한 제목의 시가 눈에 들어왔다.

나는 개새끼로소이다

하늘을 보고 짖는

달을 보고 짖는

보잘것없는 나는 개새끼로소이다

높은 양반의 가랑이에서

뜨거운 것이 쏟아져 내가 목욕을 할 때

나도 그의 다리에다 뜨거운 줄기를 뿜어대는

나는 개새끼로소이다

허무주의 사상에 사로잡혀 있던 박열이 쓴 시였다. 가네코 후미코는 순간 격한 끌림에 빠져들었다. 뭔가 강한 힘이, 한 구절 한 구절이 자신의 마음을 강하게 끌어당겼다고 그녀는 나중에 자서전에서 술회한다. "가슴의 피가 들끓고 생명이 살아 숨 쉬는 황홀경에 빠진" 그녀는 정우영에게 고백했다.

"지금 오랫동안 내가 찾고 있었던 것을 이 시 속에서 찾은 느낌이 듭니다. 내가 찾고 있던 사람, 내가 하고 싶었던 일, 그것은 틀림없이 그 사람 안에 있어요. 이 사람이야말로 내가 찾고 있던 사람이에요."

얼마 후 오뎅집에 나타난 박열의 모습은 그녀를 더욱 사로잡았다. 크지 않은 키에 단단한 체격과 패기 넘치는 당당함, 지적이면서도 열정적인 박열의 풍모에 흠뻑 취해버린 그녀는 친구들에게 이렇게 말했을 정도였다.

"만일 조선에 박열과 같은 열렬한 투사가 30명만 있다면 조선 독립은 당장 이룰 뿐 아니라 조선 민족은 정말로 전 세계를 제패할 수 있을 것이다."

가네코 후미코는 그 자리에서 사랑에 빠져버렸다. 그런데 박열은 그날 이후 두 달이나 오뎅집에 나타나지 않았다. 거처도 없고 일정한 직업이 없이 친구들의 방을 전전하고 있을 때라 식당에서 밥을 사먹을 형편도 아니었겠지만, 바쁘기도 했다.

이 무렵 박열은 1월 4일 원종린, 정태성 등 11명의 연명으로 「조선일보」에 '조선노동자에 격함'이라는 제목의 '동우회선언'을 발표하고 일본과 국내에 조직을 확대하느라 바빴다. 동우회선언은 조선의 사상운동이 민족주의로부터 사회주의 노선으로 전향할 것, 노동대학을 설치할 것 등을 주장한, 국내와 일본의 지식인들에게 사회주의의 바람을 일으킨 최초의 공개 선언이었다.

박열이 좀처럼 나타나지 않자 가네코 후미코가 먼저 그를 찾아 나섰다. 사방에 수소문해서 박열을 만난 그녀는 그 자리에서 자신의 사랑을 고백해 박열을 사로잡아버렸다. 사랑에 합의한 두 사람은 곧바로 동거생활에 들어갔다. 1922년 5월이었다.

가네코 후미코는 박열보다 1살 어린 1903년생으로 요코하마 출신이다. 아버지 사케이 분이치는 가나가와 현에서 항만 매립공사장의 사무원으로 일했다. 가나가와 현을 떠난 후에는 도쿄형무소 앞의 여관에서 심부름을 하다가 숙박하고 있던 광산기사를 만나 텅스텐 광석 시굴 작업에 종사했다. 이때 후미코의 어머니 가네코 기쿠를 만났다. 어머니 가네코 기쿠는 가난한 산골 농사꾼의 딸로, 자기 가문에 대한 자부심이 대단하던 사케이로부터 멸시와 천대를 받았다. 심지어 그는 가네코 기쿠를 자기 호적에 올려주지 않아 아이들까지 무적자가 되었다.

여러 직업을 전전하던 아버지는 후미코가 태어날 때는 경찰서 순사 노릇을 하며 이웃 아이들을 모아 가르치고 있었다. 무책임하고 문란한 그는 유곽에서 만난 여자들을 집으로 데려오기 일쑤였고, 어머니가 여자들과 말다툼을 하면 아버지는 어머니를 마구 구타했다. 그럴 때마다 어머니는 2, 3일씩 가출을 했지만 아버지의 태도는 바뀌지 않았다. 아버지는 여자 문제가 있거나 일이 제대로 풀리지 않으면 습관적으로 아내를 구타했다. 심지어 자신의 처제와 통정까지 한다. 두 사람은 후미코의 남동생 다카토시를 데리고 가출해 시즈오카에서 동거에 들어갔다.

어머니는 남자에게 의존해야만 살 수 있는 사람이었다. 남편이 여동생과 달아나버린 후, 혼자 후미코를 키우게 된 그녀는 남자를 바꿔가며 동거했다. 그러다가 항만 노동자였던 6~7살 연하인 고바야시와 동거했다. 두 사람은 일은 않고 밤이나 낮이나 방에서 뒹구는 일로 시간을 보냈다. 그럴 때마다 어머니는 후미코에게 심부름을 시킨다는 명분으로 집에서 쫓아냈다. 벌이가 없었던 어머니는 가지고 있던 물건들을 팔아서 겨우 생계를 유지했다. 그러다가 팔 물건이 떨어지자, 그녀는 몹쓸 결심을 하게 된다. 딸인 후미코를 창녀로 팔려고 한 것이다. 그러나 알선하는 사람이 후미코를 멀리 미시마로 보낼 것이라고 말하는 바람에 포기했다. 후미코는 자서전에 이때를 회상하며 자신을 "팔 수 있는 마지막 물건"이었

가네코 후미코.

다고 했다. 고바야시와 헤어진 어머니는 외할아버지의 권유로 잡화상의 후처로 들어갔다. 그리고 후미코는 외갓집에 맡겨버렸다. 후미코는 어머니에게 버림받았다는 사실에 충격을 받는다.

10살이 되던 1912년 가을, 딸 부부와 함께 조선에 나가 살던 후미코의 친할머니가 외가에 살고 있던 후미코를 데리러 왔다. 자식이 없던 고모가 그녀를 양자로 삼으려 했기 때문이었다. 외갓집에서는 할머니의 제안을 환영했는데, 후미코가 무적자라는 것이 문제가 되었다. 그래서 그해 10월 14일자로 후미코는 외할아버지의 다섯 번째 딸 '가네코 후미코'로 호적에 이름을 올렸다.

후미코는 친할머니를 따라 충북 부강(오늘날 충청북도 청원군 부용면 부강리)에 살던 고모집으로 갔다. 고모부 이와시타는 고리대금으로 조선 농민들을 착취하는 악덕 일본인이었고 고모는 대단히 난폭한 여자여서 가네코 후미코를 하녀처럼 부리며 욕설과 매질을 일삼았다.

후미코는 부강면의 심상고등소학교 4학년에 편입학해 1917년 고등과 2년 과정을 졸업했는데 학적부에 따르면 학업 성적도 우수하고 행실도 발라서 우수상을 받았으나 집에서는 서럽고 끔찍한 일들이 계속되었다.

고모와 할머니는 그녀가 공부하는 것 자체를 싫어해서 툭하면 학교에 보내지 않았고 영하의 추운 겨울밤에 밥도 주지 않은 채 어두운 문밖에서 떨게 했다. 습자지나 그림물감 같은 준비물을 제대로 챙겨줄 리가 없었다. 부엌일을 하다가 솥을 깨뜨렸다고 솥값을 변상하게 하고, 정월 초에 떡국을 먹다가 할머니의 젓가락이 부러졌다고 집 밖으로 쫓아내기도 했다.

그들은 가네코 후미코야말로 조선인 학생들보다 더 가난하고 비참한 처지였음에도, 못사는 조선인들과 등하교하는 것을 금지시켰다. 그리고 그녀가 말을 안 듣고 조선인과 어울렸다는 이유로 매타작을 한 후 헛간에 이틀이나 가둔 다음 두 달이나 학교를 못 가게 한다.

학대를 견디다 못해 자살을 기도한 적도 있었다. 한여름에 조선으로 놀러온 친척 집 아이를 업고 친척을 수행하라는 말을 듣지 않았다고 할머니에게 짓밟혀 집 밖으로 쫓겨났을 때였다. 13살 어린 나이에 이틀이나 굶은 채 노숙하던 그녀는 자살을 결심하고 철길과 강가를 배회했으나 포기하고 말았다.

가네코 후미코가 갈수록 당돌해지고 똑똑해지는 것을 두려워했을까. 어른들은 일체의 독서를 금지시키고 잡지와 신문조차 읽지 못하게 했다. 이런 상황에서 15살에 고등소학교를 졸업한 후미코는 그로부터 일본으로 돌아올 때까지 2년 동안 하루 종일 할머니의 심술궂은 감시를 받으며 고모 집의 식모로 일해야 했다.

이 와중에도 1919년 17살 나이로 3·1만세운동을 목격한 그녀는 조선인들의 자유에 대한 열망에 깊은 인상을 받는다. 그리고 얼마 후, 후미코는 일본에 돌아가게 되었다. 고모와 할머니가 후미코를 계속 데리고 있으면 시집을 보내야 하기 때문에, 후미코를 돌려보내기로 한 것이다. 마침 집안 결혼식에 참석하기 위해 히로시마로 가는 친할머니를 따라, 후미코는 7년간의 조선 생활을 끝내고 일본의 외할머니 집으로 돌아가게 되었다.

어린 후미코를 조선으로 보낸 후 두 번이나 더 결혼을 한 어머니는 귀국 다음 날 부랴부랴 친정으로 딸을 찾아왔다. 그리고 동상자국투성이인 후미코의 팔을 보고는 울기 시작했다. 하지만 그것도 잠시, 어머니는 자기 시댁 푸념만 늘어놓았다. 어머니는 후미코의 인생에 아무 도움이 되지 못했다. 외갓집에 정착하기도 어려웠다. 외할머니와 외숙모가 서로 말도 하지 않을 정도로 사이가 나빴기 때문이었다.

얼마 후 아버지가 후미코의 귀국 소식을 듣고 찾아왔다. 그는 딸을 데리고 에린지라는 절에 승려로 있는 외삼촌 모토에이를 찾아갔다. 이날 밤 아버지와 외삼촌은 별실에서 늦게까지 술을 마셨다. 아버지는 처남의 에린지 재산을 노리고 후미코를 그에게 시집보내려고 교섭을 했던 것이다. 외삼촌도 아버지의 제안에 흔쾌히 승낙했다. 호적상 후미코는 외삼촌과 엄마의 여동생으로 되어 있으니 법적으로만 보면 오빠와 결혼하는 셈이었다.

결혼 약속이 성사되면서, 아버지는 하마마쓰에 있는 자기 집으로 그녀를 데려갔다. 이모와 아버지가 부부가 되어 동거하는 집이었다. 집에 도착한 날 밤, 후미코는 잠결에 아버지와 이모의 대화를 듣고 자신이 외삼촌에게 팔려가게 되었음을 알게 되었다. 당시 일본은 근친간의 결혼이 합법이었을 뿐 아니라, 가장이 당사자의 의지와 상관없이 딸의 결혼을 결정하는 것이 일반적이었기 때문이었다.

후미코도 당시 풍습에 반발하지 않았다. 그녀는 신부수업을 위해 여자기술학교 재봉과에 들어갔다. 7월 중순 여름방학 때 외삼촌 절을 방문했다가 외삼촌에게 처녀성을 빼앗기게 되었다. 후미코는 여자기술학교에 다녔지만 재봉은 그녀의 지적 욕구를 만족시키지 못했다. 그녀는 아버지에게 도쿄로 가게 해달라고 사정했지만 아버지로부터 '여자란 가장에게 얌전히 복종해야 하는 법'이라는 말만 들었다. 후미코는 아버지에 대한 반항으로 학교를 그만뒀고, 아버지는 후미코를 다시 외가로 내쫓아버렸다.

외가에서는 후미코가 외삼촌의 절에 놀러가는 것을 허락하지 않고, 읍내에 있는 재봉학교에 다니게 했다. 역시 재봉학교에 만족할 수 없던 그녀는 한때 자포자기한 생활을 하며 세가와라는 남자와 교재를 하던 중 자기의 지적 욕구를 채울 수 있는 길을 찾았다. 현에 있는 여자사범학교에 들어가 교사가 되고 동시에 경제적으로 독립함으로써 자신이 좋아하는 학문을 한다는 구상이었다.

사범학교는 관비가 지급되기 때문에 가난해도 취학할 수 있었다.

후미코는 입학원서를 작성하는 데 필요한 보증인 인감을 부탁하기 위해 결혼을 약속한 외삼촌 모토에이에게 갔다. 후미코는 외삼촌만은 자신을 이해해줄 것이라고 생각했으나 외삼촌은 그녀가 다른 남자와 사귄 것에 앙심을 품고 보증을 거절했다. 그리고 아버지에게 후미코의 행실을 들먹이며 혼약을 파기했다.

소식을 들은 아버지는 "짐승만도 못한 것, 이런 순 화냥년 같으니라구!"라고 소리 지르며 때리고 발로 찼다. 후미코는 아버지에게 대들었고 구타는 계속되었다. 이 사건은 후미코가 여성의 남성에 대한 종속이 얼마나 심각한지를 깊이 인식하는 계기가 되었다. 후미코는 나중에 자서전에서 말한다.

"무책임하게도 외삼촌은 나를 노리개로 삼았고, 아버지는 나를 도구로 이용했다. 그리고 난 뒤에 그들은 나를 헌신짝처럼 내동댕이치고 짓밟았으며 걷어찼다."

아버지와 갈등은 이후로도 계속되었다. 아버지는 제사 때마다 후미코에게 절을 하기를 강요했다. 호적에도 올려주지 않은 아버지가 가네코 성을 가진 자신에게 절하기를 강요하는 부당함을 후미코는 견딜 수 없었다. 그녀는 아버지가 자신을 무적자로 만들어서 겪은 일들을 생생하게 기억하고 있었다. 7살 때 어머니가 나카무라와 동거하면서 후미코는 무적자로 학교에 다닌 적이 있었다. 학교에서 후미코가 경험한 것은 철저한 차별이었다. 선생님들은 출석을 확인할 때 후미코 이름만 일부러 부르지 않았다. 또 학년이 끝나는 종업식에서는 다른 아이들에게는 빳빳한 사각형 종이에 인쇄된 수업증서를 주고, 후미코만 싸구려 종이에 붓으로 쓴 증서를 건넸다. 그녀는 무적자가 된 것이 자신의 잘못이 아닌데, 자신을 차별대우하는 학교와 무책임한 아버지에게 불만을 품었다. 이것은 후미코가 처음으로 사회와 국가 질서에 비판의식을 가지게 되는 계기가 되었다. 후미코가 아버지 집을 뛰쳐나온 것은 동생 다카토시가 현립중학교에 입학할 때였다. 아버지는 동생의 신발을 사주면서 8엔짜리를 12엔짜리라고 허세를 부렸다. 후미코는 아버지의 허세를 비판하다가 호되게 구타를 당했고, 이 사건을 계기로 집을 나와 도쿄로 올라왔다.

도쿄로 온 후미코는 처음에 영어, 수학, 한문을 전문으로 배워서 여학교 검정고시를 본 뒤 여자의전에 진학하리라고 마음먹었다. 신문 판매점에서 숙식을 해결하며 석간신문을 팔고, 낮에는 공부를 했다. 세이소쿠 영어학원에서 영어를, 겐슈학관에서 수학을 배웠다. 그러나 고지마치의 니쇼학사에 등록했지만 시간이 맞지 않아서 한문은 제대로 배우지 못했다. 길거리에서 석간신문을 팔면서 학업을 계속하기 어렵다고 생각한 후미코는 가루비누 장수, 입주 식모, 인쇄소 직공 등 온갖 직업을 전전하다가 마지막으로 다니던 곳이 〈이와사키 오뎅집〉이었다. 거기서 마침내 박열을 만난 것이었다.

아무리 식민지 백성으로 고난을 겪더라도 조선인들의 인습으로는 상상도 하기 어려운 혹독한 어린 시절을 보낸 가네코 박열을 사랑하게 된 바탕에는 사상적, 동지적 공감대가 깔려 있었다. 아무리 많은 고초를 겪었다 해도, 어딜 가나 주목을 받을 만큼 똑똑하고 아름다운 일본인 처녀가 돈 한 푼 없는 조선인 혁명가를 사랑한 것은 온전히 그녀의 선택이었다.

가네코는 박열을 만나기 전에 기독교 구세군으로 일하는 일본인과 잠시 연애를 한 적이 있었다. 그는 가네코를 동정해 가루비누를 파는 노점을 차려주기도 했다. 그러나 헤겔, 베르그송, 니체, 스펜서 등을 읽으며 허무주의에 빠져 있던 가네코는 그와 교감할수가 없었다. 그녀의 법정진술이다.

"그 후 나는 사랑을 기치로 내세워 거리에서 선을 저해당하고 있다는 모순을 발견했습니다. 그들은 자신이 만들어낸 신이란 명칭 앞에 스스로를 속박시키는 겁쟁이입니다. 신앙의 노예입니다. 인간에게는 외부의 힘에 좌우되지 않는, 알몸으로 사는 인생의 아름다움과 선이 있음이 분명합니다. 그 선과 미에 역행하는 사랑을 설교한 그리스도에 친근감을 가질 필요가 없다고 생각하여 이른바 기독교를 버리고 말았습니다."

박열과 동거하게 된 이유에 대해서는 이렇게 말했다.

"내가 박열과 동거생활을 하게 된 것은 그가 조선인이라는 사실을 존경했기 때문은 아니었습니다. 또 동정해서도 아니었습니다. 박열은 조선인이라는 것과 내가 일본인이라는 국적을 완전히 초월한 동지애와 성애가 일치했기 때문입니다."

그녀를 변호했던 우에무라 변호사는 그녀를 이렇게 평가했다.

"가네코는 비상하게 월등한 두뇌를 가진 여자로, 학교 교육은
별로 많이 받지 못한 듯하나 상당한 지식이 있으며, 주의를 위
하여 무엇이든지 두려운 것이 없다는 열성적인 사람으로, 박
열과 부부가 된 이유도 오직 사랑에만 있지 않고 주의의 공명
일치라고 누누이 말한 바 있다. 최후의 사형 판결이 내렸을 때
두 손을 들고 만세를 외친 것도 박열보다 가네코가 먼저 한
것으로 과연 여장부였다."

두 사람은 도쿄 에바라의 한 신발가게 집에 셋방을 얻어 동거
에 들어갔다. 소식을 들은 가네코의 아버지는 일본인이 조선인과
산다는 것은 '영광스런 가계를 더럽히는' 가문의 수치라며 인연을
끊겠다는 편지를 보내왔다. 자신의 가문을 조금도 영광스럽게 생
각하지 않던 가네코는 흔쾌히 절연을 받아들였다.

이로써 가네코는 혐오뿐이던 가족관계에서 벗어나 조선인의 일
원이 된다. 나중에 법정에서 그녀는 자신이 일본인이 아니라 조선
인이라고 당당히 말한다. 한자로 쓰면 금자문자(金子文子)인 본래 이
름도 박열의 성을 따서 박문자(朴文子)로 고쳐 부르게 했다.

두 사람은 조선의 해방을 위해 싸우는 독립운동의 동지였다. 인
간의 해방을 위해 싸우는 혁명운동의 동지였다. 남녀차별을 극복

하고 여성해방을 이룬 완벽한 연인이었다. 두 사람의 결합은 두 사람 서로를 빛나게 했다. 박열이 없는 박문자는 당차고 영리하지만 시대의 한계에 갇혀 이름 없이 사라져갈 가련한 여인이었을 것이다. 마찬가지로, 박문자가 없는 박열은 외롭게 죽어간 저 수많은 독립운동의 작은 별에 머물렀을지 모른다. 비극으로 끝나기에 더 아름다운, 짧고도 뜨거운 사랑이 두 사람을 찬란하게 빛나게 한다.

5.
불령선인

봉건시대 침략전쟁이 농토 쟁탈을 위한 것이라면, 자본주의 시대의 제국주의 전쟁은 값싼 원료와 노동력을 확보하기 위함이었다. 일본의 의도대로, 일본 자본가들은 기본적 인권조차 요구하지 못하는 조선인들을 마음껏 착취할 수 있었다.

시골에서 어렵게 농사를 짓다가 큰돈을 벌게 해준다는 모집책들의 말에 유인되어 공장이나 탄광에 들어온 조선인들은 사실상 감금된 상태로 폭언과 폭행이 일상인 군대식 규율에 시달렸지만 손에 쥐는 돈은 거의 없었다. 안전시설이라곤 없는 현장에서 일어나는 산업재해로 죽거나 장애를 입은 이들은 헤아릴 수도 없었다.

조선의 방직공장, 고무신공장 같은 곳에서는 나이 어린 여성 노동자들이 가혹한 노동과 외출도 못하는 감옥 같은 기숙사 생활에 견디지 못하고 탈출하다가 담장에서 떨어져 추락사하는 사건이

잇달았다.

토지조사란 명목으로 대대로 농사짓던 땅을 일본인들에게 빼앗기고 현해탄을 건너가 탄광과 공장, 건설현장에 투입된 수십만 명의 조선인들 역시 구타와 욕설, 산업재해에 아무런 방어도 못한 채 노출되어 있었다. 일본의 탄광이나 공사장에는 감옥방이라 불리는 악랄한 제도까지 있었다. 감언이설로 유인한 조선인들을 감방이나 다름없는 기숙사에 강제 수용하고 탈출하려는 이가 있으면 총으로 사살해버리기까지 했다.

1922년 7월, 니가타 현의 탄광에서 강제노동을 하던 조선인 노동자들이 감옥방에서 집단 탈출을 하다가 감시대의 사격과 구타로 100여 명이 살상당한 참사가 일어났다. 이 사실은 구사일생으로 탈출에 성공한 한 노동자가 노동지옥의 실상을 폭로하면서 알려졌다.

흑도회는 즉시 '니가타 현 조선인 학살사건 조사회'를 구성하고 일본의 진보단체들과 결합해 사건 규명과 아직 억류되어 있던 잔류자를 구출하기 위한 투쟁에 들어갔다. 박열, 김약수, 라경석, 백무 등 조사위원들은 니가타 현으로 달려가 진상조사를 하는 한편, 도쿄와 오사카 등 주요 도시에서 규탄대회를 열어 자본의 야만적 학살 행위를 폭로하고 근본적인 원인인 조선인 차별대우에 항의하고 나섰다.

9월 7일에는 도쿄의 YMCA 강당에서 조일합동규탄대회를 열었다. 박열도 연사로 참가한 이 연설회는 학살 사건을 규탄하는 동시에 장기적 투쟁을 위한 조직체계를 만드는 데 의의를 두었다.

민족적 차별과 박해에 대한 전면 투쟁을 위해 지난날의 개별적이고 소극적인 저항운동에서 민족해방투쟁으로서의 국제적 연대의식을 확립하자는 내용이었다.

같은 달, 서울의 노동자대회에서는 학살 사건에 대한 보고를 해달라며 박열을 초청하면서 여비까지 보내왔다. 서울로 달려간 박열은 경운동 천도교회관에서 열린 연설회에 참석해 사건을 폭로, 조선인들에게 사건을 널리 알렸다.

이 투쟁을 계기로 조선인에 대한 노예노동은 많이 개선된다. 일본과 조선의 언론들이 이 사건을 연일 취재, 보도하면서 홋카이도와 사할린에도 비슷한 감옥방 제도가 있다는 사실이 밝혀졌고, 어쩔 수 없이 일본 정부가 개입해 감옥방을 규제하게 된 것이다.

1922년 7월 10일자로 창간된 기관지 「흑도」는 이러한 활동에 대한 보고와 함께 논단, 시론, 수필과 시 등으로 이뤄졌는데 주요 필자는 박열과 가네코 후미코, 이강하였다. 박열은 열생(烈生) 또는 BB생이라는 필명으로, 가네코 후미코는 활랑생(活浪生)으로 글을 발표했다. 주요 필자이던 이강하의 글 '우리의 절규'는 당시 흑도회가 지향하던 무산계급의 해방투쟁을 잘 보여준다.

"우리 무산계급은 세계 도처에서 절규를 하고 있다. 자유를 얻기 위해서 평등을 얻기 위해서 열심히 절규하고 있다. 우리 무산계급은 저 부르주아의 억압과 수탈 때문에 역사를 참담한 피로 물들였다. 지금도 역시 그 상태다. …… 우리는 새벽부터 밤중까지 하루 종일 일해도 한 조각의 빵조차, 한 조각의 천조차, 또 한 칸의 집조차 쉽게 구하지 못한다. 뿐만 아니라 굶주리고 동사하는 지경에 달하여 들개처럼 비참하게 죽어간다. 아, 이 얼마나 부자연, 불합리한 인류사회인가.”

신영우는 신염파라는 필명으로 쓴 '어느 친구 방의 벽에서'라는 글에서 이 지상의 모든 권력을 매장하자, 분투하여 자유를 탈환하라, 흉포한 금력과 권력에 대항하여 정의의 마적이 되고 해적이 되자고 직설적으로 주장했다.

박열 역시 '직접 행동의 표본'이라는 글에서 직접적인 투쟁을 강조한다. 박열은 흑도회를 하면서부터 툭하면 경찰서에 끌려가 유치장 생활을 하는데 경찰과 간수들에게 조금도 굴복하지 않고 맞싸웠다고 말한다.

“평상시에 법률, 도덕, 습관 등을 최고의 도덕적 가치로 삼는 사법 관계자들이 직접 행동에 의한 힘의 투쟁 앞에 무능하다는 것을 직접 감옥에서 경험했고, 이 때문에 오로지 직접적인 투쟁만이 가장 확실한 길이다.”

「흑도」 제2호는 1922년 8월 11일자로 발행되었는데 가네코 후미코는 '생각나는 두세 가지'라는 제목의 글을 통해서 조선과 일본을 하나로 만들자는 일본 정부의 일선융합, 일선동조론을 맹비판했다. 그녀는 일선융합을 말하기 전에 조선인을 붉은 피를 가진 인간으로 대우하고 살인과 약탈을 일삼는 일본인들을 없애라고 주장한다. 그 글에는 자신의 조선에서의 경험이 반영되어 있었다.

> 당신들은 조선인 동화를 운운하기 전에 먼저 재선 대일본 민
> 족을 인간적으로 만들어야 합니다. 대금 기한이 지났다는 이
> 유로 차주인 조선인을 자신의 집 천장에 거꾸로 매달아놓거
> 나, 대금의 10배에 해당하는 저당을 가로채기 위해 조선인의
> 입에 엽총을 들이대기도 하는 그렇게 부도덕한 형제들이 사
> 라지게 해야 합니다.

「흑도」의 글들은 반자본주의, 반일본 정서를 이처럼 통쾌하고
후련하게 잘 표현하고 있었다. 그러나 흑도회는 불과 몇 달 만에
해산되고 말았다. 사회주의자와 무정부주의자 사이의 갈등 때문이
었다. 김약수, 조봉암 등 사회주의자들이 '북성회'를 만들어 분화
해 나간 것이다.

박열은 10월부터는 도쿄 오시마(大島) 제강소의 쟁의를 지원하는
등 적극적으로 노동운동에 가담하는 한편, 11월에는 흑도회를 해
산하고 도쿄의 조선인 무정부주의자들만으로 새로운 조직을 만들
었다. '검은 노동자회'라는 뜻의 흑로회(黑勞會)였다. 흑로회는 창립
석 달 후인 1923년 2월에는 '흑우회'로 이름을 바꾸는데 '풍뢰회'
라고도 불렀다.

흑우회는 기관지로 「후테이 센징」을 창간해 12월까지 두 차례
발행했다. '후테이 센징'은 '뻔뻔한 조선인'이란 뜻으로, 일본의 조
선인에 대한 멸시와 차별을 정면으로 받아쳐 비아냥하는 의미였

다. 잡지 이름 자체부터가 반항적이고 질서를 파괴하는 의미를 담고 있었다.

박열은 또한 4월에는 '불령사'를 조직했다. 조선인 항일투사들을 가리키는 불령선인(不逞鮮人)에서 불령을 따온 이름이었다. 흑우회는 계속 유지하면서 이와 별도로 만들어진 불령사는 가네코 후미코, 육홍균, 최규종, 홍진유 등 조선인 11명과 일본인 5명으로 구성되었다. 그중 여성이 여럿이었다. 불령사라는 이름은 본래 잡지 제목으로 만들었는데 불순하다고 발행 허가가 두 번이나 반려되자 아예 치안유지법을 무시하고 반공개 단체로 만든 것이다.

불령사 결성식은 도쿄 도요타마에 얻은 2층짜리 셋집에서 비밀리에 가졌다. 경찰의 방해를 피하려 했을 뿐, 비밀 지하조직은 아니었다. 박열은 이 자리에서 불령사는 공개적이고 대중적인 조직이라고 선언했다.

"사회운동은 누가 뭐래도 대중적으로 실행되지 않으면 안 된다. 대중적으로 활동하기 위해서는 곳곳에 지사를 두어 실천에 옮기지 않으면 안 된다."

가네코 후미코도 말했다.

"흑우회 회원은 비교적 세련된 아나키즘 사상을 가진 사람들이기 때문에 아나키즘과 거리가 먼 사람들을 규합해 이 주의를 선전해야 하지 않겠는가?"

그녀는 나중에 법정 진술에서도 불령사를 결성한 이유는 불령한 사람들의 친목을 도모하기 위해 조직했으며 동지 중 마음 맞는 사람들이 자유롭게 직접 행동으로 나서는 것이 목적이라고 말한다.

불령사에 가입하려면 2인 이상의 추천을 받아야 했고 탈퇴할 때는 전체 회원 앞에서 자신의 의사를 밝혀야 했다. 회비는 필요에 따라 모아서 사용했는데 첫 모임인 5월 27일부터 8월 11일까지 네 차례 정기모임을 가졌다.

주요 활동은 조선에서 일어나고 있던 백정들의 신분해방운동인 형평사운동을 지원하는 수평운동, 철도 노동자의 파업을 후원하는 전보 보내기, 화가 모치즈키 가쓰라나, 가토 가즈오 등 아나키스트 예술가들을 초청해 강연을 듣는 일 등이었다. 일부 회원들은 사회주의자를 매도하는 기사를 쓴 「동아일보」 기자 김형원을 폭행한 적도 있었다.

불령사 사무실로 쓴 2층짜리 셋집에는 1층, 2층 할 것 없이 '타도 일본', '제국주의 타도' 등의 구호와 혁명가, 노동가 등의 노래 가사를 써 붙였다. 박열이 숙소로 사용한 2층에는 붉은 잉크로 커다란 하트 모양을 그리고 가운데 검은색으로 '반역'이라고 써넣었다. 이 글씨는 박열의 부탁을 받은 최영환이 썼으며 그림은 만화가 오가와 다케시가 그렸다.

2층 벽에 그려놓은 반역이라는 글씨는 도로에서도 올려다 보여서 지나던 행인들이 겁을 내기도 하고 이상하게 생각하기도 했다. 이 때문에 일본 국수주의자들이 일본도를 휘두르며 항의 방문을 하는 바람에 박열과 가네코 후미코가 대담하게 맞서 물리치기도 했다.

흑우회나 불령사나 하나같이 강렬한 무정부주의와 허무주의를 담은 명칭들이었는데 흑우회의 기관지로 정한 제목 「후테이 센징」은 더 도발적이었다. 경찰은 그러나 그 제목도 불허해 출판을 할 수가 없었다. 박열은 어쩔 수 없이 「현 사회」로 제명을 바꿔 1923년 6월까지 두 차례 발행한다.

잡지 발행은 순탄치 않았다. 한 권 한 권이 전쟁을 치르듯 발간되었다. 「흑도」, 「후테이 센징」, 「현 사회」 등 박열과 가네코가 만든 잡지들은 하나같이 당대 사회실상에 대한 신랄한 공격과 일제의 조선 통치에 대한 격렬한 반대 논문이며 독립운동과 사상운동의 동향에 대한 보도기사로 이뤄졌으니 경찰의 집중 탄압 대상이었다. 「현 사회」 광고란에는 당시 조선인 항일운동가들을 적극적으로 변호하여 일본 정부와 우익들로부터 미움을 사고 있던 후세 다쓰지를 홍보하는 '프롤레타리아의 벗, 변호사계의 반역자 후세 다쓰지'라는 광고를 싣기도 했다.

모든 잡지와 신문은 인쇄소에 보내기 전에 교정쇄를 경찰에 제출하게 되어 있었다. 맘에 들지 않는 부분을 찾아낸 경찰은 인쇄소에서 만들어놓은 동판에서 그 부분을 깎아내고 인쇄토록 했다. 이를 내부 검열이란 뜻으로 '내검열'이라 불렀는데 이 조치에 순응하면 발매금지나 압수는 면할 수 있었다. 하지만 박열이 만든 잡지들은 그렇게 삭제하다가는 잡지의 모든 면이 난도질되어 발행의 의미가 사라졌다.

이에 박열과 동지들은 내검열을 아예 무시하고 인쇄하거나 부득이 검열을 받게 될 때에도 깎으라는 부분을 제대로 깎지 않고 비밀발행을 해버렸다. 경찰도 이를 예상하고 있어 인쇄소 앞에서 대기하고 있다가 모조리 압수해버리고 발매금지시켰다.

경찰을 따돌리기 위해 박열 일행은 매번 새로운 인쇄소를 찾아 극비리에 인쇄를 해야 했고, 그래도 드러날 때를 대비해 일정 분량은 압수되도록 준비해두고 나머지는 미리 빼돌려 비밀리에 배포했다. 경찰은 인쇄소의 위치를 찾기 위해 미행과 감시를 계속했고, 잡지 발행 기간이 되면 매번 쫓고 쫓기는 추격전이 벌어졌다.

이런 악조건에서 12개월 동안에 6회나 잡지를 발행한 것만도 대단한 일이었다. 출판 비용과 배포 같은 외부 일은 박열이 담당했는데 끼니도 때우기 어려운 현실에서 인쇄비를 마련하는 것도 보통 어려운 일이 아니었다. 해방 후 남한의 대표적인 여성 정치가가 되는 박순천은 흑도회원이던 변희용과 연애 중이었는데 자기보다 4살 어린 박열이 번번이 찾아와 누이라 부르며 '군자금'이라며 돈을 빌려갔다가 갚곤 했다고 증언한다.

편집과 집필 등 내부 일은 가네코 후미코가 맡았다. 가네코는 학식이 높은 데다 뛰어난 문필가이기도 했다. 박열 이름으로 발표된 논설의 대부분이 사실은 그녀가 쓴 글이라고 한다. 직접 '박문자'라는 이름으로 발표한 글도 있었다.

이렇게 열심히 잡지를 발행했으나 박열은 이 모든 공개적 활동을 자신의 진정한 목적을 숨기기 위한 위장으로 생각하고 있었다. 1924년의 예심에서 그는 이렇게 술회한다.

"내가 그러한 잡지를 발행하거나 하고 있었던 것은 하나의 표면운동에 지나지 않았다. 나는 어제 말한 대로 나에게 있어서 커다란 목적의 실행을 기대하고 있었으므로 일본의 관헌으로 부터 내가 참된 목적으로 하는 운동을 간파당하지 않도록 기만하는 방법으로서 잡지를 발행하고 있었던 것이다."

나아가, 자신이 모든 것을 회의하고 삶을 부정하면서도 자살하지 않고 살아온 이유는 커다란 목적을 달성하기 위한 묵묵한 인내였다고 말했다. 일본 정부에 대해 반역의 심정을 갖고 있으면서도 그 제도에 부분적으로 복종하고 있던 것도 역시 커다란 목적을 위함이었으며 잡지 발행도 그중 하나였다고 술회한다.

더 큰 목적을 숨기기 위해 가벼운 기사 검열은 경찰이 시키는 데로 삭제했으며 기사 내용도 상식적인 선에 머물렀다고 했다. 연설회를 개최할 때도 반드시 신고를 하여 관헌의 허가를 얻어 개최하고, 불허하면 굳이 강행하지 않았다. 이렇게 '민중의 전투적 기분을 조금씩만 자극하거나 자극을 촉구하는 데 그쳐' 일본 관헌으로 하여금 자신의 진의를 알지 못하도록 노력했다는 것이다.

그렇다면 그의 진의는 무엇이었을까? 박열의 진의는 처음부터 물리적 투쟁에 있었다. 이를 위해 그는 줄곧 이중조직을 갖고 있었다. '혈거단'이라는 비밀지하단체가 그것이었다. 사회주의자들이 신문기자나 교사 등으로 공개 활동을 하면서 동시에 지하조직에 속해 있는 것과 같은 구조라 할 수 있는데 목적은 조금 달랐다.

사회주의자들의 조직이 공장과 농촌, 학교에 세포조직을 만들어 대중적인 파업농성과 동맹휴학을 배후조종하는 것이라면, 혈거단은 자신들이 직접 나서서 조선인 중 파렴치범과 반민족행위자들을 물리적으로 응징하는 게 목적이었다. 박열은 10여 명이 모인 혈거단 결성식에서 이렇게 선포했다.

> "조선인의 사상퇴폐 문제와 공공연히 친일을 표방하고 일본 정부와 일본의 사회단체로부터 공작금을 받아 조선인 학생과 노동자 조직을 분열 와해시키려는 자들을 응징하자!"

혈거단은 '조선 민족의 체면을 훼손하고 독립운동을 방해하는 타락분자'라 판단된 이들에게 다음과 같은 경고장을 보낸다.

> 오라, 대구보 연병장 서쪽 입구에, 오전 8시까지 안 오면 집으로 달려가겠다. 너의 죄상은 네가 잘 알 것이다. 구태여 여러 말이 필요 없다. 너는 우리 민족에 대하여 용서할 수 없는 죄인이다. 우리의 얼굴을 더럽히는 너를 우리는 그냥 둘 수 없다. 사실의 증거는 우리 손안에 있어. 우리의 체면을 더럽히는 너의 추악한 짓을 책하지 않을 수 없다. 따라서 이 경고장을 보낸다.

이런 경고장이 얼마나 발행되었고 실제로 폭력이 행해졌는가는 기록에 남아 있지 않은데 오해로 빚어진 실수 하나는 널리 알려져 있다. 「동아일보」 주필 장덕수를 독립운동 자금을 횡령한 범인으로 오인해 폭행했다가 박열이 구속까지 된 사건이었다.

사건의 발단은 의병장 이동휘가 소련으로 건너가 레닌을 만난 데서 시작되었다. 약소국의 독립운동을 지원하고 있던 레닌은 이동휘에게 40만 루블을 지원키로 하고 그중 10만 루블을 금괴로 건넸다. 이동휘는 이 중 5만 루블을 국내 활동비로 떼어 「동아일보」 장덕수에게 보낸다. 장덕수는 이 돈 전부를 사회주의 계열에 주었고 그들은 사상 잡지 「신생활」을 창간했다. 그런데 경찰의 추적을 피하기 위해 돈의 행방을 비밀에 붙이다보니 "장덕수가 20만 루블을 받아서 총독부와 짜고 전액 착복했다."는 엉뚱한 소문이 만들어졌다. 진실을 밝힐 수도 없었다. 견디다 못한 장덕수가 미국으로 유학을 떠나기로 하자 소문은 더 악화되어 미국 유학자금도 횡령한 돈이라는 의심을 받게 되었다.

무정부주의자인 박열이 사회주의 계열의 활동 자금 문제에 관여할 이유는 없었다. 그러나 독립운동을 저해하는 모든 부정행위를 응징해야 한다는 일념으로 장덕수를 주목하고 있던 차에 마침 장덕수가 미국 유학을 가는 길에 일본에 들러 간다(神田)에 숙식하고 있다는 정보가 들어왔다. 박열은 4명의 혈거단원과 함께 간다로 몰려가 장덕수를 심하게 폭행해버렸다.

이 사건으로 박열은 니시간다 경찰서에 구속되어 이치가야 형무소에서 감옥살이까지 하게 된다. 박열은 29일 간의 감방살이 내내 기세등등해 간수들과 대판 싸움을 벌이기 일쑤였다. 일본인 진보운동가들이 앞장서서 구명운동을 펼친 덕분에 금방 석방되었으나 감옥살이가 퍽 힘들었던 듯하다. 그는 얼마 후 조선에서 온 무정부주의자 김중한을 만난 자리에서 이렇게 말한다.

"이번에 감옥에서 깊이 생각해보았는데, 그런 곳에서 반년이나

1년을 도저히 있을 수가 없다. 그러나 사회운동을 하는 이상 감옥과는 인연을 끊을 수가 없는 것이니, 차라리 폭탄을 던져 세상을 뒤집어버리고 죽어버릴 생각인데, 자네는 테러리스트를 어떻게 생각하는가?"

감옥살이를 하느니 차라리 장렬하게 전사하겠다는 의지였다. 김중한은 그의 말에 흔쾌히 동의하고 함께 폭탄 테러를 준비하기로 한다. 그날이 1923년 5월 20일이었다. 마침 그해 9월 일본 왕실의 히로히토(裕仁, 훗날 일왕 쇼와) 왕세자가 결혼한다는 사실을 알게 되면서 결혼식장에 폭탄을 투척하자는 계획으로 진전되었다. 한 달의 옥살이도 참기 힘들었던 그가 22년여나 갇혀 살게 된 결정적 사건이었다.

6.
폭탄을 찾아서

박열이 폭탄 테러를 마음먹은 것은 장덕수 폭행 사건으로 옥살이를 했기 때문은 아니었다. 독립운동가가 아니라도 의분을 가진 조선인이라면 누구나 일본 고관들을 처단하겠다는 마음을 품어 보았을 것이다. 박열이 처음으로 이런 생각을 입 밖으로 꺼낸 것은 1921년 11월, 흑도회가 결성된 직후였다.

당시 박열은 해외에 자주 나가는 외항 선원인 일본인 스기다 요시이치를 통해 폭탄을 구하려 시도하고 있었다. 스기다 요시이치는 무정부주의적 노동조합주의라 번역할 수 있는 프랑스의 혁명적 생디칼리즘에 빠져 있던 나이 어린 청년이었다. 몇 차례 만나며 의기투합한 두 사람은 '심각한 파괴적 운동'을 같이 하기로 결의하고 총과 폭탄은 프랑스 마르세유나 중국 상하이로부터 구해오기로 했다.

그런데 마침 박열이 장덕수 구타 사건을 일으키는 바람에 부랑죄라는 죄목으로 경찰서에 연행되어 29일 간 구류를 살게 되었다. 부랑죄는 일본 경찰이 사회안전법 대상자들을 가둘 때 상투적으로 걸고넘어지는 죄명이었다. 석방되어 나와보니 스기다 요시이치는 승선 명령을 받아 출항해버린 뒤였다. 박열은 가네코 후미코와 함께 그의 소재를 찾아보았으나 실패하고 말았다.

　　포기하지는 않았다. 일본의 권력자 계급에 대한 증오심은 갈수록 깊어지고 있었다. 일본 황실, 고위 대신들, 대자본가와 은행가들을 없애야 한다는 일념은 그들을 일거에 죽이는 화학전, 세균전까지 상상하게 만들었다. 나중에 재판정에서 그는 당당히 말한다.

　　"어떤 때는 페스트균을 압축해서 작은 용기 하나에 넣어 그것을 그들에게 내던져 박멸시키려고 생각한 일도 있었다. 나는 어느 조선 동지로부터 페스트균을 1만분의 1인가로 압축시켜 용기에 넣어서, 갑자기 그 용기를 깨뜨려 압력을 제거하면 10만 배 정도의 면적에 퍼진다는 이야기를 들은 적이 있다. 그러므로 그것을 내던지면 '어르신, 어서 오세요'라고 할 즈음에는 자동차 안에서 이미 죽어 있을 것이다. 또 아황산을 뒤집어쓰면 전신이 새하얗게 데어 죽는다고 하므로 그 황산을 그들에게 내던져버릴까도 생각했었다. 또 내 손으로 몰래 폭탄을 제조하려는 시도도 해보았지만 일본 영내에서는 이것을 시험할 장소가 없고, 시험하다가 발각된다면 어처구니없는 꼴을 당할 것이므로 삼가고 있었다."

폭탄 하나 구입하기도 어려운 상황에서 실현하기 어려운 상상이었다. 그러던 1922년 2월경, 반가운 인물이 찾아왔다. 중국 상하이에서 항일운동을 하는 최혁진이란 청년으로 박열을 잘 알고 있던 이필호를 통해서였다.

> "어떻게 내 이름을 알았는지 모르겠지만 한 조선인 청년이 무슨 사명인가를 위해서 외국으로부터 나를 찾아 도쿄엘 왔다. 원래부터 그 사명은 어느 특수한, 소위 파괴적 음모여서 그 목적은 나의 허무적 생각에 일치했으므로 나는 거기에 결탁했다."

자신을 찾아온 이가 최혁진이며 이필호가 소개해주었다는 사실을 박열은 경찰과 검찰의 조사에서는 일체 밝히지 않다가 나중에 예심을 받을 때서야 공개하는데, 최혁진은 상하이로 돌아가 안전했고 이필호는 이미 사망해 더 이상 조사를 받을 일이 없기 때문이었다.

최혁진은 도쿄에 열흘 정도 체류하면서 야간에 에도가와 공원 등지에서 박열과 회합했다. 의기투합한 두 사람은 일본 정부에 대한 폭탄 테러를 결의한다. 이 계획에는 일본인들도 가담했는데 폭탄 대여섯 개와 자살용 권총을 상하이로부터 받아와 도쿄에서는 조선인이, 서울에서는 일본인이 폭탄 테러를 감행하는 것이 기본 계획이었다. 박열은 도쿄에서의 폭탄 테러를 책임지는 한편, 동지 간의 연락을 맡았다. 단원들은 점조직으로 연결되어 서로 직접 교류하는 일이 없도록 했고 모든 문서는 암호로, 체포되면 자백하는 일이 없도록 수은도 준비하기로 했다.

가장 중요한 무기 반입은 최혁진이 책임지기로 했다. 그러나 국경수비는 물론, 철도와 배편에 대한 삼엄한 검문검색이 일상인 일제 치하에서 중국 상하이로부터 일본 도쿄까지 무기를 운반한다는 것은 거의 불가능했다. 박열과 최혁진은 알파벳과 숫자를 이용한 암호 편지로 수차례 상의를 하지만 무기 반입은 실현하지 못한 채 시간만 흘러갔다.

이 시기 박열의 머릿속에는 온통 폭탄에 대한 생각만 들어 있었다. 가네코 후미코는 최혁진의 존재에 대해 모르고 있어 나중에 법정에서 처음 듣는다고 진술한다.

"피고는 최혁진을 알고 있는가?"

예심판사의 질문에 가네코가 모른다고 답하자 판사는 다시 물었다.

"박 씨는 1923년 2, 3월에 최혁진과 폭탄 건에 대해 상의한 적이 있다고 말했었나?"

"나는 그 말을 지금 처음 듣는다."

"박 씨가 피고에게 그와 관계된 일을 이야기한 적은 없는가?"

"나는 박 씨로부터 그 같은 일을 한 번도 들은 적이 없다. 박 씨는 보통 때에도, 길을 걷는 동안에도 폭탄에 대한 생각뿐이어서 도중에 어떤 상점을 지나쳤는지, 어떤 것들이 있었는지 알지 못할 정도였다고 말하는 것으로 봐서 필시 그와 같은 일이 있었는지는 모르지만 나는 그런 이야기를 들은 바 없다."

오로지 폭탄 구입만 고민하던 박열이 새로운 인물을 만난 것은 1922년 9월이었다. 시나노가와(信濃川)의 조선인 학살사건을 보고하기 위해 서울에 보고하러 갔을 때 만난 김한이었다. 김한은 박열보다 한참 나이가 많은 38살로 일본에서 변호사 자격까지 딴 당대의 지식인이자 사회주의자였다. 상하이임시정부 사법부장을 하다가 국내에 돌아와 조선청년연합회를 창립하고 '무산자동맹회의'의 지도자로서 경성양화 직공 파업을 지원하는 등 노동운동에 앞장서고 있었다.

한편, 이 무렵 의열단은 계속해서 조선 국내에서 무력 시위를 기도하고 있었다. 김원봉 단장을 중심으로 세 차례 대규모 무기 반입을 시도하는 동시에 개별적인 공격도 진행하고 있었다. 구입한 무기의 조악함, 일경의 치밀한 감시와 자금 부족으로 큰 성과는 거두지 못했으나 70여 명 의열단 단원들의 생명을 내던진 헌신은 항일독립운동사에 길이 남을 의미를 갖고 있었다.

사회주의 계열인 김한과 무정부주의 단체인 의열단은 조직과 성향이 달랐으나 조선의 독립을 위해 뭉쳐 있었다. 김한은 공개적으로 노동운동을 하는 한편 비밀리에 의열단에 가입해 김원봉과 손잡고 국내에서의 대규모 테러를 준비하고 있었다. 굳이 따지자면 허무주의라고 할 수 있는 박열 또한 이 거사에 동참하게 된다.

무산자동맹회 사무실 등지에서 김한과 수차례 회합하며 서로의 뜻이 맞음을 확인한 박열은 도쿄에서의 폭탄 테러를 책임지기로 했다. 가네코 후미코에게도 이 사실을 알리고 함께하기로 했다. 두 사람은 의열단에 정식 가입을 하지는 않았으나 사실상 하나가

된 것이다.

서로 성향이나 주의주장이 다른 사람들이 어떻게 하나로 뭉쳤는가에 대해, 가네코 후미코는 예심재판에서 이렇게 말한다.

"의열단은 조선독립을 위해 조직된 비밀단체이며 김한은 공산주의자이지만 그들은 그 수단으로서 '우리 민족의 독립'을 시인하고 있으므로 김한이 의열단에 가입하게 된 것이다. 그와 마찬가지로 우리는 허무주의자이지만 의열단이 일본 권력에 반해서 폭탄을 사용하려는 데 서로 공감한 바 있으므로 상호보완적으로 제휴하게 된 것이다. 또한 의열단이 사용한 폭탄은 살인용, 건물 파괴용 등 몇 가지가 있지만 우리는 주로 살인용을 의열단으로부터 분양받게 되어 있었다."

일단 일본에 돌아갔던 박열은 두 달 후인 11월에 다시 1주일간 서울에 머물며 구체적인 계획을 수립했다. 김한은 상하이의 의열단으로부터 폭탄 30개가 도착하게 되어 있으니 그중 대여섯 개를 도쿄로 보내주겠다는 약속이었다.

이후 김한과의 연락은 암호문으로 된 비밀편지를 이용했다. 암호는 영어 알파벳 또는 일본어 받침을 숫자에 대응시켜 만든 후, 이를 읽을 수 있는 난수표를 따로 만들어 본인들이 아니면 해독할 수 없게 했다. 직접 보내는 일이 없이, 반드시 다른 사람의 손을 거쳐 건넸다.

조선에서 서신 전달을 맡은 이는 김한이 알고 있던 서울의 기생 이소홍이었다. 권번에 다니며 기예와 글을 배운 기생 중에는 직접 독립운동에 뛰어들거나 지원을 하던 이가 여럿 있었다. 이소홍도 그중 하나로 20살밖에 안 되었지만 도량이 넓고 대담한 여자였다. 이소홍은 나중에 체포되어 재판을 받을 때 일본인 판사가 회유하느라고 "시내도 구경하고 어머니에게 선물이라도 사가는 것이 어떤가?"라고 묻자 "무산계급인 나에게는 유행이란 있을 수 없습니다."라고 당차게 쏘아붙인 여걸이었다.

편지 봉투는 붉은색이나 분홍색을 택해 마치 이소홍과 주고받는 연애편지처럼 위장했다. 이 때문에 의심을 받은 일도 있었다. 박열은 비밀편지를 받으면 즉시 태워버렸는데 어느 날엔가는 그걸 잊은 적이 있었다. 언뜻 보기에 연애편지 같으니 한 친구가 보여달라고 하도 조르기에 할 수 없이 슬쩍 보여주었다. 숫자만 나열되어 있는 편지를 본 친구는 이유도 모르는 채 박열을 의심했는데 그렇다고 사실을 밝힐 수는 없었다.

처음 계획은 1922년 11월 무렵까지 폭탄을 도쿄로 운반하는 것이었다. 그런데 폭탄을 운반해 오던 이들이 조선과 만주의 국경 부근에서 군벌 장작림 부대에 체포되어 모조리 몰수당하는 바람에 실패하고 말았다.

다시 1923년 1월에 손에 넣기로 계획했으나 이번에는 서울에서 김상옥 사건이 터졌다. 1월 12일 밤, 의열단원 김상옥이 종로경찰서에 폭탄을 투척해 일본인 행인까지 여러 명에게 부상을 입힌 대형 사건이었다. 무사히 폭파 현장을 벗어난 김상옥은 6일 후 동대문 근처에서 경찰과 총격전을 벌여 10여 명을 살상한 후 자결해 일본 정부에 큰 충격을 주었다.

김상옥 사건은 의열단장 김원봉이 극비리에 추진한 여러 계획 중 하나로, 김한이 주도하던 대량의 폭탄 유입과는 다른 경로로 이뤄진 일이었다. 하지만 김상옥 사건의 여파로 김한까지 체포되고 말았다. 자연히 박열에게 폭탄을 전달하려던 계획도 무산되었다. 총비상이 걸린 일경이 중국의 의열단에 대한 추적과 연행에 나서면서, 상하이에서 폭탄을 구입하려던 최혁진의 활동도 어려워졌다.

구속된 김한은 가혹한 고문과 옥살이로 병색이 완연한 가운데도 1시간이나 유창하고 힘차게 최후진술을 한다.

"조선 사람은 제령을 위반하지 아니하면 자살할 수밖에 없는 운명을 가지고 있다. 사람은 고정체가 아니요 유동체이다. 따라서 점점 향상하고 진화하기를 요구하는 것은 사람이 살아가는 원리라. 이것은 헤겔이나 다윈이 이미 말하였으므로 나는 더 이상 말할 필요가 없으나, 조선 사람도 역시 사람이라 살기를 위하여 향상하고 진화하기를 요구할 것은 그 역시 당연한 일이 아닌가? 사람이 향상하고 진화하는 데는 혁명이라는 것이 있나니 혁명이라 하면 매우 위험한 듯이 생각하나 사실 그러한 것이 아니다. 닭의 알이 변하여 병아리가 되는 것도 혁명이요, 올챙이가 변하여 개구리가 되는 것도 혁명이라. 혁명은 우주 만물이 살아가는 자연적 법칙이니 조선 사람이 살기를 부르짖고 자유를 부르짖는 것은 사람으로서 당연한 일이요 또는 억지할 수 없는 일인즉 일본 사람은 이러한 조선 사람을 조금이라도 이해하기 바란다."

또 다시 폭탄 구입이 어려워진 박열은 자신이 직접 상하이로 건너가서 폭탄을 입수할까도 생각했으나 가네코의 반대에 부딪혔다. 얼굴이 알려져서 경찰의 눈에 띄기 쉽다는 이유였다. 대신 그녀를 보낼 것도 고려했지만 여자가 이국땅에서 혼자 서성거리면 오히려 눈에 띄기 쉬워 포기했다.

그러던 1923년 2월, 박열은 폭탄 테러를 도와줄 새로운 인물을 알게 되었다. 평안남도 용강군 출신의 김중한이었다. 22살로 박열보다 2살 어린 김중한은 불령사 회원인 여성 이윤희를 통해 흑도회 기관지 「흑도」를 읽고 박열을 신봉하게 된 인물이었다.

두세 번 편지 왕래를 통해 생각을 공유하게 된 박열은 도쿄로 유학을 온 김중한과 4월 중순에 처음 만났다. 서신을 통해 김중한이 무정부주의적 사상을 갖고 있다는 것을 알고 있던 박열은 첫 만남에서 그가 자신과 같은 반역적 사상의 소유자이며 믿을 만한 인물이라고 판단했다.

박열이 폭탄을 구입할 능력이 없다는 점에서는 자신과 다를 바 없는 김중한을 택한 이유는 따로 있었다. 상하이에 가 있는 최혁진에게 보내서 폭탄을 받아 오는 일을 시키기로 한 것이다. 수차례 만남으로 신뢰를 확보한 후 5월 중순 김중한이 머물고 있던 금성관 하숙집에 찾아가 최혁진으로부터 폭탄을 받아와달라고 부탁했다.

"나는 죽어도 좋다고 생각하니 폭탄을 받아다줄 수 없겠소? 그대는 최근까지 조선에 있었으므로 조선의 사정에 밝고 나보다 그동안의 사정을 상세하게 알고 있을 터이고, 상하이로부터라도 좋고 조선에서라도 좋으니 받아다줄 만한 방법이 없겠소?"

김중한은 즉각 찬동하고 동참하겠노라고 했다. 이에 박열은 가급적 9월 이전에 폭탄을 구해달라고 부탁했다. 9월에 장차 일본 왕위에 오를 히로히토 왕세자의 결혼식이 있었기 때문이었다.

히로히토의 결혼식은 일본의 가장 큰 행사 중 하나였다. 일왕 부부는 물론 고관대작들과 외국 사절들이 대거 참석할 것이었다. 무엇보다도 국내외 신문기자들이 대거 참석하리라 보았다. 박열은 그 행렬에 폭탄을 던져서 명중되면 세계적인 사건이 될 것이요, 명중되지 못하더라도 주변의 고관대작들을 죽일 수 있으니 절호의 기회라 생각했다.

아직까지 왕위를 갖고 있는 다이쇼가 아니라 그 아들을 공격하기로 한 데는 현실적인 이유도 있었다. 당시 다이쇼는 병이 들어 죽어가고 있었다. 불과 2년 후인 1926년이면 사망해 히로히토가 즉위할 것이었다. 어차피 죽어가는 다이쇼보다 히로히토를 죽이는 것이 더 의미가 있다고 판단했다.

나중에 재판정에서 박열은 일본 황실을 공격하려 한 이유에 대해 가감 없이 밝히는데, 일왕을 우상이며 두부찌꺼기의 덩어리 같은 자라고 신랄한 야유를 퍼붓는다.

"일본 정부가 선전하는 만큼 일본인과 조선인은 결코 융화되어 있지 않다. 또 조선인을 일본제국의 소위 선량한 새로운 백성 즉 노예임을 조금도 원하지 있지 않다는 것을 세계에 알리는 데에는 가장 좋은 기회가 된다. 그것은 조선에 있어서의 사회적 제운동이 침체한 일본의 사회운동에 커다란 자극을 주는 가장 좋은 기회이며, 일본 천황이나 황태자를 죽여서 일본 민중이 신성시하고 침범할 수 없는 것으로 생각하고 있는 종교적 중심인물을 땅에 떨어뜨려, 그것이 우상이며 두부찌꺼기의 덩어리 같은 자라는 진가를 알리는 데에는 가장 좋은 기회일 거라고 생각했으므로 나는 어떻게든 일본 황태자의 결혼 때까지 폭탄을 손에 넣고 싶다고 생각한 것이다.”

김중한은 박열이 폭탄을 입수하기 위해 만난 네 번째 인물이었다. 앞선 세 번의 만남과 마찬가지로, 박열은 구체적으로 어디를 어떻게 공격하겠다는 말을 하지는 않았다. 일단 폭탄을 전해 받으면 그다음 일은 박열이 알아서 하기로 했다. 김중한과의 만남에서도 히로히토의 결혼식에 폭탄을 투척하려 한다는 계획은 말하지 않았다. 그 이전의 세 만남에서는 결혼식이 있으리라는 것도 모르던 때이므로 말할 일 자체가 없었을 것이다.

폭탄 구입을 의뢰한 동지에게도 사용 목적을 말하지 않은 데 대해 박열은 재판에서 이렇게 진술한다.

“발각당하게 되면 이들에게 폐해를 끼치게 될 것을 염려했기 때문에 나는 늘 그 사용 목적을 밝혀두지 않았던 것이다. 또

그와 같은 것에 대해서도 서로 묻지 않는 것이 우리 동지간의
도덕이었다. 그리고 나와 이들 간에는 요컨대 폭탄 운반 준비
에 관한 사항에 대해서만 서로 이야기했을 뿐이다."

정확한 목표에 대해 알고 있었던 것은 박열과 가네코 후미코뿐
이었다. 박열은 김중한에게는 가을의 히로히토 결혼식 또는 노동
절을 기회로 대사, 공사, 경시청 등을 공격하자고 말했다. 거짓말
을 했다고는 할 수 없었다. 인원과 무기 등 조건에 내각, 의회, 경
시청, 재판소 또는 수도와 전기의 근원지까지 폭파할 생각도 있었
기 때문이었다. 실제로 수도나 전기의 근원지를 조사해본 적도 있
었다. 그러나 설사 그럴만한 여력이 확보되었다고 해도 폭탄도 확
보되지 않은 상태에서 구체적인 타격 목표를 정하고 여러 사람과
상의하는 것은 불필요한 일이라 판단했을 것이다.

9월의 왕실 결혼식에 직접 투탄한다고는 짐작 못하던 김중한은
박열에게 가을까지 상하이에 가서 최혁진에게 폭탄을 받아오는
건 어렵다고 답했다. 게다가 그는 박열의 신망을 잃는 일까지 생
겼다. 김중한이 불령사 회원인 일본인 여성 니야마 하쓰요와 연애
에 빠지더니 자기가 박열로부터 신망을 받고 있음을 과시하기 위
해 그녀에게 자신이 모종의 중대한 임무를 맡았노라고 누설해버
린 것이다.

김중한의 신중하지 못한 언행에 실망한 박열은 그에게 폭탄 입
수를 부탁한 것이 경솔한 짓이라 판단하고 다른 길을 찾기로 했
다. 한 달 후쯤 김중한이 찾아와 가까운 시일 안에 조선에 돌아가

려고 생각 중이니 폭탄 구입에 나서 보겠다고 말하자 박열은 폭탄 구입을 포기했다고 말했다.

"한순간에 번복해서 매우 미안하지만, 전에 그대에게 의뢰한 것을 지금 취소하겠소. 서로를 위해 이 일은 절대로 입 밖에 내지 않기로 합시다. 앞으로도 서로 기분을 상하지 말고 공동의 문제에 대해서는 협력합시다."

실망한 김중한은 몹시 불쾌해 했는데, 문제는 거기서 끝나지 않았다. 이 무렵 김중한은 애인 니야마 하쓰요와 함께 「자단(自檀)」이라는 잡지를 낼 계획을 세우고 있었다. 김중한을 믿지 못하게 된 박열은 니야마에게도 충고를 하고 말았다.

"김중한이 일견 든든해 보이지만 경박하고 매명적이어서 아무래도 믿을 수가 없습니다. 둘이서 잡지를 내는 계획은 중지하는 게 좋을 것이오."

김중한이 자기 이름을 날리는 데 집착하는 소영웅주의자라는 뜻이었다. 니야마는 그러나 애인 편이었다. 니야마로부터 박열이 한 말을 전해들은 김중한은 격분하고 말았다. 박열이 겁을 먹어 폭탄 공격을 포기했다고 생각한 그는 8월 11일 박열의 방에서 열린 불령사 모임에서 단도까지 뽑아 들고 소리쳤다.

"나는 그대에게 폭탄에 관한 것을 부탁받고 그대를 존경하고 신뢰해왔는데 그 후 당신으로부터 그 일을 거절당했으므로 매우 낙담했소. 그대는 비겁하지 않은가?"

김중한은 단도로 박열의 방바닥 다다미를 자르며 덤벼들었다. 사람들이 뜯어 말리고 박열이 '자신의 비겁'에 대해 사과를 함으로써 무마되기는 했으나 이 소동으로 박열이 폭탄 투척을 계획하고 있다는 사실이 불령사 회원들에게 알려져버렸다. 불령사도 이 사건을 계기로 해체되고 말았다. 심한 폐병을 앓고 있던 니야마 하쓰요는 얼마 후 체포되어 옥살이를 하던 중 병사한다.

7.
대역 사건

박열 자신의 법정 진술이나 재판 기록들은 박열이 1923년 9월 3일 도쿄에서 체포된 것으로 되어 있다. 9월 1일 도쿄를 중심으로 한 간토 지방에 대지진이 일어나고 사흘째 되던 날, 일본인 사회주의자들과 조선인들이 대거 체포되기 시작하면서 검거되었다는 것이다.

한국독립운동사연구소가 기획하고 김인덕이 쓴 『박열』(2013)에는 그가 지진 상황이 궁금해 9월 2일 오후 5시에 집을 나서서 요쓰야(四谷)에 있던 후세 다쓰지 변호사의 사무실에 갔다가 잡지 광고를 청탁한 후 지인들을 만나 잡지 발행 지원금으로 20원을 모금한 후 귀가하다가 집 앞에서 체포되었다고 나온다. 가네코 후미코는 다음 날인 9월 3일에 체포되었다는 것이다.

반면, 김삼웅이 쓴 『박열 평전』(1996)에는 흑도회 동지였던 육홍균의 증언을 인용해 지진이 일어나기 사흘 전인 8월 28일, 상주 집에 가는 길에 체포되었다고 나온다. 8월 3일 일본 간다의 기독 청년회관에서 흑우회 주최로 열린 '조선문제 연설회'를 주관한 뒤 추석을 맞아 귀국해 고향집에 가 있었다는 것이다. 그런데 그해 추석은 한 달 후인 9월 25일로, 잡지 발행이며 폭탄 구입 문제에 여념이 없던 박열이 그토록 오랫동안 명절을 기다리고 있지는 않았을 듯하다.

육홍균의 증언에 따르면 박열은 조선인 전통의 흰 평상복 차림으로 체포되어 부산에서 관부연락선에 태워져 일본 모지에서 경시청 형사들에게 인계되었다고 한다. 만일 그 증언이 정확하다면 추석 휴가를 위해서가 아니라 직접 폭탄을 구입하려고 귀국했을 가능성도 있어 보인다. 폭탄을 구하려고 몇 차례나 조선에 들어갔으며 만주까지 간 적도 있었다는 박열의 법정 진술도 있다.

언제 체포되었는가는 중요한 문제이기는 하다. 9월 1일 간토대지진이 일어난 후 체포되었다면 일본 정부의 민심무마책에 희생된 것이요, 그 이전에 체포되었다면 그의 히로히토 폭살 계획이 누설되었다는 뜻이기 때문이다. 하지만 어떻게 시작되었든 결과는 마찬가지였을 것이다.

경찰은 지진이 일어난 직후부터 불령사 회원들에 대한 일제 검거에 나섰다. 나중에 체포된 이들까지, 조선인 육홍균(23), 최규종(22), 한현상(24), 서동성(26), 정태성(22), 장상중(25), 서상경(23), 홍진우(26)와 일본인 가네코(22), 니야마(21), 노구치(23), 구리하라(23), 오가와(25) 등 모두 16명이 속속 체포되어 도쿄 경시청과 관할 경찰서인 세타가야 경찰서로 연행되었다.

박열에게 일차적으로 적용된 법적인 체포 사유는 '부랑죄'였다. 부랑죄란 '일정한 거주 또는 생업 없이 배회하는 죄'로, 일단 잡아들여 가두고 수사를 하기 위해 적용한 법이었다. 박열 등은 부랑죄로 1개월의 구류를 살면서 추가 조사를 받은 후 '비밀결사의 금지령'을 위반했다는 죄목으로 구속되었다. 불법단체인 '불령사'를 결성했다는 이유였다. 경찰이 그들을 연행한 실제 목적은 히로히토의 결혼식에 폭탄을 투척하려 계획했다는 사실을 밝혀내는 데 있었으나 이는 실제 일어난 현행 사건이 아니기 때문에 일단 '보호검속'이란 행정집행법에 따른 조치로 구류를 시켜놓고 수사에 들어간 것이다.

체포 초기에 박열은 경찰의 심문에 일체 응하지 않았다. 일본 경찰 경부보 한 사람이 사건의 실마리를 풀기 위해 신문했으나 그 기록은 완전히 백지 상태였다. 일체의 진술을 거부하면서 법적 논쟁을 하는 것은 무의미한 일이지만 박열은 자신이 취조받을 의무가 없다는 취지의 발언만 남겼다.

"나는 보호를 받기 위해 검속되었지 범죄를 추궁당하기 위해 검속된 것이 아니다. 보호받기 위해 검속된 나에게 경찰관이 범죄를 취조할 권한은 발생하지 않는다. 법에 의해 보호될 권한을 가지고만이 범죄를 취조할 수 있는 것이 경찰관의 입장일 것이다. 또 법에 의해 보호되는 경찰관한테만이 범죄를 취조당하는 것이 국민의 의무이다. 법에 의해 보호받지 못하는 경찰관으로부터 취조받을 의무는 없다."

나중에는 법정을 선전의 장으로 삼아 자신의 정치적 이상과 폭살 계획에 대해 자세히 밝히는 그가 초동수사 때 일체의 진술을 거부한 이유는 일본 경찰로부터 수사를 받는다는 자체를 거부하는 동시에 동지들이 피신한 시간 여유를 주기 위함이었을 것이다.

경찰의 고문은 극심했다. 4년 후 먼저 석방된 김중한은 1927년 2월 4일자에 보도된 「동아일보」 인터뷰에서 처음 잡혔을 때 도쿄에서 온갖 고문을 당했노라고 말한다. 언론 통제로 고문의 내용을 자세히 진술하지는 못했으나 박열도 당연히 모진 구타와 고문을 당했을 것이다. 그러나 경찰은 한동안 어떤 진술도 받을 수 없었다. 진술을 거부하는 이유가 뭐냐는 경찰의 질문에 박열은 이미 부랑죄로 구류를 받은 기결수를 재조사하는 것은 부당하다고 놀려댄다.

"이미 나는 경찰법 처벌령에 의해 구류를 받고 있는 기결수이다. 기결수에 대해 다시 취조를 하려는가. 취조를 다시 하지 않으며 안 될 실태가 있다면 즉시 구류 언도를 취소하는 것이 마땅하다."

괴상한 법리 논쟁에 휘말린 경찰은 난감했을 것이다.

"구류를 언도한 경찰법 처벌령 이외의 사건으로 취조하고자 한다."

"그렇다면 그 조사에 응하지 않음은 나의 자유다. 나는 응하지 않겠다. 자유를 주장한다."

경찰과 검찰은 다른 구속자들의 진술조서를 토대로 일방적으로 조서를 꾸며 나가야 했는데 박열은 검사가 읽고 서명하라며 내미는 조서를 찢어버리고, 감옥 내의 대우가 나쁘다며 차라리 굶어죽겠다고 며칠씩 단식투쟁을 벌였다. 같은 시기에 연행된 가네코 후미코도 경찰과 검사의 수사에 순순히 응하지 않고 입을 다물거나 항의소동만 벌였다. 때문에 박열과 가네코의 경찰조서와 검사청취서는 경찰과 검사의 질문만 나열된 백지로 남곤 했다.

연행된 이들의 운명은 간토대지진에 걸려 있었다. 1923년 9월 1일 오전 11시 58분, 진도 7이 넘는 강력한 지진이 일본의 간토와 시즈오카, 야마나시 지방을 강타했다. 12만 가구의 집이 무너지고, 45만 가구가 불탔으며, 사망자와 행방불명자가 40만 명에 달했다. 이재민도 340만 명으로 집계되었다.

본래 지진이 많은 나라이지만 간토대지진은 국가 전체를 공황 상태에 빠뜨리기에 충분했다. 교활한 일본 정부는 소요하는 민심을 가라앉히고자 일본인들의 보수적인 감정을 악용하고 나섰다. 조선인과 사회주의자가 그 희생양이었다.

지진이 일어난 9월 1일 저녁 내무대신 미즈노 렌타로(水野 錬太郎)와 경시총감 아카이케 아쓰시(赤池濃)는 산하 경찰과 헌병들에게 "조선인과 사회주의자들이 폭동을 일으켰다."는 소문을 퍼뜨리게 해놓고는 각 경찰서로 하여금 소문의 진상을 보고하라고 지시했다. 자신들이 먼저 소문을 뿌려놓고는 그 소문을 취합해 보고를 하게 함으로써 허위사실을 실제 사실로 바꿔치기하는 전형적인 수법이었다.

지진 이틀째인 9월 2일 오후 6시, 일본 정부는 도쿄와 인접 군에 계엄령을 선포했다. 그 근거는 각 경찰서에서 올라오는 조선인과 사회주의자들의 폭동이라는 허위 보고서였다. 계엄령과 동시에 내무성 경보국장은 전국의 지방장관에게 긴급 지시를 하달했다.

도쿄 부근의 진재를 이용하여 조선인과 사회주의자들이 각지에서 방화하는 등 불령을 이루려고 하여, 현재 도쿄 시내에는 폭탄을 소지하고 석유를 뿌리는 자가 있다. 도쿄에서는 이미 일부 계엄령을 실시하였으므로 각지에서도 충분히 주밀한 시찰을 가하고, 조선인의 행동에 대하여는 엄밀한 단속을 가해 주기 바란다.

이 전문은 조선총독부와 대만총독부에도 타전되었다. 계엄령은 3일에는 가나가와 현, 4일에는 사이타마 현과 지바 현으로 확대되었고 9월 5일에는 계엄사령부에 의해 '조선 문제에 관한 협정'이 결정되었다.

협정 내용은 '조선인의 폭행 또는 폭행하려고 한 사실을 적극 수사하여 긍정적으로 처리할 것', '풍설을 철저히 조사하여 이를 사실화하고 될 수 있는 대로 긍정하는 방향으로 노력할 것', '해외에는 특히 적화 일본인 및 적화 조선인이 배후에서 폭행을 선동한 사실이 있다는 것을 선전하는 데 노력할 것' 등이었다.

조선인과 사회주의자들이 폭동을 일으켰다는 사실무근의 유언비어는 자연재해의 공포에 떨고 있던 일본인들 사이에 순식간에 퍼져나갔다. 군대와 경찰, 그리고 지역마다 결성된 자경단은 조선인과 사회주의자에 대한 인간사냥에 나섰다.

도쿄와 가나가와 현에서는 군대와 경찰이 중심이 되어 학살을 주도했고 지바 현, 사이타마 현 등지에서는 배타적 민족주의자들을 중심으로 한 자경단에 의해 대대적인 사냥이 행해졌다. 자경단은 죽창, 일본도, 곤봉, 철봉 등으로 도망치는 조선인들을 붙잡아 무차별 학살했다. 경찰서 안으로 피신한 이들까지 쫓아 들어가 경찰이 지켜보는 가운데 무참히 때려죽이기도 했다. 사회주의자들에 대한 타살도 곳곳에서 벌어졌다.

국가권력과 자경단이 살해한 조선인은 도쿄에서만 752명, 가나가와 현에서 239명, 지바 현에서 293명 등 6,661명에 이르렀다. 시신까지 훼손되고 불태워져 상당수는 시신조차 찾을 수 없었다.

일본인 사회주의자, 무정부주의자들도 이때 상당수가 학살되었는데, 오스기 사카에 부부가 대표적 인물이었다. 박열 등 조선인 유학생들에게 지대한 영향을 미치고 있던 무정부주의자 오스기 사카에와 그의 부인, 그리고 어린 조카까지 3명이 도쿄 헌병대에게 체포된 것은 9월 16일이었다. '대진재의 혼란에 편승해 사회주의자와 조선인에 대한 반동적 선전을 퍼뜨려 민중의 테러리즘을 선동했다'는 이유였다. 세 사람은 연행 사흘 만인 9월 18일, 재판도 없이 헌병대에서 참혹하게 살해된다.

박열 사건은 다음 달인 1923년 10월 16일자 「동아일보」에 최초로 보도가 허용되었다. 그러나 경찰이 발표한 내용 이상을 쓸 수는 없었다. 관제 기사에 따르면 경찰은 간토대지진이 일어나고 사흘째인 9월 3일에 돌연 박열 일파를 검거한 것으로 되어 있다.

도쿄 경시청 특고과에서는 거월 3일 별안간 활동을 개시, 도쿄에 있는 조선인 무정부주의자 단체 박열 일파를 검거했는데, 그 내용에 대해서는 전하는 말이 구구하여 진상을 알 수 없으나 여러 가지 말을 종합해보면, 이 일은 전기 박열이 중심이 되고 일부 일본인 무정부주의자의 원조를 받아 계획된 대음모이며, 이 계획은 벌써 금년 4, 5월부터 착착 구체화된 듯하며 경시청에서도 그 형적을 짐작해오던 중이라 한다.

이들에 대한 기사는 재판이 끝난 2년 후에 다시 허용되는데 경찰은 체포 날짜를 9월 3일이 아닌 9월 1일로 앞당겨 발표하면서 굳이 '간토대지진이 일어난 날'이라고 명시한다. 경시청이 체포 날짜와 간토대지진을 연결시키려는 이유는 박열 일파가 대지진의 혼란을 이용해 폭탄 테러를 하려 했다고 몰아세우기 위함이 명백했다.

경시청은 상하이의 의열단장 김원봉의 지휘 아래 김시현, 황옥 등이 국내로 폭탄을 반입했다가 압수된 실제 사건과 박열의 폭탄 구입 시도, 그리고 간토대지진을 교묘하게 짜깁기하여 발표한다. 같은 날짜 「동아일보」 기사 내용이다. 기사 곳곳이 검열로 파여나갔다.

그들은 계획을 실행하기 위하여 다수의 폭탄이 필요한데 돈은 없고 취체는 엄중하여 일본에서는 어려울 것으로 짐작하고, 8월 상순에 동지 중의 한 사람인 ○○○을 만주에 파견하게 되어 경성을 지나 국경을 넘어 ○○○에 얼마 동안 체류중, 그는 직접 행동으로 유명한 의열단 김원봉 일파와 기맥을 통하여 당초 목적한 폭탄을 구하게 되었다.

폭탄 50개의 수수를 본월 3일로 기한 마침 그때 도쿄 지방의 대진재가 일어나 도쿄 부근의 질서가 문란함에 박열의 행동에 의심을 품었던 경시청은 더욱 조선인 무정부주의자를 감시하게 되었으며, 한편으로 ○○○ 편에서도 대진재를 기회삼아 급속히 그 계획을 진행한 듯한 형적이 있어 전기 ○○○에 체류 중이던 ○○○에 대하여는 폭탄의 수입을 재촉했으며 ○○○도 의열단과 교섭 결과 폭탄 50개를 본월 3일에 수수하기로 의논되었다.

박열이 폭탄을 구하기 위해 노력한 것은 사실이지만 폭탄 50개를 9월 3일에 수령하기로 했다는 것은 경찰의 조작이었다.

이틀 후인 10월 18일자 보도에는 가네코 후미코에 대한 이야기도 등장했다. '박열과 그의 애인, 사랑과 주의 공명으로 감옥에까지 갔다'라는 제목은 다분히 선정적이었으나 이 부분이 오히려 정확한 내용을 담고 있었다.

도쿄 진재 당시에 대음모를 도모하던 무정부주의자의 수령 박열이란 조선 청년은 도쿄에 오랫동안 머물러 있으면서 동지 사회주의자를 규합하여 「흑로」, 「불령선인」 등의 주의선전 잡지를 발행하던 청년인데, 그의 뒤를 따라 목하 그와 함께 철창에 신음하는 꽃 같은 여성이 한 사람 있으니, 그는 다름 아닌 「불령선인」 등의 잡지에 박문자라는 이름으로 종종 기염을 토한 일본여자 가네코 아야코(22세)이다. 그녀는 일찍이 박열과 사랑의 애정에 얽히어 주의와 사랑에는 국경이 없다는 좋은 모범을 보여준 박열의 애인이니, 그와 그녀가 만나기까지의 가네코 아야코의 전반생은 실로 한 권의 소설과 다름없는 사연이 숨어 있다 한다.

후대의 한글 번역은 그녀의 한자 이름 문자를 일반적인 발음대로 후미코로 쓰는데, 당시 「동아일보」는 아야코로 쓴다. 일본어의 한자 발음은 부르기 나름이어서 본인이 애칭으로 아야코라 불러달라고 할 경우 후미코를 아야코로 부르기도 하므로 이를 따른 듯한데 「동아일보」도 나중의 기사에는 본래 발음대로 후미코라고 쓴다.

후대의 학자들은 박열 사건이 개인적으로 폭탄을 구입하려 모색하다가 실패한, 계획 단계에서 잡힌 사건에 불과한데 간토대지진으로 인한 민심이반을 무마시키려는 의도에서 대역 사건으로 확대시켰다고 보기도 한다. 조선인 대학살을 합리화시키기 위해 박열 사건을 이용한 것은 분명한 사실로 보인다. 하지만 처음부터 대역 사건으로 발표했던 것은 아니었다.

천황제를 기반으로 침략전쟁을 합리화하던 일본은 왕실에 대한 공격만큼은 단순한 모의 단계일지라도 대역 사건이라 하여 최고의 범죄로 최고형을 내리고 있었다. 대표적 사건이 1911년의 고토쿠 슈스이의 일왕 암살 음모였다. 경성고보생인 박열에게 큰 영향을 미쳤던 이 사건 역시 모의 단계에서 발각되었음에도 고토쿠 슈스이 부부를 비롯한 24명이 처형되거나 중형을 당한다. 하지만 일왕에 대한 살해 기도를 민심무마용 선전거리로 삼는다는 것은 있을 수 없는 일이었다. 일왕의 체통이 훼손되는 사건은 철저히 대외비로 처리했고 보도를 허용하더라도 자세한 내용은 공개하지도, 말하지도 못하게 했다. 고토쿠 슈스이 사건에 대해 누설한 일본인 교사가 좌천된 것도 그런 경우였다.

박열 사건이 보도되기 시작한 것은 체포 후 거의 두 달 만인데, 그 내용에도 천황에 관련된 부분은 보도 통제가 되어 있었다. 대역 사건이란 단어조차 쓰지 못하게 했다. 기사 말미에 붙은 '불경 사건은 기사 금지'란 문장으로 짐작을 할 수 있을 뿐이다.

대역 사건이란 용어가 언론에 공식적으로 등장한 것은 체포되고 5개월째인 1924년 1월이 되어서였다. 「동아일보」는 1924년 1월 27일자에 처음으로 제목에 '대역 사건'이라는 용어를 사용했다. '대역 사건 연루자 조선 청년을 석방'이라는 소제목으로, 도쿄 경시청이 황해도 해주군 취야리의 김상혁과 어해 두 사람을 1923년 12월 중순경 체포했다가 아무것도 행동에 옮긴 사실이 없음이 밝혀져 무죄 방면했다는 내용이었다.

김상혁과 어해는 2년 전인 1922년 10월 중순경 경성 황금정에서 무정부주의자 다카시마와 접선해 무기를 구입하기로 약속했으나 실제 행동에 옮기지는 않은 채 둘 다 일본으로 건너가 '조선근육노동자동맹'을 결성해 활동하던 이들이었다.

김상혁과 어해뿐만 아니라 '불령사 사건'으로 체포된 16명 중 박열 부부와 김중한을 제외한 나머지도 1923년 10월 20일 도쿄지방재판소 검사국에 의해 치안경찰법 제10조 비밀결사 금지조항 위반과 폭발물 취체 위반 등으로 구속 기소되어 예심에 회부되었는데 수감 중 숨진 니야마 하쓰요를 제외한 전원이 예심불기소 처분을 받았다.

대역죄가 적용된 세 사람만이 이후 2년 가까이 예심을 받았는데, 일본 경찰은 박열 등 세 사람이 대역죄로 재판을 받는 중이라는 사실 이외에 구체적인 내용에 대해서는 일체 공개하지 않았다. 특히 박열과 가네코의 진술 내용이 외부로 흘러나오지 않도록 기자들의 법정 취재까지 봉쇄했다.

일본 정부가 박열 재판의 취재를 봉쇄한 것은 일왕에 관련된 사건이기 때문이라기보다는 박열과 가네코의 발언이 대외적으로 알려지는 걸 원하지 않았기 때문으로 보인다. 주요 사건에 대한 법정 출입에 제한을 가하는 일이 이전에도 없지는 않았으나 박열 사건만큼 철저히 봉쇄하는 일은 드물었다. 박열과 가네코의 법정 발언이 그 어떤 정치사범보다도 강경했기 때문이었다. 장쾌하다고 표현해도 좋을 그들의 대담한 발언들은 그러나 사라지지 않았다. 기록을 중시하는 일본 문화에 따라 법원 속기록에 생생히 남아 후대에 전해지고 있다.

박열, 그리고 가네코 후미코의 역사적 존재 가치는 이 법정진술에 있다고 보아도 좋을 것이다. 일본 왕실에 폭탄을 던졌다거나 무장투쟁에 공로를 세워서가 아니라, 인류의 생존과 존엄이 무참히 유린되던 제국주의 침략시대의 지배 권력자들을 정면으로 질타하던, 민족의 적이자 인류의 적이던 일본인들에게 목숨을 구걸하지 않고 호통 치던 그들의 패기는 인간의 자긍심을 보여주는 상징적 사건이었다. 두 사람의 존재는 단지 항일운동을 했기 때문이 아니라 모든 억압과 착취로부터 인간을 해방시키기 위해 투쟁한 인본주의자이기에 더없이 빛난다.

8.
예심

박열과 가네코 후미코는 이치가야 형무소에 수감된 상태에서 1923년 10월 24일부터 1925년 6월 6일까지 21차례에 걸쳐 예심을 받았다. 도쿄지방재판소 예심판사 다테마쓰 가이세이(立松懷淸)가 신문을 맡았다.

신문은 첫날부터 삐걱댔다. 박열은 박준식이라는 본명으로 수사와 재판을 받는데 신상에 대해 묻는 판사에게 나이는 25살, 직업은 잡지 발행인, 계급은 상민이라고 답한다. 양반 계급임에도 상민이라 답하는 일은 만민평등을 부르짖던 당대 진보운동가들 사이에는 흔한 일이었다. 박열은 본적과 현주소를 말한 후 국가로부터 훈장을 받거나 형벌을 받은 사실 없으며 일본어를 잘 안다고 답한다. 가네코 후미코와 동거하고 있느냐는 질문에도 호적에 들어 있지는 않으나 작년인 1922년 5월부터 부부가 되어 동거하고 있다고 답한다.

여기까지였다. 기본 인적사항에 대해 순순히 답하던 박열은 본격적인 신문이 시작되자 일체 답변을 거부해버렸다.

"피고는 불령사를 조직하고 있는가?"

"조직하고 있다."

"언제 불령사를 조직했는가?"

판사의 질문에 박열은 돌연 이제는 아무것도 말하지 않겠다고 선언한다.

"언제인지 잊었다. 나는 이제 아무것도 말하지 않기로 결심했다. 나는 충분히 이제까지 경시청의 관리나 검사에게 뭐든 다 말했다. 내가 반역적 사상을 가지고 있는 것이나 불령사를 조직한 일, 김중한에게 폭탄 입수를 의뢰한 것을 다 말했다. 경시청 관리는 그것을 두세 달 이전부터도 알고 있었다. 그런데도 그들은 영업적 심리로 그 후 지난 9월 3일 부랑죄라는 명의로 나를 체포하고 50일이나 구류하면서 아무런 적법한 조치도 취해주지 않았다. 나는 그것이 불만이다."

그리고 덧붙인다.

"나는 조선에 태어나 이렇게 체포당해 있는 것만으로도 불행한 사람이다. 나는 이제까지 받아온 조치에 대해서 판사를 신용할 수 없다. 이제부터 앞으로는 아무것도 대답하지 않겠으니 좋을 대로 추측하라."

'조선에 태어난 죄로 이렇게 구속당해 있는 것만으로도 불행한 사람'이라는 말이 가슴 저린다. 박열은 오후의 제2회 신문에도 불응해 박준식이 본명이고 박열은 통칭이라는 답변 이외의 일체 진술을 거부했다. 박열의 진술 거부는 이후 석 달이나 계속되었다.

신문이 다시 시작된 것은 해가 바뀐 1924년 1월 30일이었다. 도쿄지방재판소에서 속개된 제3회 신문에서 박열은 먼저 자신이 오랜 진술 거부를 철회하고 진술을 하기로 결정한 이유에 대해서 밝힌다.

자신이 진실을 밝히지 않을 경우 동지들이 피해를 입기 때문이라는 것이었다. 공개적인 무정부주의 연구 단체인 불령사를 경찰과 검찰이 폭탄 테러를 위해 조직한 비밀결사로 몰아가도록 내버려둘 경우 폭탄 사건과 아무 관계가 없는 다른 회원들이 피해를 입게 되므로 이를 막기 위해 신문에 응한다는 말이었다. 그는 말한다.

"지난번 나는 아무것도 말하지 않고, 마음대로 아무렇게나 인정하라고 말해두었지만, 그 후 차츰 생각해보니, 내가 아무것도 말하지 않음으로 해서 동지에게 폐를 끼쳐서는 안 될 것 같다. 경찰에서도, 검사 당국에서도 내 말을 존중한다고 했으므로 나는 불령사는 비밀결사가 아니라는 것을 잘 설명해주었는데, 그럼에도 불구하고 불령사를 비밀결사라고 해서 불령사 회원을 기소해버렸다. 경찰관이나 검사가 우리에게 그러한 복수적 태도를 취하므로 맘대로 하라고 하고 그 후 아무것도 말하지 않았지만, 지금도 말했듯이 내가 말하지 않음으로 해서 다른 회원 제군에게 폐를 끼쳐서는 안 되므로 이번에는 스스로 자진해서 여러 가지 일을 말하기로 결심했다."

박열은 그러면서도 자신이 지금부터 하는 말은 '자백'이나 '진술'이 아님을 거듭 주장한다. 또 자기 자신에 관한 것이라면 뭐든지 충실히 답할 수 있지만 다른 사람에 관한 것은 아무것도 말하지 않을 것이니 묻지 말라고 선언한다. 이는 경찰의 조사 때부터 일관된 태도였다.

"나는 지금까지 일본 관헌의 신문에 대해서 소위 자백이라든가 진술이라든가 하는 것을 한 적이 없었다. 지금도 그런 일을 하는 것을 커다란 수치로 생각하고 있는 까닭에 이제부터 말하는 것도 자백이 아니라 회원 제군을 위해 말하는 것이라는 것을 잘 유념해주었으면 한다. 그러므로 나는 내 자신에 관한 것이라면 기억하고 있는 한 가장 충실하게 뭐든지 다 얘기하겠지만, 다른 사람에 관한 것은 아무것도 말하지 않을 것이니 그 이상 추궁해 묻지 말아 달라. 하긴 일본의 관헌은 법률과 장부만 맞추면 책임을 다했다고 생각하고 자신들의 형편에 유리한 쪽으로 제멋대로 처분해버리니까 아무래도 상관없겠지만 말이다."

이후 수차례 계속된 신문에서도 그는 자신이 폭탄을 손에 넣으려고 기도했던 일은 사실이지만 불령사의 다른 회원들과는 아무런 상관이 없음을 거듭 밝힌다. 2월 4일 이치가야 형무소에서 진행된 제6회 신문이다. 판사가 묻는다.

"피고는 제1회 조사 때 폭탄을 입수할 것을 계획했던 일이 있었던 것처럼 진술했는데, 그것은 불령사의 목적을 이루기 위함이 었는가?"

박열은 완강히 부인한다.

"그런 일은 없다. 내가 폭탄을 손에 넣으려고 계획했던 일이 있기는 하지만 그것은 불령사와는 전혀 별개의 문제다. 경시청에서나 검사국에서도 그것을 잘 설명해두었는데 아무래도 오해를 갖고 있는 모양이다. 불령사 회원 제군이 피해를 입지 않도록 하기 위해서 그 폭탄 계획을 수정하게 된 경위를 자세히 진술하겠다. 아무쪼록 오해가 없었으면 좋겠다."

실제로 박열은 가네코 후미코와 김중한 이외의 누구와도 폭탄 문제를 상의한 적이 없었다. 애인에게 일부를 누설했다는 이유로 김중한을 제외시킬 정도로 꼼꼼했다. 그는 불령사는 실천단체가 아닌 연구단체임을 강조하기 위해, 자신이 그 이전에 만들거나 가입했던 혈거단, 의거단 등 행동단체에 대해 설명하기까지 한다.

"설령 불령사가 비밀결사라고 해도 내가 불령사를 근거로 해서 폭탄을 입수하고자 했다거나, 그 비슷한 생각도 갖고 있지 않았음을 증명하기 위해서 할 수 없이 내가 일찍이 비밀결사 폭력단체 조직에 가담했었고 거기에 실망하여 그 단체를 해산시켰던 일을 말해보겠다."

박열은 '혈거단'은 무정부주의 사상과 조선 독립사상을 갖고 있던 15, 16명의 도쿄 유학생들이 1921년 봄에 만든 폭력 단체였는데 반년 정도 지속되다가 해산했다고 밝혔다. 같은 해 10월에는 역시 도쿄 유학생과 노동자로 조직된 '의거단'이라는 폭력단체에 가입했는데 1년 정도 지나서 해산되었다고 말했다. 그 해산 이유에 대해서도 솔직히 말했다.

"혈거단이나 의거단은, 조선인에게 있어서 조선 민족을 파는 자, 예를 들면 친일파나 조선인을 모욕하는 일본인을 박멸하고, 비밀문서를 배포하는 것을 그 목적으로 했다. 다소 직접적인 행동을 취한 일도 있었지만 일본의 단속이 엄중했기 때문에 이에 대한 희생의 대가가 너무 커서 이런 종류의 폭력단은 직접 행동을 취할 필요에 임박했을 때 임시적으로 결속해도 충분하며 미리 준비해서 영구적으로 이 단체를 존속시켜둘 필요가 없다고들 말하므로 이 단체를 해산해버렸던 것이다."

박열이 혈거단과 의거단의 예를 든 것은 흑도회와 불령사가 폭력 시위를 목적으로 만든 단체가 아님을 밝히기 위함이었다. 실제로도 그는 일본인 선원부터 시작해 김한과 김종한에게 차례로 폭탄 구입을 의뢰했으나 모두 실패한 후 조직적이 아닌 개인적으로 직접 폭탄을 구하는 길을 모색하다 체포된 것이 사실이었다.

"내가 폭탄을 손에 넣으려고 생각한 것은 전적으로 불령사와는 무관하다. 지난번 진술한 대로 내가 다이쇼 8, 9년(1919, 1920년)경 무정부주의 사상을 갖게 되고 나서 여러 가지, 소위 음모를 꾀해 왔지만 그 후 영속적 단체력에 의존하면 폭로될 기회가 많고 결속의 영속이 곤란하기 때문에 가능한 한 범위를 축소시켜 타력에 의존하지 않고 자력에 의할 것을 생각하게 되었다."

재판장이 일본 황실에 대해서 어떠한 관념을 가지고 있느냐고 묻자, 박열은 기다렸다는 듯이 통렬한 경멸을 퍼붓는다. 일본으로부터 학살당하고 있는 조선 민족의 한 사람으로 일본 황실에 대한 떨쳐버릴 수 없는 증오의 감정과 반역심을 가지고 있다고 답한 후, 일본 천황과 황태자는 불쌍한 제분기이며 격리된 전염병 환자요, 페스트 보균자, 사창가의 얼굴마담이요 별것 아닌 유령에 불과하다고 맹비판을 퍼부었다.

"일본 천황, 황태자는 하나의 우상에 지나지 않는 불쌍한 제분기이며 가련한 희생자이다. 행렬 때에 민중이 멀리한다는 의미에서 격리된 전염병 환자 또는 페스트 보균자이며, 인중이 긴 놈들을 속여서 모은 사창가의 얼굴마담과 같이 민중을 기만하고 착취하여 억압을 가하는 권력자 계급의 간판인 것이다. 정체를 알고 보면 별것 아닌 유령이지만, 일본 사회에 있어서 정치적 실권자는 황실이 아니며 일본의 정치·경제·사회를 지지하고 있는 것은 정치가, 군벌 자본가이므로 그들을 보는 일이 현재 사회제도를 전복시키기에 가장 의미가 있다."

단순히 감정적 증오심을 표출하는 데 그치지 않고, 그는 천황 공격의 의미를 합리적으로 분석해 보이기도 했다. 일본의 사회운동가들이 일본 황실을 건드리지 않는 이유는 실권이 없는 나무인형에 불과하다는 명분이지만, 황실에 대한 공격은 대역죄라 하여 형벌이 대단히 무거운 이유가 더 크다고 했다.

이른바 '대역죄' 조항인 형법 제73조는 '천황, 태황, 태후, 황태후, 황후, 황태자 또는 황태손에 대하여 위해를 가하거나 또는 가하고자 했던 자는 사형에 처한다'라고 규정되어 있었다. 실행에 옮기지 못하고 계획만 했어도 유일한 형량이 사형인 무서운 법률이었다. 이 무서운 처벌에도 불구하고 자신이 황실을 노린 이유에 대해, 박열은 천황의 존재를 지구상에서 말살시켜버리는 일은 조선 민족에게 더없는 기쁨과 함께 전투적 감정을 되살릴 수 있기 때문이라고 말한다.

"계몽적 선전시대에 있어서 오늘날 일본에서는 일본 민중에 대하여 황실이 하나의 미신으로 구축된 우상에 지나지 않음을 드러내기 위해서, 또 황실과 황태자인 유령을 위해서 일반 민중이 얼마나 속박되어 있는가 하는 것을 자각시키기 위해서는 제분기를 노리는 일도 포기하기 어려웠다. 특히 조선의 일반 민중은 일본 천황, 황태자를 명실공히 존재하는 실권자이며 하늘을 함께 받들 수 없는 수적(讐敵)이라고 생각하고 있으므로, 이 자의 존재를 이 지구상에서 말살시켜버리는 일은 조선 민족에게 감격과 함께 자주 전투적 기분을 갖게 한다는 점에서 도저히 포기할 수 없는 유효한 방법의 하나였다."

다음번 신문에서는 조선 왕조에 대해서도 경멸의 감정을 드러낸다.

"피고의 조선 황족에 관한 관념은?"

"나는 조선의 황족에 대해서도 별로 존경심을 갖고 있지 않으며 오히려 증오심을 갖고 있다. 조선 황족은 일본의 황족이 가련한 희생자인 것보다 그 이상의 의미에서 가련한 희생자다."

일본 황실에 대한 판사의 질문은 예심과 본심에서 수차례나 거듭된다. 박열의 재판 기록에는 거론되지 않고 있으나 그가 예심 중이던 1924년 1월 5일, 의열단원 김지섭이 일본 왕궁 안에 있는 돌다리인 니주바시(二重橋)에서 폭탄 3개를 던졌으나 3개 모두 불발되고 현장에서 체포된 사건이 있었다. 박열보다 16살이나 많은 김지섭은 안동 출신으로 보통학교 교사와 법원 서기로 일했던 지식인이었다. 박열과 같은 이치가야 형무소에 수감되어 사형을 선고받은 그는 무기징역으로 감형되었으나 1928년 감옥에서 병사한다. 비록 둘 다 실패해 실질적인 타격은 주지 못했으나 일본 황실에 대한 잇단 공격은 일본 정부를 긴장시켰을 것이다. 박열과 김지섭의 변호를 모두 맡고 있던 후세 다쓰지 변호사는 그를 "조선 민중 전체의 의사를 대표한 사람"이라고 표현했다. 이는 박열에게도 적용되는 말이었다.

1924년 2월 5일의 제7회 신문에서는 자금 문제와 함께, 김중한, 가네코 후미코 등과의 관계 등 사적인 질문이 이어졌다. 앞선 신문에서 폭탄 모의에 관련된 어떤 사람의 이름도 말하지 않고 자기 자신의 행동과 생각만 이야기하던 박열은 이 질문들에 대해서도 동지들의 자존심을 건드릴 만한 발언은 일체 거부한다. 폭탄 구입을 의뢰받은 김중한이 1,000~2,000원의 활동자금이 필요하다고 말했느냐는 질문에 이렇게 답한다.

"나는 나 개인에 관한 일이라면 괜찮지만 친구의 일에 관해서는 별로 이야기하고 싶지 않다. 판사가 신문하는 것 같은 일이 있었는지도 모르겠다."

두 사람 사이가 멀어진 이유에 대해서도, 김중한의 단도 사건으로 몰아가려는 질문을 피해갔다.

"다른 방면으로 폭탄을 입수하는 것이 김군에게 입수하는 것보다도 더 안전하며 확실하다고 생각하여 김군에게 한 의뢰를 취소한 것이었고, 특별히 김군의 인격에 관해 회의를 품었던 것은 아니다. 이것만은 김군을 위해서 부언해두겠다."

폭탄을 입수하는 데 필요한 비용을 어떻게 만들 심산이었느냐는 질문에도 일체 언급하고 싶지 않다면서, 그 방법과 출처에 대해 말하지 않겠다고 답변한다. 판사가 잡지 「현 사회」의 광고 수입금으로 폭탄을 구하려던 것 아니냐고 묻자 자신이 잡지를 만든 것은 돈을 벌기 위함이 아니라 폭탄 테러를 숨기기 위한 위장이었다고 답했다.

판사의 질문이 가네코 후미코와의 관계로 넘어가자 동거 과정과 두 사람의 기본적 사상에 대해서는 간략하게나마 선선히 대답했으나 보다 자세히 묻는 말에는 답변을 기피한다.

"피고가 가네코와 동거할 것을 결의한 경위는?"

"나는 그녀와 대면하고 그녀의 허무적 사상이 나의 사상과 일치하고 있음을 알고 동지로서 공동생활을 하기로 결의한 것이다."

"가네코의 허무적 사상의 내용은?"

"나는 가네코와 동거하기 전후 종종 의견을 교환했는데, 그녀의 사상은 나와 거의 일치했다. 그녀는 나와 동거하기 이전부터 반역적 기분에 충실해 있었는데, 나와 동거한 후 점점 우리 두 사람의 사상이 공명하게 된 것이다."

"가네코는 피고가 가지고 있는 듯한 민족적 사상을 가지고 있는가?"

"그녀는 나와 같이 조선 민족의 한 사람은 아니므로 민족적 반역심을 갖고 있지는 않은 것 같았지만 깊은 동정심을 품고 있었다."

"피고의, 소위 일본의 권력자 계급에 대한 가네코의 사상은 무엇인가?"

"가네코와 나 사이의 일은 타인과 나와의 일보다 비교적 말하기 쉽지만 그래도 나 자신에게 직접 관계되는 일 외에는 말하고 싶지 않다."

"피고는 지난번 진술했던 것처럼 폭탄을 입수해서 직접 행동으로 옮길 것을 종종 가네코와 협의했는가?"

"과거 사실을 그대로 다 진술하는 것은 그녀의 기분을 상하게 할지도 모르며, 과거 사실을 부인하고 속이는 것 또한 그녀의 기분을 상하게 할는지 모른다. 나는 그녀의 기분을 존중하므로 그 질문에 대답하지 않겠다."

"피고는 폭탄을 입수하는 데 있어서 김에게 의뢰한 것을 그녀와 협의했는가?"

"그것도 지금 대답한 것과 같은 의미로 대답하지 않겠다. 따라서 나는 그런 사실이 있었다고도 없었다고도 말하지 않겠다."

판사가 가네코를 옹호하기 위해 그렇게 말하는 것 아니냐고 묻자, 박열은 결코 그런 것이 아니라고 답한다. 폭탄 테러 계획이 드러났을 때 박열이 혼자 책임을 지고 다른 사람은 석방되어 나가서 계속해서 목적을 수행하려 하는 것 아니냐고 질문하자 역시 대답을 거부했다. 상하이에 가서 폭탄을 입수하려는 계획을 가네코에게 말한 적이 있는가에 대한 질문도 마찬가지였다. 그런데 판사가 가네코가 이미 모든 내용을 진술했다고 말하자 조금 태도를 바꾼다.

"가네코는 피고가 직접 행동으로 옮기기 위해 폭탄을 입수하는데 대해, 김에 관한 관계는 물론 그 외 모든 관계를 피고와 상담한 것처럼 말하고 있는데, 정말인가?"

"가네코가 임의로 그와 같은 것을 말하고 있다면 나는 그것을 전부 인정하겠다. 언젠가 자세하게 말하기로 하겠다."

판사의 질문이 다른 사람과의 관계로 넘어가자 박열의 완강했던 태도는 조금 누그러졌다. 폭탄 구입을 의뢰했던 선원의 성이 모리다라는 것, 일본에 건너와 폭탄 의거를 제안한 이는 최혁진임을 밝혔다. 강압에 의한 것으로 보이지는 않는다. 최혁진은 일본 관헌의 세력 범위 밖에 있으므로 말해도 지장이 없다고 보았고, 모리다라는 것을 밝히지 않으면 다른 선원들이 조사를 받느라 피해를 입을까봐 밝힌다는 말도 한다. 하지만 모리다의 이름이 무엇이냐는 질문에는 '모른다'로 일관한다.

재판장은 제14회 예심에서 박열이 만난 선원의 이름은 모리다가 아니라 스기다 요시이치라고 지적하며 그와의 관계에 대해 보다 자세히 물어보았으나 박열은 진술을 거부했다.

"피고가 지난번 프랑스 방면 등에서 폭탄 유입 방법에 대해 협의를 본 선원 모리다 아무개라고 하는 자는 스기다 요시이치라는 자가 틀림없는가?"

"나는 그 선원 이름을 모리다 또는 스기다라고 부른 것으로 기억한다."

"피고와 스기다 요시이치와의 관계에 대해 묻겠는데, 피고는 이 사람을 알게 될 당시 기무라라는 이름을 사용하고 있었는가?"

"나는 나와 그 선원과의 관계에 대해서는 전에 진술한 것 이상으로 더 이상 진술할 생각이 없다."

"이유는 무엇인가?"

"그런 것은 그다지 중요한 것이 아니기 때문에 말하고 싶지 않다. 더 이상 이것에 대해 신문하지 않았으면 한다."

박열은 재판 기간 내내 다른 사람에 관련된 진술은 정면으로 거부하기를 되풀이한다. 또한 판사는 어떤 강압적 태도도 보이지 않고 이를 순순히 수용한 것처럼 기록되어 있다. 경찰과 검찰 조사에서 관련자들의 신상을 캐기 위해 혹독한 고문과 폭행이 가해졌을 텐데 공식 기록에는 이에 관한 어떤 진술도 남아 있지 않다.

다른 사람들에 대해서는 이토록 함구하면서도, 박열은 자기 자신에 대한 질문에는 판결에 불리한가 여부를 따지지 않고 다분히 문학적인 묘사까지 사용해가며 매우 상세히 말했다.

"피고는 우편배달부로 변장해서 폭탄을 던지려고 생각한 적이 있었는가?"

"그런 일도 있었다. 나는 소기의 일을 실행하기 위해 일본의 가련한 희생자 우리의 모양을 알아둘 필요가 있다고 생각하고 있었으므로 일찍이 어느 우체국에 고용되어 집배원이 되어 그 우리에 들어가본 적도 있었다. 우리에 들어가자 자연히 혁명가가 입에서 흘러나왔다. 그 가련한 희생자 행렬에 폭탄을 던질 때에는 배달부로 변장해서 카키색 말뚝과 불독의 울타리를 빠져나갈까 생각한 적도 있었다."

"희생자의 우리라든지 불독이라든지 카키색 말뚝이라든지 하는 것은 뭔가?"

"희생자의 우리가 무엇인가는 판단해보라. 불독이란 경시청의 개 등을 말하는 것이며, 말뚝이란 소위 대일본제국의 간성을 말하는 것이다."

"피고는 다이너마이트를 사용하려고 생각한 적이 있는가?"

"그런 일도 있었다. 그러나 다이너마이트는 폭발에 손이 가므로 불편하다고 생각했다."

불법으로 불령사를 결성했다는 죄목으로 박열을 기소했던 도쿄 지방재판소는 1924년 2월 15일자로 박열을 폭발물 단속 벌칙위범으로 추가 기소했다.

폭발물 단속 벌칙 제1조는 '치안을 방해하고 사람의 신체, 재산을 해하고자 하는 목적으로 폭발물을 사용한 자 및 남에게 그것을 사용하게 한 자는 사형 또는 무기 또는 10년 이하의 징역 또는 금고에 처한다'였다. 제2조는 '앞 조항의 목적으로 폭발물을 사용하고자 할 때 발각된 자는 무기 또는 5년 이상의 징역 또는 금고에 처한다'고 규정되어 있었다.

폭발물 단속법은 최소 형량이 사형인 대역죄에 비하면 현저히 낮은 형량이었다. 박열은 아직 대역죄로는 기소되지 않은 상태였다. 그런데 1924년 4월 11일 열린 제8회 예심에서 판사가 이 부분부터 질문하며 소회를 묻자, 박열은 자신들은 폭탄 공격을 목적으로 하고 있었노라고 아무렇지도 않게 답한다. 오히려 황실에 폭탄 투척을 하려던 목적에 대해서는 몇 번이고 되풀이해 길고 자세히 진술했다. 스스로 대역죄를 뒤집어쓰고자 하는 의도였다.

"피고는 왜 일본의 천황, 황태자 전하에 대해 소위 폭살 대상으로 삼았는가?"

판사의 질문에 그는 3가지 이유를 들었다.

"나는 일본의 천황, 황태자 개인에 대해서는 어떤 원한도 가지고 있지 않다. 그러나 내가 일본의 황실, 특히 천황, 황태자를 대상으로 삼은 가장 중요한 첫 번째 이유는, 일본 국민에게 있어서 일본의 황실이 얼마나 일본 국민에게서 고혈을 갈취하는 권력자의 간판 격이고, 또 일본 국민들이 미신처럼 믿고 있고 신성시하는 것, 신격화하는 것의 정체가 사악한 귀신과 같은 존재임을 알리고, 일본 황실의 진상을 밝혀서 그 신성함을 땅에 떨어뜨리기 위함이었다. 두 번째 이유는 조선 민족에게 있어서 일반적으로 일본 황실은 모든 것의 실권자이며 민족의 증오의 대상이기 때문에 이 황실을 무너뜨려서 조선 민족에게 혁명적이고 독립적인 열정을 자극하기 위해서였다. 세 번째는 침체되어 있는 일본의 사회운동가들에게 혁명적인 기운을 불어넣기 위해서였다."

심지어 그는 지금까지 진술한 내용이 속기록에 제대로 기록이 되었는지 읽어주겠다는 판사의 제안조차 거부했다. 재판을 자신에게 유리하게 끌어가기 위한 어떤 노력도 하지 않는 태도였다. 제14차 신문에서다.

"피고가 지금까지 진술한 내용 중에서 사실이 아닌 것이 있어서는 안 된다. 지금까지의 피고에 대한 신문조서 전부를 읽어주는 것을 원하는가?"

"지금까지 진술한 것은 모두 사실이므로 읽어줄 필요는 없다."

"그때그때의 기분에 따라 대충 진술해버린 것도 있어서는 안 되기 때문에 읽어주는 게 좋지 않을까?"

"소위 임의의 진술이기 때문에 평소와 같이 내가 말하는 것을 그대로 허심탄회하게 기록해주었으면 한다."

다른 한편으로는 어떤 폭압적 태도 없이 그의 말을 들어주는 예심판사 다테마쓰에 대한 신뢰도 있었을 것이다. 박열은 지금까지 겪어온 수많은 일본 관헌들과 달리 다테마쓰는 적을 이해하고 모욕하지 않는 진실된 사람이라며 존경스럽다고까지 말했다.

"일본의 사법 관헌과 셀 수도 없는 교섭을 한 경험이 있는 관점에서 보았을 때 지금 신문관은 비교적 적을 바르게 이해해주려고 했고, 적을 모욕하지 않는 사람이었다. 이같이 이전과는 다른 경우였기 때문에 적이기도 하고 동지라고도 느끼며, 지금 신문관을 진실된 사람이라고 생각하고 존경하고 있는 바이다. 이와 같은 이유에서 나는 처음부터 그렇게 불쾌한 기분을 갖지 않고 당신들에게 소위 신문에 대해서 아는 대로 대답한 것이다. 따라서 지금 그것을 읽어줄 필요는 없을 것 같다."

확실히 일본 재판부는 박열에게 극형을 내리기보다는 전향시키기 위해 노력한 흔적이 보인다. 다테마쓰 판사뿐 아니라 본심도 마찬가지였다. 일본 왕실의 존엄을 훼손하는 전례를 남기기보다 반성하고 충성을 맹세하도록 만드는 것이 선전 효과가 있다고 보았던 것일까, 1925년 5월 2일 이치가야 형무소에서 속개된 제16회 신문에서도 다테마쓰 판사는 박열에게 선택의 여지를 주려 애쓰는 것처럼 보인다. 판사는 최하 형량이 5년인 폭발물 단속법 조항과 최하 형량이 사형인 형법 제73조를 차례로 읽어준 후 마치 선택을 권하듯 묻는다.

"피고의 이제까지의 진술을 종합하니 피고의 소행은 혹은 이 형법 제73조의 죄에 해당하는 것처럼도 생각되는데 피고의 진술은 사실 그것과 다른 점은 없는가?"

이에 박열은 다른 두 피고인 가네코 후미코와 김중한은 어떤 형을 선택했는가 물어보았다. 마치 판사와 상의라도 하는 듯한 태도였다.

"그것에 대답하기 전에 우선 들어주지 않으면 안 되는 것이 있는데, 가네코와 김중한에 관한 것으로, 두 사람은 당신에게 어떠한 것을 말하고 있는지 가능한 한 들려주었으면 좋겠다."

"가네코는 김중한과의 관계에 대해서는 처음부터 피고와 상담해서 폭탄 투거를 계획하고 있었다고 진술하며, 김중한은 피고의 의뢰를 받아 폭탄 입수를 위해서 상하이에 연락을 취하러 갈 것을 승낙했다고 진술하고 있는데 어떤가?"

판사의 답변에 박열은 더 자세히 물었다.

"그 질문에 답하기 전에 물어두고 싶은데, 가네코와 김중한 씨는 폭탄 투거의 목적이라든지 대상이라든지에 관해 어떻게 진술하고 있었는지 그것을 들려주었으면 좋겠다."

"가네코는 황태자 전하를 폭탄 투거의 대상으로 하고 있었다고 진술하고 있고, 김중한은 단지 지금 읽고 들려주는 대로 진술하고 있다. 확실히 해두기 위해 이 두 사람이 함께 진술하는 바를 읽고 들려준다면 다음과 같은데, 어떠한가?"

판사가 가네코 후미코 및 김중한에 대한 예심 신문조서를 전부 읽어주자 박열은 허심탄회하게 자신의 속마음을 털어놓았다. 사법부 수사라는 것이 없던 일도 있는 걸로 만들고 있던 일도 없는 걸로 만들 수 있기 때문에 자신은 조서를 믿지 않아왔는데 다테마쓰 판사는 자기 견해를 상대에게 강제하는 사람이 아니라는 걸 알기에 그가 읽어준 조서를 신용하겠다고 했다.

"나는 원래 소위 조서라는 것을 신용하고 있지 않았는데, 작년에도 당신에게 말해두었을 테지만 그와 같이 나는 당신이 자신의 견해를 상대에게 강제하는 그런 사람이 아니라고 믿는다. 조금이라도 그렇게 믿고 싶다. 그런 기분으로 지금의 당신의 신문에 대답하고자 생각하는 나는 가네코와 김중한 씨를 소위 공범자로서가 아니라 증인으로서 맞이하고 싶었던 것이다."

지금까지는 어떻게든 김중한과 가네코를 공범에서 제외하고자 했으나 판사가 읽어준 내용대로라면 가네코는 스스로 폭탄 거사에 자부심을 가지고 있으니 이제부터 솔직하게 그녀를 공범이라 말하겠다는 뜻이었다. 단, 김중한은 황태자를 죽이려 한다는 사실은 몰랐으므로 이전에 진술한 그대로 고집하겠다고 했다. 그는 말한다.

"제일 처음에 당신에게 거짓말은 하지 않겠노라고 밝혀두었고, 또 실제 지금까지 거짓을 말할 작정은 아니었는데, 그러나 사실에 있어서 폭탄 투거의 대상물에 관해서는 엄밀히 말하자면 소극적으로 거짓말을 해둔 것이 되므로 그것을 여기에서 고쳐 말함과 동시에 당신에게 사과하겠다. 어떻게든 양해해주길 바란다. 이제까지 이번 사건에 관해 가네코가 처음부터 소위 공범자로서 관계되어 있는지 어떤지를 밝히기 꺼리고 있었는데, 가네코가 그와 같이 진술하고 있다고 한다면 나는 가네코의 의견에 긍정한다. 이일을 전과 같은 의미로 당신에게 사과한다. 그러나 김중한 씨와의 관계에 관해서는 나는 내가 이전에 진술해둔 것을 고집하겠다."

여기서 다테마쓰 판사는 다소 황당한 질문을 했다. 김중한에게 폭탄의 정확한 목표를 감춘 것에 대해 반성할 생각이 없느냐는 것이었다. 황실에 대한 공격은 무조건 사형인데 김중한에게는 이를 숨기고 고관들이나 경시청에 투탄한다고 속인 것은 사과하고 반성할 일이 아니냐는 뜻이었다. 박열은 즉각 판사를 질타했다.

"반성이라고 하는 것은 어떤 의미인지 모르겠지만 반성이 소위 개과천선을 의미하는 것이라면 그것은 나에 대한 커다란 모욕이다. 나는 적에게 이와 같이 잡히기 전까지는 이 지역에서 나 자신에 속한 모든 것을 걸고 일본의 제국적 자본주의 국가를 도괴(倒壞)시키기 위해서 충분히 자유롭게 행동해왔기 때문에 적도 나에 대해서 충분히 자유롭게 행동하는 것이 좋을 것이다. 그것이 정녕 당연할 것이므로 나는 어떤 일에 대해서도 적인 일본 관헌의 방식에 대해서 불법이라든가 불공평이라든가 잔인이라든가 악랄이라든가 하는 그러한 말이나 항의 같은 것을 할 생각은 없다."

박열은 나아가 자신의 죽음에 관한 비장한 각오를 피력한다. 당신들이 이겼으니 당신들 마음대로 죽이라는, 자신의 목숨을 살려보기 위해 당신들과 싸우지는 않겠다는, 그러나 반성을 한다거나 개과천선 따위를 하지는 않겠다는 선언이었다.

"나는 적에게 잡힌 그날부터 적의 손에 의해 좌우될 수 있는 모든 것은 다 포기하고 있는 것이다. 또 말해두겠지만 일본 관헌은 나와의 싸움에서 이겼다. 당신들도 이기겠지만 그러나 잘 생각할 것까지도 없이 그대들은 승리하고 패해 있는 것이다. 나는 실제 실패해서 승리한 것이다. 이것은 단순한 기분만이 아니라 현실의 가까운 장래를 바라보아 나는 모든 위기를 부정하므로 나는 그대들이 마음대로 만든 법률이나 재판의 가치는 전혀 인정하고 있지 않다. 따라서 내가 한 일이 폭발물 단속규칙의 제 몇 조에 해당하는지, 형법 제73조에 해당하는지 그것이 어떤 형태인지 모르겠지만 그런 것은 아무래도 좋은 것이다. 그런 것은 그대들이 마음대로 결정했으므로 마음대로 하는 것이 좋다. 그런 것으로 그대들과 싸우지 않겠다. 원래 나는 죽음이라는 것을 무서워하지 않는다.

새삼 말할 것까지도 없이 나는 그대들이 가장 신성시하는 것으로 있는 또 유난스럽게 여기고 있는 우상을 죽이려고 했다. 불령선인이므로 그대들도 이 불령선인을 죽여도 좋을 것이다. 그것은 극히 당연한 일이기도 할 것이다. 나에게 반성한다든지 개과천선한다든지 할 여지는 없다."

이토 히로부미를 쏘아 죽인 안중근을 비롯한 수많은 독립지사들이 일본 법정에서 보여준 통쾌하고도 비장한 연설은 일제의 재판관과 형무소 간수들까지 탄복시키는데, 그중에서도 박열의 선언은 압권이다. 그는 자신이 적의 재판정에 서서 적의 신문에 대답하는 것조차 굴욕이라 생각한다. 변호사를 부를 생각이 없느냐는 질문에 이렇게 답한다.

"나는 소위 공판정에서 변호사를 번거롭게 하는 일은 일절 피하고 싶다고 생각한다. 일본 제국의 법정에서 나의 권리를 요구하거나 또는 싸우거나 할 의사는 조금도 없다. 일본 제국에 대해 그 근본부터 반대하고 있는 내가, 그 법정에서 어떠한 권리를 주장하고 또는 요구한다고 하여 내가 일본 제국 정부의 법정에 있어서 자기의 권리를 쟁취한다고 한다면, 그것은 곧 내가 일본 제국에 항복해 그 신민이 되는 것을 의미한다. 그렇지 않으면 자선을 탄원하는 거지가 되는 것을 의미하는 것이다. 나로서는 이 이상 나 자신을 모욕하는 것이 또 있을 수 없겠다. 나는 자기의 입장을 선언하기 위해서 법정에 나온 것이다. 진술을 하기 위해서 나온 것이 아니므로 어떤 종류의 변호사도 나에게는 필요 없음을 여기에 밝혀두겠다."

더 이상 자신을 모욕하지 말고 어서 죽이라고 말하는 동시에, 그는 거꾸로 일본인들에게 훈계하기 위해 감옥의 독방에서 쓴 4권의 논문을 재판장에게 제출했다.

「음모론」은 허무주의자로서의 전략을 쓴 글이며 「한 불령선인으로부터 일본의 권력자 계급에게 전한다」는 일본 제국을 질타하는 글이었다. 「나의 선언」과 「일하지 않고 잘 무위도식하는 론」은 자신의 허무주의 사상을 정리한 글이었다.

다소 길지만 1924년 2월에 예심판사 앞으로 쓴 「한 불령선인으로부터 일본의 권력자 계급에게 전한다」를 보자.

한 불령선인으로부터 일본의 권력자 계급에게 전한다.
너희들 잔학한 일본의 권력자 계급이여! 타국, 타인종 또는 타민족 폭도에 관해서는 아름다운 정의, 인도의 이름하에 거의 광적으로까지 흥분해서 소란을 피우며 나대는 주제에 자기들의 그것에 대해서는 바람이 지나가는가 정도로 받아들이고 흘려보내는 가장 파렴치한 너희들 일본 권력자 계급이여!
생각해보라. 과거 십 수 년 사이에 너희들이 우리 조선 민족에 대해서 한 잔학의 수없음을. 그것이 얼마나 단호한 것이며 또 그를 위하여 얼마나 많은 피를 흘리게 했는가를…….
잊지 않고 있다. 너희들의 소위 합리적 일한 합병의 시기에 조선 민중은 그에 대하여 얼마나 필사적으로 반항하고 싸웠는가를…….
그럼에도 불구하고 너희들 끈질긴 제국주의적 야심은 그 교활이 극한 책략으로써 세계를 기만하고 난폭한 무력에 따라 결국 강압적으로 일한 합병을 단행하지 않았는가. 그 당시 그것에 반대하기 위하여 조선 각지에서 봉기하는 조선 의병에게 너희들은 그것을 폭도라고 부르고 잔인하게도 그들을 학살하지 않았는가. 너희들의 소위 합리적이란 이런 것을 말하는가.

또 너희들의 소위 정의, 인도란 이런 것을 의미하는 것인가. 그렇다면 세상에서 말하는 원숭이 엉덩이를 비웃는다는 속담은 실로 너희들을 가리킨다고 해야 할 것이다. 이 심술궂은 너구리들이여! 무덤에서 노는 것을 그만둬라.

또 일보 후퇴해 가령 그것이 진실로 합의적인 합병이었다고 해도 그 후에 그것은 완전한 과오였다는 것을 극히 명료하고 강하게 자각해온 경우에 있어서도, 역시 그 분리 독립은 절대적으로 이루어져서는 안 된다고 하는 이유는 추호도 없다. 하물며 그것이 처음부터 일종의 강제적인 것에 있어서는 더욱 그렇다.

너희들은 이렇게 해서 그 소위 합의적이란 합병을 단행함과 동시에 우리들의 세계적 활동을 막기 위해 견고한 포대와 카키색의 말뚝으로써 조선반도의 주변을 막아 조선반도를 문자 그대로 감옥으로 만들어버렸다. 우리들에게 외국으로의 여행권 부여를 거부하는 것은 물론이다. 그렇게 해서 너희들은 일면에서는 소위 음험한 침략과 잔인에 극하는 칼의 협박으로써 우리들 조선인의 손으로부터 그 경제상의 실권을 완전히 탈취하는 데 힘썼다.

그것은 데라우치 빌리켄(데라우치 마사타케를 가리킴-지은이) 총독 시대의 일이었다고 기억되는데 소위 토지측량조사를 한다든가 할 때 너희들은 토지의 참된 소유주가 누군가에 관계없이 오로지 측량 당시의 명의인으로 하여금 소유주가 되게 했다. 그리하여 그 새로운 명의인 대부분이 너희들의 심복인 일본 관헌과 결탁한 일본 이주민이며 그리고 그곳에는 얼마나 많은 사기와 협박이 공공연히 행해졌는가는 지금 거듭 말할 것도 없다.

또 삼림이 없는 민둥산은 그것을 강제로 빼앗아 식수장려라는 이름하에 일본인들에게 그것을 분배해버렸다. 보라, 이와 같이 해서 너희들은 우리들 조선인 손에서 전국적으로 토지의 약탈을 행했다. 또 너희들은 그 경제적 우월에 의존해 이주민에게 우리들의 선조 대대의 토지, 가옥을 저당으로 해서 고리대를 주게 하여 음험한 책략과 잔인한 협박으로써 그 탈취를 힘쓰고 있다.

역시 너희들의 신체 일부인 동양척식주식회사가 모든 사기와 황금의 힘으로써 우리들 조선 민족에 대한 경제적 파멸정책을 돕고 있는 것은 물론이다.

또 그 일면에 있어서는 너희들은 교육적으로 우리들의 파멸을 계획하고 있다. 학교에서의 교육은 순전한 노예교육이어서 모든 학과는 단지 일본어, 즉 너희들의 소위 국어를 가르쳐 넣기 위한 학과뿐이다. 그 이외의 교육은 절대로 허락되지 않는 것이다. 우리들의 시야가 넓어지는 것을 두려워하여 조선에 전문학교나 대학의 설립을 금지하는 것은 물론이요, 우리들이 일본어 이외의 외국어나 상업을 학습하는 것조차도 그것을 억압하며 막는다.

또 운동, 유희의 경우에 있어서도 우리들에게 경쟁심, 적개심을 일으키는 것을 두려워해서 예를 들면 검도, 유도, 야구 기타 대항시합 등과 같은 것은 일절 완고히 금지한다. 또 사회적으로는 민간 지식의 자유로운 발전을 방지하기 위하여 신문·잡지의 발행을 금지하는 것은 물론 집회조차도 허락하지 않는다.

또 일면에 있어서 너희들은 음험이 극한 매춘정책이나 아편정책, 즉 다수의 성병 매춘부나 아편, 모르핀 등을 조선 내에 유입함으로써 우리들의 민족적 파멸을 꾀하고 있다.

보라! 너희들은 이와 같이 정치적으로도 경제적으로도 또 사회적으로도 우리들 조선 민족의 완전한 파멸을 꾀하고 있는 것이다. 일본의 권력자 계급이여! 너희들이 우리들에게 가한, 또 현재에도 가하고 있는 모욕과 박해의 수없음을 잊고는 있지 않겠지.

우리들은 너희들의 끊임없는 제국주의적 야심의 희생이 되기 위해 전 세계로부터의 약속에 의해 태어났는지 어떤지는 모르겠다. 이것이 우리들에게 주어진 유일한 운명인지 뭔지는 모르겠다. 그러나 가령 그것이 우리들에게 있어서 피할 수 없는 운명이라 해도 우리들은 이처럼 잔인한 운명에 대하여 순종할 수는 없다.

우리들은 너희와의 잔학과 동시에 이 악마와 같은 운명까지도 한없이 저주하고 또 붉은 피를 토하며 이에 반항하여 싸우고 있는 것이다. 우리들은 희생은 되어도 그냥은 되지 않을 것이다. 멸망되어도 그냥은 멸하지 않을 것이다. 반드시 복수는 할 것이다.

너희들이 아무리 그 소위 엄중한 단속을 해도 우리들 조선 이천만 민족이 완전히 멸망되어버릴 때까지 우리들의 복수전은 계속될 것이다. 아니 너희들의 압박, 박해가 격렬하게 되면 될수록 우리들 가슴속에 타고 있는 자아의식은 점점 명료하고 강해져갈 것이다. 따라서 또 우리들의 복수전도 점점 맹렬해질 것이다.

보라, 너희들이 아무리 그 견고한 포대와 카키색의 말뚝과 검은 불독의 울타리로써 조선의 주변을 막고 또 아무리 학살을 행하며 신체에 전기를 통하고 콧구멍, 자궁에 증기를 통하게 하고, 부인을 나체로 해서 그 음모를 한 가닥 한 가닥씩 뽑으며 또는 음경에 비튼 종이를 쑤셔 넣는 것처럼 가장 잔인한 고문으로 우리들을 협박하고, 또는 아무리 그 가득한 황국주의적 야심을 소위 문명적으로 간접화하고 음험화시켜 소위 문화정치라든가 인정이라든가 하는 것을 행해도 역시 여전히 폭탄 총기의 유입은 이루어지며, 소위 불령선인의 암살 습격은 점점 빈번해지고 심각화되어가지 않겠는가.

생각하라, 너희들의 소위 엄중한 단속은 우리들에게 있어서는 단순히 일종의 흥분제로밖에 역할을 하고 있지 않다는 것을. 또 너희들의 소위 문화정치 또는 인정(仁政)에 지나지 않음을.

너희들 중 어떤 자는 말한다. "조선 민족은 일본 민족과 같은 뿌리, 같은 민족이기 때문에 그 독립은 불필요 또는 무의미하다."라고. 과연 우리들 조선 민족과 너희들과는 어떤 의미에서는 확실히 같은 뿌리, 같은 민족임이 틀림없다. 아니 생물학적으로 말하면 호랑이도 개도 뱀도 물고기도 기생충도 냉이도 모두 똑같이 우리들과 같은 뿌리, 같은 민족이라고 말할 수 있음이 틀림없다.

또 화학적 성분으로 말하면 진흙, 공기와 같은 것까지도 모두 동족, 같은 뿌리라고 말할 수 있을지도 모른다. 너희들은 동족, 같은 뿌리라고 해서 특히 너희들의 생명을 위협할지도 모르는 페스트균 및 기타 전염병균, 독초, 독뱀, 맹수 등과 곧 악수 제휴할 수 있겠는가.

생명의 위협으로까지는 미치지 않아도 너희들은 불쾌한 감정을 주는 기생충과 같은 것과 서로 악수 제휴할 수 있겠는가. 아니, 동족, 같은 뿌리의 의미를 그렇게까지 넓게 해석하지 않아도 너희들은 너희들과 모든 사회적 사정을 같이하고 있는 극히 좁은 의미에 있어서의 동족, 같은 뿌리 즉, 일본 민중에게 끊임없이 너희들의 생명·재산을 위협하고 있는 살인, 강도, 강간 등의 상습자에게 단순히 그 동족, 같은 뿌리라는 이유로 그들과 악수 제휴할 수 있겠는가.

아마 너희들은 악수 제휴를 거부할 것은 말할 것도 없고 그들과 악수 제휴를 하는 다른 사람들까지도 그자를 그들과 같은 종류로서 극단적으로 싫어하며 배척할 것을 조금도 주저하지 않을 것이다.

서로 역사적 및 사회적 사정을 공통으로 하는 너희들 같은 민족 상호 사이에 있어서조차 역시 이와 같다. 하물며 항상 우리들의 생활, 생명을 위협하고 유린하며 게다가 서로 역사적 및 사회적 사정을 전혀 달리하고 있는 너희들과 우리들과의 관계에 있어서는 어떠하겠느냐. 따라서 단순히 동족, 같은 뿌리라 하는 것은 곧 그것을 정복하고 착취해도 좋다는 이유도 되지 않는가 하면 또 언제까지라도 그 희생자로의 경우에 만족하고 있어야만 한다는 이유도 되지 않는 것이다.

또 너희들 중 어떤 자는 말한다. "인간의 전쟁은 옛날에는 부락과 부락과의 전쟁, 나라와 나라의 전쟁, 민족과 민족 간의 전쟁이었다. 그러나 지금에 와서 그 전쟁의 범위는 확대되어 인종 간의 전쟁, 특히 구라파 인종과 아시아 인종간의 전쟁이 되었다. 그런데 그 백색 인종은 지금에라도 습격하려고 우리들의 틈을 노리고 있다. 이때에 있어서 우리들 유색 인종, 특히 아시아 인종, 특히 황색 인종, 특히 같은 뿌리 동족인 조선 민족과 일본 민족은 종래에 있어서 모든 작은 감정과 작은 알력을 배척하고 일치단결함으로써 백색 인종의 제국주의적 습격에 대하여 대비하지 않으면 안 된다."라고.

그러나 또한 보아라. 현재 우리들 조선 민족은 우리들과는 동족, 같은 뿌리라고 하는 너희들로부터의 위협이 저 먼 백색 인종의 제국주의의 습격에 대한 위협보다도 보다 더 절박해 있다. 게다가 가장 통절한 생명적 박해를 받고 있는 것이다.

따라서 우리들은 우선 무엇보다도 이 문제를 근본적으로 해결하지 않으면 안 된다. 우리들에게 무엇보다도 중대한 이 문제에 해결을 주지 않고 단순히 같은 인종이라는 이유 하에 우리들에게 일치단결을 강제하는 것은, 이렇게 함으로써 그 정복자로서의 지위를 하루라도 보다 오래 보존하고 유지하고자 함이다. 너희들의 끊임없는 제국주의적 야심의 발동에 의한 일종의 못된 장난이라고 말하지 않을 수 없다.

따라서 우리들은 전혀 이 몹쓸 장난의 희생이 되어야 할 필요는 없는 것이다. 그러나 생각하라, 너희들이 침해하고자 하는 또는 그밖에 굴복시키고자 하는 강렬한 욕망, 즉 백주의 정신을 본능적으로 갖고 있듯이 우리들 조선 민족도 또 너희들에 뒤지지 않는 그것을 본능적으로 갖고 있다는 것을.

또 너희들이 전통적으로 너희들의 토지·역사·종교·도덕·풍속·습관 등을 가짐에 있어서 그들에 일종의 신비적인 사상을 연결 지어서 항상 그것을 깊이 사랑하고, 존중하고, 옹호하고 있는 것같이 우리들도 또 너희들에게 뒤지지 않는, 아니 어떤 의미에서는 너희들보다 뛰어난 그것들을 전통적으로 갖고 있고, 게다가 우리들 조선 민족 대부분의 사람들은 그것을 항상 깊이 사랑하고 존중하며 옹호하고 있음을.

역시 우리들 조선 민족이 갖고 있는 전통의 대부분이 너희들이, 제3자로서 논리적 비평적으로 본 경우에 있어서는 황당무계한 일종의 신화·소설·동화, 어쩌면 단순히 웃을 만한 미신으로서의 가치밖에 갖고 있지 않은 것처럼 너희들의 전통도 또 우리들이 제3자로서 논리적 비평적으로 본 경우에 있어서는 극히 황당무계한 일종의 신화·소설·동화, 어쩌면 단순한 미신으로서의 가치밖에 갖고 있지 않음을.

또 너희들의 혹자는 말한다. "일한 합병은 동양의 평화 확보를 위해 부득이하다."라고. 그러나 생각하라! 그 소위 동양의 평화 확보를 위한 일한 합병이 얼마나 동양 평화의 교란의 원인이 되고 있는가를. 게다가 그것은 너희들이 우리 조선반도에 대해서 그 황국주의적 야심을 완전히 포기하지 않는 한, 또 너희들이나 우리들 중 어느 쪽엔가 또는 양쪽 모두 다 완전히 멸망하지 않는 한은 영원히 계속될 것이라는 것을 생각해야 한다.

일본 권력자 계급이여. 너희들은 항상 그 강병을 내걸고 모든 난폭에 극치를 다한다. 그러나 생각하라! 그것도 그다지 길지는 않을 것임을. 그것은 너희들이 일본 민중에 대하여 너희들의 종교적 우상의 신성함과 고마움을 강매할 수 있을 동안의 일이다. 그것은 완전히 미신을 바탕으로 만들어진 우상이며, 호색한을 기만하여 모으는 사창가 아가씨와 같이 미 자각의 민중을 기만하고 착취하는 너희들 권력자 계급의 도금이 좀 벗겨진 금 간판이며, 높은 성벽의 안에 넣어져 일생 실사회로부터 격리되어 있다는 점에서 종신징역수와 같은 것이며, 그 정체가 확실하지 않은 점에서 유령과 같은 것이며, 그 완전히 무위무능한 점으로 말하면 가장 경제적이지 못한 제분기이며, 몇 시 몇 분 출입이라는 식의 가장 가련한 희생자이며, 또 그들이 지날 때에는 언제나 민중을 절대로 가까이하게 하지 않는다는 점에서 페스트 보균자 같은 것임에 지나지 않는다는 것을, 일본의 민중이 자각하며 그렇게 해서 그것을 숭배할 것을 둘도 없는 강한 치욕이라고 하기에 이르기까지의 이야기이다.

너희들 간판의 정체를 일본 민중이 확실히 깨닫는 그때에 너희들의 생명도 끝나는 것이다. 그때는 이제 너희들이 그 강병을 자랑할 수 없을 때이다. 그때에는 이제 일본 민중은 너희들에게 있어서 가장 충실하고 선량한 인민은 아니다. 너희들의 생명을 빼앗을지도 모를 가장 두려운 적이다. 너희들과는 천지간의 적이다. 그리고 불령선인의 친구다. 게다가 일본 민중은 빠른 속도로 그 시기에 다가가고 있는 것이다

보라, 일본에서 노동운동·사회운동이 점점 빈번해지고 있는 것이 그 증거가 아니겠는가. 그리고 누군가가 말했듯이 경찰의 숫자는 우체함보다도 많고 순사의 수는 전신주보다 역시 많아져도 소위 범죄 사건이 점점 증가하고 있는 것이 그 증거가 아닌가.

노동이 자유로워질 때 국가는 멸망한다. 인민의 각 개인이 국가를 생활하지 않고 자유를 생활하고 있을 때 국가는 멸망한다. 이것이 즉 여기저기 성하게 일어나고 있는 노동운동·사회운동 및 모든 범죄가 그 자체를 나타내고 있는 의미이다.

그리고 국가는 언제나 그 옹호자이며 또 주인인 그 국가의 권력자 계급이 멸망하므로 멸망하는 것이다. 아, 일본의 권력자 계급이며, 비참하구나. 방약무인한 너희들의 최후도 게다가 불령선인은 그것을 기원하고 있는 것이다.

같은 해인 1924년 12월 3일자로 완성한 「나의 선언」도 보자. 인간의 존재 자체에 대한 회의와 저주로 가득한 이 논문은 그의 허무주의 사상을 잘 보여준다.

인류는 태어나면서부터 오직 어떻게든지 죽지 않으려는 생명 욕의 소유자임과 동시에 가장 추악하고 우열한 우월욕의 소유자이다. 따라서 또 가장 강렬하고 무반성하는 정복욕, 지배 욕의 덩어리이다. 따라서 극히 배타적이며 질투의 덩어리다. 그래서 절조 없고 이기적이며, 항상 그 이익을 위해서는 타인을 속이고 또는 친구를 배신하고, 어제까지는 입에 침이 마르도록 욕을 하고 배척하고 있었던 일도 스스로 이를 아무렇지 않게 행하고, 빈번히 정의와 인도를 말하면서 스스로 반 정의, 반 인도를 행하며 되돌아보지도 않고, 자유 평등을 말로 외치면서 감히 압제와 차별을 하고, 평화 운운하고 소리치면서 스스로 솔선해서 평화의 교란자가 되며, 말로는 신의 사랑, 부처의 자비를 빈번히 설교하면서 잔인한 학살을 아무렇지 않게 행하고, 공명정대를 외치면서 권모술책을 일삼고 있다. 이 추악하고 열악한 혼전에서 약자, 무권자, 가난한 자는 항상 강자, 무력자, 부자를 위해서 희생되며, 참혹하고 비열한 약육강식의 대죄악은 인류사회가 이르는 곳마다 행해져 현실의 인류사회에는 정의는 절무하다. 소위 정의란 말할 것도 없이 인류 상호의 생존권의 존중, 공존공영이다. "옛날부터 약한 자의 육(肉)이 강한 자의 식(食)이라고 정해져 있는 것이 나쁘다."라고까지 어느 역사가는 방언하고 있을 정도이다.

이렇게 인류는 항상 서로 속이고 헐뜯으며 서로 죽이는 것을 계속하면서 어느 불가피한 운명을 위해서 아침 이슬과 같이 계속해서 멸망해가는 것이다.

게다가 인류의 대다수는 그 강렬한 욕심으로는 도저히 어울리지 않을 정도로 극히 무지하고 오직 공허한 자만 또는 비굴한 체념을 가지고 자기들의 생피를 빨아먹는 흡혈귀인 일부 소수의 강자들을 바라보며 이것을 신성한 주권자로 삼아, 날이 갈수록 비참한 상태로 자기들 자신을 인도하고 있다.

실로 이들의 위대한 바보들은 카르타고 마을을 불태워 없애고, 파리에서 대학살을 행하고, 이집트에 대군을 버리고, 모스크바 원정에 50만 대병을 낭비하고, 만주 벌판에 시체의 산더미를 구축한 대악인들을 오히려 위대한 주권자로서 이를 장렬한 기념비나 신사에까지 모시고 숭배하고 기뻐하고 있는 것이다.

가장 추악하고 열악한 모든 인류여, 너희들만큼 뭘 모르는 동물이 또 있을 것인가. 너희들만큼 뭘 모르는 동물이 또 있을 것인가. 너희들은 모든 죄악의 원천이다. 그리고 어떠한 아름다운 이상 또 어떠한 교묘한 정책을 가지고도 도저히 영원히 구제할 수 없다. 가장 불쌍한 존재다.

호메로스의 문구를 생각하라. "실로 인류는 모든 중생 중의 가장 잔인한 것, 지상에서 호흡하고 또 사는 모든 것 중의……"

세상의 낙천주의의 위선자들은 방언한다. "상애호조(相愛互助)와 공존공영, 이것이 인류의 본성이며, 또 만인이 똑같이 따라야 하는 정의이며, 자연의 대 법칙이며, 신의 의지이다."라고.

어느 정도 인류의 상애호조 공존공영, 이것은 어쨌든 정의이다. 적어도 그 개념에 있어서는 훌륭하게 정의이다. 그것은 결코 인류의 본성은 아니다. 따라서 자연의 대법칙도 아니며 신의 의지도 아닌 것이다.

보아라, 현실의 인류사회에서 그 어디에 진실로 아름다운 '상애호조 공존공영'의 사실을 발견할 수 있을 것인가. 가장 추악하고 우열한, 서로 속이고 욕하며 죽이는 것만이 진실로 현실의 인류사회에 있어서 속일 수 없는 사실이 아닌가.

그래서 어떠한 경우에서도 폭력은 항상 신성하고, 비참한 약육강식은 인류사회 도처에서 행해지고 있다. 필경 현실의 인류사회는 폭력으로써 그 근본 기초를 이루며 정복과 착취를 그 목적으로 하고 있다. 우선 국가와 민중과의 관계에서 이 국가는 법률이라는 족쇄를 만들어두고 민중에게 적어도 그 지배와 착취를 거절하는 자는 가장 조직적으로, 가차 없이 이를 엄벌에 처하고 있다.

또 강제적 징병제도라는 것을 널리 시행하여 다수의 군대를 수용해 항상 민중을 위협하고 있다. 또 그 일면에서는 도덕 종교를 비롯하여 그 외 모든 사회적 전통 관습으로 민중을 속박함과 동시에 소위 국민 획일교육이라는 조직적 기만법으로 소위 국가 유용의 인물 양성에 고심하고 있다.

그 소위 국가 유용의 인물이란 요컨대 국가, 즉 식인요괴의 행복을 위해 그 개와 말이 되어 충실하게 일하기에 충분한 작은 동물, 또는 그 지배와 착취에 모두 견딜 수 있는 강건하고 선량한 작은 동물을 말하는 것이다. 그리고 소위 국가에 있어서 유용한 것이 아니면 학술이라도 학술이 아니고 기술이라도 기술이 아니라고 해서 이것을 뱀과 전갈과 같이 배척 또는 이를 강건하게 금지한다.

국가는 역시 이것으로서 만족하지 않고 그 외 각종 정책을 세워서 민중에 대한 기만 수단을 강구하고 있다. 이와 같이 국가라는 요물은 민중의 모든 생활 위에 항상 엄하게 군림한다. 민중의 생활은 항상 일일이 이 국가를 그 중심에 두지 않으면 안 된다고 한다.

민중은 하루도 이 국가를 떠나서 자유롭게 생활하는 것은 허용되지 않는다. 니체의 차라투스트라의 말로 하면 "존재하는 것은 민중이 아니다. 형제여, 그것은 국가다." 실로 국가는 하나의 거대한, 니체의 차라투스트라의 소위 '괴물'인 것이다. 그리고 이 '괴물'은 항상 민중을 '잡아먹고 저작하고 되씹는' 것이다. 이렇게 민중은 국가의 강권 때문에 항상 협박당하며 유린당하고 있다.

게다가 민중 자신 또한 – 다소는 여하간 – 혹은 군인도 되며 또는 사법관, 간수, 경찰관 그 밖의 공무원이 되어 이 저주스러운 강권의 작용을 지지하고 있다.

다음으로 생산 소비의 관계에서는 흡혈귀인 일부 소수의 자본가들이 모든 공산기관을 독점하고 있고, 인류 최대 다수인 노동자 계급은 단지 그들의 노예로서 자본가들의 멋대로이며, 사치스러운 욕망을 만족시키기 위해 자기들이 도저히 향락할 수 없는 물건의 제조를 위해서 주야로 혹사당하고 있음에 지나지 않는다.

인류의 최대 다수인 노동자 계급은 그 생활과 운명이 일부 소수의 욕심이 한없는 흡혈귀인 자본가들의 악랄한 손아귀에 잡혀 있다. 그래서 자본가들의 뜻대로 그 생활을, 그 운명을 좌우당하고 있다.

그 결과 자본가들은 항상 무위도식하고 방종으로 모든 쾌락의 극치를 다하고 있음에도 불구하고 크레타 섬의 미노타우로스와 같이 점점 살쪄가는 데 반해 노동자들은 그 전 생애를 통해 끊임없이 절망적인 노동과 궁핍에 허덕이고 있다.

게다가 노동자들은 – 다소는 여하튼 – 이를 오히려 당연한 일이라고 하거나 또는 가슴속에 많은 불만을 가지고 있으면서도 자본가들의 위력에 떨며 결코 자기들의 의지에 따르지 않는다. 그래서 자기들의 이익을 위해서가 아니라 반대로 항상 자기들의 생명을 먹고 있다. 자본가들을 살찌우기 위한 노동에 종사하는 것을 단연 거절하여 자기들의 자본가들에 대한 절대적 복종의 생활로부터, 노예생활로부터 자기들 자신을 완전히 해방하려고는 하지 않는다. 그리고 의식적으로 또는 무의식적으로 자기들을 점점 궁지에 빠뜨려가는 이 저주스러운 산업제도를 지지하고 있는 것이다.

또 노동자들은 일면에 이러한 비굴한 복종자이면서 다른 면으로는 극히 악랄한 압제자임을 간과할 수는 없다. 즉 그들은 그 강자에 대한 굴종으로 잃는 손실을 본능적으로 또 다른 약자의 굴복에 의해 보충하고 있는 것이다. 예를 들면 고참 노동자는 신참 노동자에게, 숙련 노동자는 미숙련 노동자에게, 성년 노동자는 유년 노동자에게 항상 극히 많은 부분에 있어서 악랄한 압제자이다.

누군가가 일찍이 "완전히 지배하는 것도, 완전히 복종하는 것도 될 수 없는 불용의 인물"이라고 말한 것은 실로 이들 위대한 바보들을 가리키고 있는 것이다. 다음으로 서로 혹은 언어를 달리하고, 혹은 풍속 관습을, 혹은 종교 도덕, 혹은 역사를, 혹은 피부색을 달리하고 있는 국가와 국가, 민족과 민족, 인종과 인종과의 사이에서 인류의 우월욕, 정복욕, 지배욕의 발현은 더욱 드러난다.

예를 들면 일본 민족의 권력자 계급은 한편으로 구라파나 아메리카의 모든 강국에 대해서는 빈번하게 인종 차별 철폐, 인종 평등을 주장하고 있으면서 다른 한편으로는 조선, 대만, 오키나와의 모든 민족을 정복하고 또 중국 민족을 모멸하고 있다.

또 일본 민족의 권력자 계급에 의해 정복당해 있는 조선 민족은 한편으로 일본 민족의 권력자 계급의 폭정에 관해 적지 않은 불만을 품고 있으면서 다른 한편으로는 자기 민족 내부에 있는 소위 백정 부락에 대해서는 극히 악랄한 압제자이다.

일찍이 영국의 폭정에 분격하여 자유를 절규하고 마침내 영국으로부터 분리되어 독립한 북아메리카 합중국민은 아무렇지도 않게 흑인의 사형을 행하고 또 무력으로 필리핀 군도, 쿠바 섬, 하와이 제도 등을 병합했다.

일찍이 영국은 방약무인한 스페인의 폭정을 타파시키고 스스로 그 뒤를 본떠 해상권을 장악함과 동시에 인도, 이집트, 뉴질랜드 등을 비롯해 그 외 세계 곳곳에 이르기까지 침략을 거듭하고 있다. 또 자국 내에서도 강하게 금지되어 있는 아편의 무역을 거부한 중국 정부에 대해서 아편전쟁이라는 기괴한 전쟁을 일으켰다.

또 역시 우스운 일로는 이들 일에 관해서는 모두가 뻔뻔스럽게 정의와 인도의 이름하에 극히 정정당당하게 행해지고 있는 것이다. 게다가 그들은 모두 자기의 행동만이 참된 정의요 인도라고 주장한다.

그렇지만 만일 그들이 말하고 있듯이 과연 그렇다면 세상에 정의와 인도라는 것은 전 인류의 머릿수만큼 수없이 많이 있을 수 있게 될 것이다. 그러나 참된 정의 인도란 것은 그리 많이 있을 수는 없다.

박열은 인류의 상애호조, 공존공영은 꿈이요 이상에 불과하다고 냉소한다. 이상은 아름답지만 그러나 이상은 이상일 뿐, 결코 현실로서는 있을 수 없다고 말한다. 어떠한 변혁과 정책도, 어떠한 이론 또는 설교도 이 저주스러운 인류의 본성을 근절할 수는 없다고 절망한다. 그것은 모두 진지한, 또는 야생적인 유희에 지나지 않으며 인류는 어떤 아름다운 이상, 어떤 교묘한 정책으로도 도저히 영원히 구제할 수 없는 가장 가련한 존재라고 말한다.

그러면서도, 수많은 열성적인 이상과 현재 사회제도의 근본적 파괴를 요구하고 기획하는 많은 사회운동자, 노동운동자, 피정복 민족의 독립운동자 등에 대해서는 아무래도 악의는 가질 수 없다고 고백한다. 오히려 그 진실과 용기를 깊이 사랑하고 존경한다고 말한다. 그들은 모두 현실의 인류사회의 도처에서 빈번한 개혁을 높이고 있고, 분개스러운 부정과 불의의 승리를 증오하고 어디까지나 그에 반대하여 용감히 싸우고 있으나 그들은 모두 세계 도처에서 비참한 파멸을 만나고 있다고 말한다. 정의를 사랑하고 옹호하는 이들이 당하는 비참한 고초를 동정하고 존경한다.

박열의 사색은 자연에 대한 묘사에서도 극치를 이룬다. 그는 "문명은 허위이다, 자연으로 돌아가라."고 한 루소의 말을 비웃는다. 그는 인간의 문명이야말로 허위이며 자연 그 자체가 본래 잔인하고 냉혹한 존재라고 말한다. 루소의 말대로 자연은 결코 인간을 처음부터 왕이나 부호나 귀족으로 만들지는 않은 게 사실이지만, 그렇다고 해서 인간의 사악한 행위들에 대해 "이 악당의 말을 경계하라."거나 "대지는 누구의 소유도 아니다, 때문에 대지로부터의 수확은 모두의 소유이다."라고 말해준 적도 없노라고 지적한다. 그는 말한다.

> 자연은 언제라도 잠자코 바라보고만 있을 뿐이다. 언제나 자연은 세계의 도처에서 끊임없이 일어나고 있는 비열하고 잔혹한 약육강식의 비극을 뭔가 재미있는 연극이라도 구경하고 있듯이 잠자코 보고만 있다. 게다가 그뿐만이 아니다. 자연은 혹은 천재지변 혹은 질병으로 어디까지나 살리려고 안달하고 있는 다수의 생물을 가차 없이 또는 한 번에 말살시키고 또는 점차로 멸하거나 또는 끊임없이 위협하고 있는 것이다. 자연은 저 로마의 마을에 불을 붙이고 하프를 켜면서 활활 타오르는 광경을 구경하는 네로처럼 잔인, 냉혹하다고 말해야 할 것이다.
>
> 나는 아무래도 자연의 대법칙에 순종할 수는 없다. 나는 반열하지 않고는 있을 수 없는 것이다. 복수하지 않고는 있을 수 없다.

기독교에 대한 신랄하고도 재치 넘치는 비판도 잊지 않았다. 박열은 기독교에서 말하는 신이라는 것이 실존하는 게 아니라 현실의 부조리를 개선하기 위한 방편으로 만들어진 가상의 존재라면, 오히려 자신은 이 '진지한 유희'를 사랑하겠다고 말한다. 그러나 만일 기독교가 말하는 만물의 창조주인 신이 실재한다면 자신은 그 신을 저주하고 등을 돌리겠다고 선언한다. 한없이 반역하고 복수하겠다고 말한다.

기독교도가 말하듯이 만물의 창조주인 신이 실재한다면, 그것
은 결코 그들이 말하는 평등하고 은혜깊은 사랑의 신이 아니
라 오히려 그와는 정반대로 가장 잔인하고 냉혹한 악마이다.
신은 가장 추악하고 어리석은 본성을 가진 인류들을 창조했
다. 그래서 피조물인 인류사회의 도처에서 끊임없이 일어나고
있는 비열하고 잔혹한 약육강식의 대비극도 즐거운 듯이 잠
자코 바라보고 있다. 아니, 그뿐만이 아니다. 신은 인류들이
벌이는 약육강식의 치열한 전투에서는 언제나 강자 측에 서
있다. 그리고 신이 스스로 강자에게 모든 죄악을 범하고 있다.
아, 얼마나 많은 죄악이 신성한 사랑의 신이라는 이름 아래 극
히 정당하게 범해지고 있는 것인가!
예루살렘의 7일에 걸친 7만 명의 대학살도, 프랑스 성 바르톨
로뮤의 3만 명의 학살도, 구라파 주 전체에 걸친 100년간의
대살인극도, 또 900만의 인명과 5,000억 엔의 비용을 희생시
킨 전후 5,000년간에 걸친 세계적 대살인극도 모두 하늘에 계
신 신성한 하나님의 이름으로 극히 공명정대하게 이루어진,
과연 성서에는 신의 가르침으로서 인류에 의한 인류의 정복
과 지배, 곧 인류에 의한 인류의 약육강식을 금지시키고 인류
상호의 자기양보를 권하고는 있다.
예를 들면, "너의 적을 사랑하라! 악에 대적하는 일은 하지 말
라! 남이 오른쪽 뺨을 때리면 왼쪽 뺨을 내밀어라. 남이 1리를

가라고 강제하면 2리를 가주어라. 남에게 뭔가를 바라는 자에게는 주고, 빌리고자 하는 자를 거부하지 말라."고 하듯이.

그러나 그것은 모두 거짓말이다. 그것은 신의 참된 의지가 아니며, 또 가령 그것이 진실로 신의 의지라고 해도 아마 그것은 인류 전체에 부과된 것이 아니고 약자에게만 부과된 굴복의 형률이다. 적어도 실제로 이런 형률이 강자를 위해, 약자의 심장을 약하게 하는 데 충분히 도움이 되는 것만은 확실하다.

이런 의미로 저 마르크스가 "종교는 하나의 아편이다."라고 한 것은 정말 맞는 말이라고 하지 않을 수 없다. 또 매우 기이한 일로는 성서 그것조차도 소위 신의 가르침과 정반대의 입장에 있어야 할 약육강식의 원리에 의해 완성돼 있지 않은가.

이렇게 신은 피조물인 인류를 끊임없이 우롱하면서 가차 없이 차례로 멸망시켜가는 것이다. 그러나 똑같이 멸망당한다고 해도 강자로서 만들어진 자는 신에 우롱당하고 멸망당해가기까지의 사이에 약자를 그 희생으로 해서 마음껏 좋은 생활도 누려볼 수 있으므로 괜찮지만, 언제나 희생당하고만 있어야 하는 자로서 만들어진 자야말로 실로 꼴 좋다고 말하지 않을 수 없다.

혹은 "이 세상의 고통은 모두 신이 내려준 시련이다. 신의 시련에 잘 견뎌라! 그리고 어떠한 경우에도 신의 섭리를 믿어라! 신은 언제나 선에는 행복을, 악에는 고통을 줄 것을 잊지는 않는다. 설령 그것이 이 세상에서는 충분히 이루어지지 않는다고 해도 다음 세상에서는 완전히 역전이 될 것이다."라고 말할지도 모른다.

그러나 신이여! 나는 생각한다. 당신은 시련을 내리는 방법을 전혀 모른다. 인류가 이와 같이 황당무계한 섭리를, 저 세상의 배분적 정의를 믿기에는 너무나 현실적으로 만들어져 있는 것이다. 만일 당신이 그것을 해결할 수 없다면 당신은 바보다. 혹은, 또 신은 최초 인류를 창조할 때는 평등하고 은혜 깊은 전지전능한 신이었을지도 모르지만 인류를 창조하고 나서 갑자기 가장 잔인, 냉혹한 악마로 변모되었는지, 또는 자기가 만들어놓은 피조물 간에 비열하고 잔혹하게 서로 속이고 서로 죽이는 비극이 연출되고 있는 것을 보고도 어떻게도 해줄 수 없을 만큼 무지 무능한 목각인형으로 변했는지는 모르겠다. 그러나 여하간 이와 같은 신에 대해서 순종할 수는 없다. 내 심장의 피는 그 한 방울마다 신을 큰 소리로 부르고 저주하지 않을 수 없다. 나는 신에게 등을 돌린다. 그리하여 한없이 반역하는 것이다. 복수하는 것이다.

결론적으로, 박열은 추악하고 어리석은 인류와 잔인하고 냉혹한 대자연, 악마와 같은 신을 저주한다고 외친다. 그것들에 반역하며 복수하겠노라고, 자신의 존재의 의미는 오로지 복수를 위한 데 있을 뿐이라고 말한다.

나는 너희들의 증오에 사랑을 가지고 보답할 만큼 천진난만하지는 않다. 이는 너희들의 이기심에 대해 자기 양보를 할 정도로 미친 사람은 아니다. 또 나는 너희들의 폭행에 무저항으로 보답할 만큼 선량하지도 않다. 그것은 모두 추악한 위선이다. 이와 같이 비굴한 태도는 용서받지 못할 너희들의 죄악을 묵인하고, 그리고 그에 대해 암흑의 조력을 주는 셈이 된다. 나는 그런 일은 하지 않겠다.

오키나와의 허브(살무사의 일종-지은이)에 물리면 그 독은 단지 허브의 혈청, 그것에 의해서만 제거할 수 있다고 한다. 독은 어디까지나 독으로 제거하지 않으면 안 되는 것이다. 그 때문에 나는 너희들의 무기를 그대로 역용하고자 한다.

멸하라! 모든 것을 멸하라!

불을 붙여라! 폭탄을 날려라!

독을 퍼뜨려라! 기요틴을 설치하라! 정부에, 의회에, 감옥에, 공장에, 인간시장에, 사원에, 교회에, 학교에, 마을에, 거리에…….

모든 것을 멸할 것이다. 붉은 피로써 가장 추악하고 어리석은 인류에 의해 더럽혀진 세계를 깨끗이 씻을 것이다.

그리고 나 자신도 죽어갈 것이다. 거기에 참된 자유가 있고, 평등이 있고, 평화가 있다. 참으로 선량하고 아름다운 허무의 세계가 있는 것이다.

아! 가장 추악하고 어리석은 모든 인류여!

모든 죄악의 원천이여! 바라건대, 너희들 자신의 멸망을 위해 행복 있으라! 허무를 위해 축복 있으라!

인류의 본질에 대한 냉소와 저주로 가득한, 그러나 열성적인 이상을 품고 현 사회제도의 근본적 파괴를 위해 투쟁하는 이들에 대한 사랑과 존경을 잃지는 않은 이 긴 논문들에 대해 재판장이 압수해도 좋은가 묻자 박열은 흔쾌히 응한다. 지배자들을 위한 재판정에 서는 것 자체가 굴욕이므로 서면 진술로 대체하기 위해 쓴 책이라며 기꺼이 가져가 읽어보라고, "그대들의 보물이 될 것"이라고까지 말한다.

1925년 5월 29일의 제19회 신문은 다테마쓰 판사가 아닌 누마 요시오(沼義雄) 판사에 의해 이뤄졌다. 박열이 단순한 폭발물단속벌칙위범이 아니라 형법 제73조 황실에 대한 불경죄로 기소될 수 있었기 때문이었다. 형법 제73조 위반은 대심원이 관할하는 큰 사건이므로 예심 과정에 누마 판사가 추가 투입된 것이다. 신문 장소는 계속해서 이치가야 형무소였다.

"지금 우선 피고에 대해 확인하는데, 이제까지 피고가 다테마쓰 예심판사에게 서술하고 있었던 일은 사실과 다름없는가?"

누마 판사의 질문에 박열은 틀림없다면서, 큰소리로 시구를 암송한다.

처음부터 승인하지 말고 뭐든 확실히 부탁해라, 일본 개야.
태어나는 것이 축하스러운 일이라면 죽는 것은 거듭 축하스러운 것이다, 기로친.

'기로친'단은 도쿄와 오사카 일대에서 활동하던 무정부주의 조직으로「국체개혁」,「정체개혁」 같은 유인물을 살포하고 자본가의 집을 털어 활동하던 단체였다. 체제에 저항하는 모든 사소한 행동까지 처벌할 수 있는 치안유지법이 만들어진 이 무렵에도 2명이 체포되어 최초의 치안유지법 위반자가 된다. 박열은 그들에게 회자되던 시구를 읽는 것으로 판사를 '일본 개'라 질타하며 자신의 주장을 대변한 것이다.

예심 마지막 신문인 제21회 신문은 1925년 6월 6일에 이뤄졌다. 이 신문은 다시 다테마쓰 가이세이 판사가 맡았다.

엄밀히 말하자면, 일본 왕세자의 결혼식에 투탄을 하겠다는 것은 다른 누구도 알지 못하는, 박열과 가네코 두 사람의 머릿속에만 존재하던 계획이었다. 실제 이 일을 진행하기 위해 현장을 조사한 지도나 계획서 같은 물증조차 없었다. 박열로부터 폭탄 구입을 의뢰받은 사람들도 그것이 왕실 공격을 위한 것이란 사실은 알지 못했으며 박열 자신도 그들에게 고관들의 행사장이나 경찰서에 던지려 한다고 말한 게 전부였다. 결혼식에 대한 정보를 알게 된 것 자체도 나중의 일이었다. 더구나 실제 폭탄은 단 한 개도 구입하지 못한 채 말만 주고받다 끝 사건이었다.

만일 박열이 '폭탄을 구입하려 한 것은 사실이지만 어디에 던질 것인가는 아직 결심하지 않은 상태였다'라고만 진술했어도 형법 제73조가 아닌 일반 폭발물 사범으로 취급되어 징역 몇 년에 그칠 수 있었다. 또는 왕실 행사장이 아닌 고관들의 행사장이나 경찰서에 던지려 했다고만 진술해도 사형은 면할 수 있을 사안이었다.

이 마지막 예심에서 판사 다테마쓰는 박열에게 최종적인 의사

확인을 한다. 수사 마지막에 반성이나 개전의 정이 있는가를 확인하는 것은 일반적인 절차이기도 하지만, 왕실에 대한 부분만 뺀다면 박열의 미래가 달라질 수 있기 때문이었을 것이다.

"피고가 황태자 전하의 결혼식을 기다려서 천황, 황태자 전하에게 위해를 가할 것을 계획하고 있었던 것은 틀림없는가?"

판사의 질문에 박열 역시 최종적으로 못을 박았다.

"그렇다. 틀림없다."

"민족 인류의 공동평화를 위해서도 피고의 생각을 반성하지는 않겠는가?"

"서로 사랑한다든지 평화라든지 하는 미명하에, 기실은 약육강식의 보기 흉한 투쟁을 행하고 있다는 것은 이미 내가 진술해둔 바이다. 삶이 있기 때문에 모든 해악이 행하여지므로 만일 사랑이라는 관념을 허가한다면 인류를 이 지상으로부터 대청소하는 것이 참된 사랑이 아니겠는가. 또 삶을 긍정하고 삶이 해악의 원천이 아니라고 가정했다고 해도 천황, 황태자와 같은 기생충을 살려두는 것은 인류사회 민족의 참된 평화를 해치는 것이 아니겠는가. 따라서 반성하라는 그 말은 당신들에게 돌려주겠다. 당신들이야말로 반성하는 것이 어떤가?"

일왕 가족을 기생충이라 부르며 거꾸로 판사의 반성을 요구하는 박열에게 더 이상 할 말이 없었을 것이다. 다테마쓰는 관례대로 사건 관련자 및 증인들의 공술 요지를 읽는다.

증인으로는 김한, 스기모토, 하라자와, 이소홍, 이소암, 최영환, 나카타, 신영우 등의 증언 요지가 낭독되었고 피고인으로는 가네코 후미코, 홍진우, 최규종, 육홍균, 서동성, 정태성, 오가와, 김중한, 니야마, 장찬수, 한예상, 서상경, 하세명, 노구치, 구리하라의 공술 요지가 낭독되었다. 김상옥 사건으로 구속되었던 김한은 박열 사건 관련자로 일본으로 호송되어 박열과 같은 감옥에 수감되어 있었다.

증언 요지가 낭독된 후 판사가 다시 마지막으로 물었다.

"그러면 피고에 대한 폭발물단속 벌칙위범 사건의 심리를 이 정도로 끝내고자 한다. 피고들이 혐의를 받고 있는 원인은 전회에 알린 대로이지만 역시 다짐을 위해 말한다면 이와 같다. 뭔가 변명할 것이 있는가?"

"아무것도 없다."

이로써 20개월에 걸친 긴 예심은 끝났다. 박열과 가네코 후미코는 대역죄로 본 재판에 넘겨졌다.

9.
여전사 가네코

박열은 예심 과정에서 가네코 후미코를 공범에서 제외시켜 살려보려고 애쓴 흔적이 역력하다. 그러나 가네코는 전혀 그럴 생각이 없었다. 가네코의 예심을 맡은 판사는 이타쿠라 마쓰타로(板倉松太郎)였는데, 판사가 추궁하거나 유도할 필요가 없이 그녀 스스로 자신을 대역죄로 몰아간다.

체포되고 9개월 만인 1924년 5월 14일부터 시작된 가네코 후미코의 예심법정 역시 그녀의 정치사상을 웅변하는 자리였다. 어떠한 사전 원고도 없는, 그녀의 대담하고 논리 정연한, 풍부한 문학적 수사로 이뤄진 즉흥 연설은 박열의 그것과 함께 길이 기록될 만하다.

"그 폭탄을 누구에게 던지려고 했는가?"

판사의 질문에 가네코는 일본 왕세자를 사람이 아닌 짐승으로

부른다. 박열의 진술 곳곳에서도 마찬가지였다.

"바로 황태자 한 마리를 해치워버리는 것이다. 천황을 해치워도 좋지만, 외출하는 기회가 적고 환자이기 때문에 황태자를 해치우는 것보다는 선전효과가 적기 때문이다."

"피고는 왜 황태자에게 그러한 위해를 가하려고 했는가?"

일본 왕에 대한 증오와 경멸도 박열의 그것과 똑같았다. 가네코 후미코는 진술이라기보다 긴 연설로 판사의 질문에 답한다.

"나는 일찍부터 인간의 평등에 대해 깊이 생각해왔다. ……
모든 인간은, 인간이라는 단 하나의 자격에 의해서 인간으로
서의 생활의 권리를 완전히 또는 평등하게 누리는 것이라고
믿고 있다. 구체적으로 말하면, 인간에 의해 과거에도 행해졌
고 또 현재에도 행해지고 있으며 또한 앞으로도 행해질 모든
행위는 인간이란 기초 위에 있을 또 하나의 자격에 의해 다
같이 평등하게 인정되어야 할 것이다. 그러나 이 자연적인 인
간의 행위나 존재 그 자체가 어째서 인위적으로 만들어진 법
률에 의해 거부되고 좌우당하는 것인가?"

가네코는 본래 평등해야 할 인간이 현실의 사회에서는 얼마나 불평등한가를 성토하고 자신은 그 불평등을 저주한다고 말한다.

"나는 바로 2, 3년 전까지만 하더라도, 소위 제1 계급의 고귀한
인간들은 우리들 평민과는 어딘가 다른 형상과 질을 갖추고

있는 특수한 인종으로 생각하고 있었지만, 신문에서 사진을 보아도, 소위 고귀한 사람들이 우리들 평민과 다른 점은 조금도 없었다. 눈이 두 개, 입이 하나, 다리와 손……, 하나도 부족한 것이 없는 것 같았다. 아니 그러한 계급에는 기형아란 절대로 없을 것이라 생각했다. 이러한 심리, 즉 황실계급이라 하면 다가갈 수 없는 고귀한 존재일 것이라 직감적으로 연상하게 되는 심리가, 아마도 일반 민중의 마음속에 뿌리 깊게 심어져 있을 것이다. 바꾸어 말하면 일본의 국가나 군주란 겨우 이 민중의 명맥 위에 부존하고 있는 것이다.”

가네코는 천황제의 기원에 대해 말한다. 국가, 사회, 민족, 군주라는 것은 하나의 개념에 지나지 않는데 이 군주라는 개념에 존엄과 권력과 신성을 부여하기 위해 조작한 것이 현재 일본에서 행해지고 있는 신수군권설에 의한 천황제라고 했다.

“천황제란, 천황을 신의 자손이라든지, 군권은 신의 명령에 의해 수여받은 것이라든지, 천황은 신의 의지를 실현키 위하여 국권을 장악한 자라든지, 따라서 국법은 바로 신의 의지란 관념을 어리석은 민중에게 심어놓기 위해 가공적으로 날조한 전설로써 일반 민중을 기만하는 것이다. 예를 들면 거울이라든가 구슬이라든가 하는 물건들을 신이 천황에게 내려준 물건이라고 하여 그럴싸하게 신격화한다. 이와 같이 황당무계한 전설에 현혹된 불쌍한 민중들은 천황을 다시없는 존귀한 신인 줄 알고 섬기는 것이다. 그러나 천황이 만약 신이거나 신의 자손이며, 일본의 민중이 역대의 신인 천황의 보호 아래에 존재한다면 전쟁을 할 때에도 일본의 병사는 한 사람도 죽지 않았을 것이며, 일본 비행기는 한 대도 떨어지지 않을 일이고, 또 신의 슬하에서 작년과 같은 천재로 인해 수만의 선량한 사람이 죽는 일도 없었을 것이다. 그러나 이 있을 수 없는 일이 있게 되었다고 기정사실화한 것이 신수군권설이다. 이것이 허무맹랑한 조작이라는 것을 여러 가지 사실들이 명백하게 증명하고 있지 않은가. 전지전능한 신의 현신이며, 신의 의지를 행한다는 천황이 현재 지상에 실재하고 있음에도 불구하고, 그 아래에 있는 현 사회의 백성의 일부는 기아에 울고, 탄광에서 질식하고, 기계에 끼여 무참히 죽어가고 있지 않은가. 이 사실이야말로 두말할 것도 없이 천황이란 고깃덩어리에 불과하며, 소위 신민들과 동일하고 평등한 것이라는 것은 증명하고도 남음이 있지 않은가?"

가네코는 한 계통의 통치자를 모신다는 것이 그렇게도 큰 영예인가 반문한다. 겨우 2살이던 안토쿠를 천황 자리에 앉혔던 역사적 사례를 들며 통렬히 비난했다.

"천황인가 하는 자에게 형식상으로라도 통치권을 주어왔다는 것은 일본 땅에서 태어난 인간의 최대 치욕이며 일본 민중의 무지를 증명하고 있다."

가네코의 비판은 천황의 존재 자체의 허구성과 기만성을 폭로하는 데 머물지 않았다. 천황제를 주입시키는 교육, 천황제를 옹호하는가 그렇지 않은가로 시비를 가르고 있는 법률에 대해서도 신랄한 비판을 퍼부었다. 그녀는 인간이 지상의 자연적이고 동등한 존재임에도 일본의 학교 교육은 국가적 관념을 주입시키고 있다고 보았다. 인간의 모든 행동을 단지 그것이 국가 권력을 옹호한 것인가 아닌가 하는 것만을 기준으로 시비를 가리고 있다는 것이다. 법률과 도덕이란 것은 그러한 국가주의를 위해 만들어진 인위적 제도로서, 사회의 지배자들에게만 더욱 더 넉넉히 살 수 있는 길을 가르치고, 피지배자들은 권력에 복종하도록 설득하고 있다고 했다.

"법률을 장악하고 있는 경찰관은 사벨을 차고, 인간의 행동을 위협하고, 권력의 질서를 파괴할 우려가 있는 자를 모조리 묶어 들이고 있다. 또 재판관이라는 훌륭한 관리 양반은 법률서를 넘기면서 인간으로서의 행동을 제멋대로 단정하며, 인간을 생활로부터 격리시켜 인간으로서의 존재까지도 부인하고, 권력옹호의 임무에 복종하고 있지 않은가? 일찍이 기독교가 전성하던 시대에는 그 존엄을 보존하기 위해, 미신적인 신의 기적이나 인습적인 전설의 흔들림을 두려워하여 과학적인 연구를 금지한 것과 같이, 국가의 존엄이라든지 천황의 신성이라든지 하는 것은 단지 꿈이며 착각에 불과하다는 사실을 밝히려고 하는 사상이나 언론에 대해서는 힘으로써 압박하고 있다."

가네코의 긴 즉흥연설은 '권력이라는 악마'에게 독점된 인간을 해방시키기 위해 천황과 황태자를 죽이려 했다는 선언으로 이어진다.

"이렇게 해서 자연의 존재인 모든 인간이 향유할 수 있는 지상의 본래 생활은, 능히 권력에 봉사할 사명을 다하는 자에게만 허용되고 있는 것이다. 그러므로 지상은 지금 권력이라는 악마에 의해 독점당하고 있는 것이다. 그리고 지상의 평등한 인간생활을 유린하고 있는 권력의 대표자는 천황이고 황태자이다. 내가 이제까지 황태자를 노린 이유는 이러한 생각에서 비롯된 것이다."

나아가 일본이라는 국가 자체가 소수 특권계급의 사욕을 채우기 위해 만들어진 공허한 기관에 지나지 않는다고 맹공했다. 일본의 국시로 찬미되고 있는 충성과 애국이란 것도 자신의 권력을 위해 타인의 생명을 희생시키는 잔인한 명분에 불과하므로 이에 순종하는 것은 스스로 특권 계급의 노예가 되는 것이라는 논지다.

"따라서 신의 나라라고까지 지칭되고 있는 일본 국가가 실은 소수 특권계급의 사욕을 채우기 위해 만들어진 공허한 기관에 지나지 않으며, 그러므로 자기를 희생하고 국가를 위하여 진력한다는, 일본의 국시로까지 간주되며 찬미되고 있는 그들의 충군애국사상도 실은 그들이 권력을 탐욕하여 내 이익을 위해 타인의 생명을 희생시키는 하나의 잔인한 명분에 불과한 것이니, 그것을 무비판으로 승인한다는 것은 바로 소수 특권계급의 노예임을 승인하는 것이라는 것 등을 경고하고, 종래 일본의 인간들이 살아가는 신조로 삼았던, 유교에 기초를 두고 있는 분별없는 도덕이나 현재 민중의 마음을 사로잡기 위한 권력에 대한 예속 도덕의 관념은 실로 순전한 가정 위의 공허한 환영에 지나지 않는다는 것을 모든 인간에게 알리고, 그러므로 인간은 완전히 자기 자신을 위해서 행동해야 된다는 것을 깨닫게 할 뿐만 아니라, 우주의 창조자는 즉 자기 자신이라는 것, 따라서 모든 사물은 자기를 위해서 존재하고 모든 행동은 자기를 위해 행동하지 않으면 안 된다는 것 등을 민중에게 자각시키기 위하여 나는 황태자를 노렸던 것이다."

아무런 원고도 없이 이어진 긴 연설은 폭탄 테러와 함께 자신의 생명도 끝내려 했다는 비장한 말로 마무리된다.

"우리들은 가까운 시간에 폭탄을 투척함으로써 지상에서 생을 끝마치려고 했다. 나의 계획을 골똘히 생각해보면, 소극적으로는 나 하나의 생명을 부인하는 것이고, 적극적으로는 지상에 있는 모든 권력의 타도가 궁극의 목적이며, 또 이 계획 자체의 참뜻이다."

죽음의 공포를 초월해버린, 유물론적 세계관으로 무장한 여전사로서, 그녀는 자신의 몸에 대한 여성으로서의 수치심도 넘어선다. 긴 연설을 끝까지 경청한 판사가 건강 상태는 어떠냐고 묻자 이렇게 답한다.

"건강 상태 말인가? 그것은 며칠 전에 마쳤다."

생리는 며칠 전에 끝났다는 말이었다. 판사들이 피고의 건강 상태나 현재 심정에 대해 묻는 것은 의례적인 일이었으나 그녀의 흥분 상태를 일종의 정신적 히스테리로 무시하려는 판사에게 거꾸로 통쾌한 면박을 준 것이다. 이제라도 마음을 바꿀 수 없느냐는 의례적인 질문에 대해서도 냉정히 답했다.

"나는 개전하지 않으면 안 될 일은 단연코 하지 않았다. 나는 금후도 하고 싶은 일을 하고 갈 것이다. 그 하고 싶은 일이 무엇인가를 지금부터 예정할 수는 없지만, 어쨌든 내 생명이 지상에서 붙어 있는 한 '지금'이란 때에 있어서 가장 '하고 싶은 일'을 좇아서 할 것은 확실하다."

패기 넘치는 대범한 여전사에게 질문을 던지는 것은 일본 왕과 군국주의 체제에 욕을 퍼부을 기회를 주는 것 이상도 이하도 아니었다. 가네코는 1924년 1월 25일에 열린 제6회 공판 신문에서도 거침없이 자신의 생각을 피력했다.

"피고 등은 그 폭탄을 어디에 사용한다고 말했는가?"

"두말할 것도 없이 소위 제1계급, 제2계급을 모두 폭사시키기 위해 박열과 나와 김은 그 폭탄의 입수를 부탁한 것이다."

"피고 등은 일본 황족에 대해 평소 존칭을 쓰고 있었는가?"

"아니다. 천황 폐하를 병자라고 불렀다."

"섭정궁 폐하는?"

"황태자 또는 도련님이라고 불렀다."

"그 외의 황족은?"

"기타 황족은 안중에도 없었으니 별다른 명칭을 쓰지 않았다."

"대신 기타 현관은 뭐라고 불렀는가?"

"있으나 없으나 마찬가지인 어중이떠중이라고 불렀다."

"경시청의 관리들은?"

"경시청 놈들은 집권자의 충실한 개들이기에 불독 아니면 개새 끼라고 불렀다."

"재판장은?"

"우리는 체포된 후의 일을 생각도 하지 않았기 때문에 재판관 등은 우리의 안중에도 없었다. 따라서 우리는 별다른 명칭을 쓰고 있지 않았다."

제12회 신문에서는 폭탄을 구입하는 데 성공할 경우 누구하고 어디에 던지려고 했는가에 대해 숨김 없이, 오히려 자랑스럽게 말했다.

"물론 나와 박준식이 그것을 던질 계획이었지만, 그 외에도 동 지인 니야마와 최규종, 야마모토 씨에게도 부탁할 생각이었다. 게 다가 니야마와 야마모토는 이미 폐병을 앓고 있었기 때문에 죽을 각오를 하고 있었고, 최군은 부추기기만 하면 직접 행동으로 옮길 사람이었으므로 나와 박준식은 이 세 사람과 합의해서 우리가 폭 탄을 던지면 동시에 의회와 미에 경시청, 궁성 등으로 나누어서 폭탄을 던질 계획이었다. 그러나 니야마가 김중한과 연대적인 관계가 되면서부터는 니야마의 성격상 그와 같은 직접적인 행동을 실행하기에는 적합하지 않다고 판단해서 그 이후에는 니야마를 이용할 생각을 버렸다."

왕세자 결혼식을 목표로 삼기는 했으나 언제 폭탄을 손에 넣을 수 있을지 알 수 없는 상황이라, 폭탄이 손에 들어오는 대로 거사를 강행하려 생각했다는 말도 한다.

"폭탄을 손에 넣고 나서 그 기회를 엿보면서 어물어물하다가 경찰에 붙잡히기라도 한다면 그야말로 지금 내 신세와 같이 바보스러운 일이라고 생각했다. 아무리 해도 좀처럼 기회를 잡을 수가 없었기 때문에 이번엔 선전 측면을 고려해서 메이데이나 의회 개회식과 같은 때에 그 폭탄을 사용하려고 생각하고 있었다."

겉으로 드러나는 이 강인하고 용감한 여전사로서의 모습은 그러나 가네코 후미코의 전부는 아니었다.

온 지구가 자본주의 선진제국들의 침략전쟁에 시달리고 있던 야만의 시대에도 주어진 현실에 순응해 사는 이들이 훨씬 더 많았다. 때로는 그것이 타인의 삶을 짓밟는 일일지라도, 자기 자신과 가족의 안락한 생계를 위해서라면 무슨 짓이든 할 수 있던 이들이 대다수였다. 그것은 가족애라는 이름으로 포장되어 자기희생으로 찬양되고 미화되지만, 인간의 이기적 본능에 불과했다.

반면, 그렇게 살지 못하고, 불의를 불의라 지적하며 온몸을 던져 싸우는 소수의 사람들도 있었다. 평범한 이들은 자신이 손해보고 피해보는 경우를 '불의'라 생각하지만, 이런 이들에게 '불의'란 약자인 타인이 피해를 당하는 것을 말했다. 이는 근본적으로 훨씬 큰 사랑, 이기주의를 넘어선 넓고도 깊은 이타적 사랑을 품지 않으면 가질 수 없는 진정한 사랑의 마음이었다.

박열이 아무리 인간의 본성을 사악한 욕망덩어리라 저주한다고 해도, 일부 인간의 내면에 들어 있는 이 아름다운 품성을 부인할 수는 없을 것이었다. 바로 그 자신이 그런 성품을 가졌기 때문이다. 적에게 포로가 되어 죽음을 앞둔 24살 청년의 저주만으로 그의 사상을 제한시킬 수 없는 이유이다. 박열이 그랬고 가네코 후미코가 그랬듯이, 자본제국의 침략에 저항해 싸우다 희생당한 대다수 사람들의 공통점은 근본이 선하고 따뜻하고 정이 많다는 것이었다. 약자에 대한 사랑이 깊을수록 불의에 대한 분노는 더 클수밖에 없었고, 박열이나 가네코 후미코가 보여주는 극단적인 전투성이 대표적인 모습이었다.

다정하고 활기찬 여성이었다는 주변인 모두의 기억대로, 가네코는 사랑스러운 여자였다. 그녀의 풍부한 감성은 본인의 자서전에도 잘 나타나거니와 감옥에서 쓴 편지에서도 드러난다.

제국주의의 하수인들에게 맹렬한 규탄과 서늘한 냉소를 퍼붓고 있던 예심 기간 중에도 가네코는 조선에 살 때 다녔던 심상소학교의 은사에게 긴 편지를 보낸다. '나는 어디까지나 불행했나이다'라는 제목이었다.

> 지금 나는 머리가 흥분되어 무엇을 말씀드려야 좋을는지…….
> 선생님을 배별한 후의 나의 생활의 대강을 말씀드리려고 하나이다. 나는 지금까지 몇 번인가는 선생님께 대하여 편지를

쓴 적이 있었습니다마는 나의 어리석다 할 생각으로 썼다가는 찢고 찢고는 다시 쓰고 하여 드디어 오늘날까지 이르는 것이로소이다.

그러나 오직 선생님께만은 말씀드리오니 양해하여주실 줄 아오며, 또한 지구 위에서 내 과거의 생활을 얼마라도 정당하게 이해하고 비판하여 주는 이가 있사오면 고맙겠나이다. 나는 지금 이 같은 생각으로 이 글을 쓰고 있나이다.

나는 어떤 때에 학대받는 인간이 어떻게 변화하는가 하는 자서전을 쓰려고 생각한 일도 한두 번이 아니었나이다. 내가 조선으로부터 도쿄로 간 때는 다이쇼 9년 4월 12일이었나이다. 운명의 손에 희롱되고 있었던 나는 어디까지나 불행했나이다. 그렇게 능욕되다가 겨우 정신이 든 때에는 남의 처이었나이다. 더욱이 고향에 돌아간 지 엿새 만으로, 그 남편이라는 상대자가 사람은 사람이나 나의 실모의 남동생인 삼촌 아저씨였나이다.

그러하온데 이 혼인을 결정한 것은 나를 대여섯 살 때에 내버리고 이모와 같이 도망한 아비였나이다. 선생이여, 내가 어떻게 여기에 복종하고 있었겠습니까. 아비의 의무를 다하지 못한 아비, 나를 학대하는 아비, 나는 그 같은 아비에 반항했나이다. 그리하여 도쿄에 갔나이다. 내가 가는 곳은 또다시 비참한 행로에 빠져 모든 고심참담한 것을 맛보고 고학을 하여 중학 정도의 실력을 얻었나이다.

그동안 사상 방면에 있어서는 1년쯤은 진실한 크리스천으로

서 지나간 날의 참담한 체험으로부터 신앙 같은 것으로 참아
갈 수는 도저히 없었습니다. 나는 여기서 조선 사람 주의자와
마침내 친구가 되었나이다. 선생이여, 나의 지금의 경우는 꾸
짖지 마시옵소서. ……

일본 정부와 황실에 대해서는 가슴이 후련하도록 신랄한 비판
을 하면서도, 소중한 학창 시절에 자신을 따뜻하게 대해주었던 은
사에게는 마음을 열고 자신의 행동에 대한 이해를 구하는 모습이
애처롭다.

10.
조선 민족의 대표로 법정에 서다

1925년 7월 17일, 예심재판부는 마침내 박열과 가네코에게 형법 제73조 대역죄를 적용키로 결정했다. 애초에 부랑죄와 불법단체 결성죄로 시작된 예심재판에 폭발물취제규칙 위반죄가 추가되더니 최종적으로 대역죄가 적용된 것이다.

본인들이 원하는 바이기도 했다. 대역죄에는 사형이 유일한 형량이었다. 예심재판 내내 스스로 일본 왕실에 투탄을 하려 했다고 주장해 대역죄를 자처했던 박열은 사실상 사형 선고를 위한 요식절차에 불과했던 본심재판도 역사적 선전의 장으로 삼는다. 두 달 후인 1925년 9월, 박열은 재판이 배당된 대심원 제2특별형사부에 4가지 전제조건을 제시했다.

첫째, 나 박열은 피고로서 법정에 서는 것이 아니다. 너 재판관이 일본의 천황을 대표해서 법정에 서는 것인 이상, 나는 조선 민족을 대표해서 법정에 서는 것이다. 천황을 대표하는 일본의 재판관이 법관을 쓰고 법의를 입는다면, 나도 조선의 민족을 대표하는 입장에서 조선의 왕관을 쓰고 조선의 왕의를 입는 것을 허락하라.

둘째, 나 박열은 피고로서 법정에 서는 것이 아니라 조선 민족을 대표하여 일본이 조국 조선을 강탈한 강도 행위를 탄핵하고자 법정에 서는 것이기 때문에 재판관이 일본의 천황을 대표해서 나의 질문에 답변하라. 즉 내가 법정에 서는 취지를 내가 선언하도록 해달라.

셋째, 나 박열은 일본어를 사용하고 싶지 않다. 그러므로 조선어를 사용하고 조선어로 말하도록 해달라. 조선어로 말할 터이니 통역을 준비해달라.

넷째, 일본의 법정이 일본의 천황을 대표한다고 해서 재판관은 높은 곳에 앉고, 일본의 천황에게 재판받는 나 박열은 낮은 곳에 앉는 터이다. 그러나 나는 소위 피고와는 다른 사람이다. 때문에 내 좌석을 너희 일본인 판사의 좌석과 동등하게 만들어달라.

재판을 통해 자신의 형량을 줄여보거나 누명을 벗고 진실을 밝

후세 다쓰지 변호사.

힌다는 식의 의도라고는 없는, 오로지 이 재판을 일본 정부를 규탄하는 선전의 장으로 이용하려는 목적으로 내세운 조건이었다.

대심원 심판부는 여러 날 동안 숙의하여 4가지 중 첫째와 둘째 조건을 들어주기로 결정했다. 조선 민족의 대표로 인정해 조선 왕의 복장을 허용하고 법정에서 본인 주장을 할 수 있도록 한다는 조건이었다. 일본어를 잘하는 박열에게 통역을 두면 도리어 의사소통이 어렵다는 이유로 세 번째 조건은 거부되었고 네 번째 조건은 재판장이 "세상의 이목이 있으니 참아달라."고 부탁해 박열이 양보했다.

변호는 후세 다쓰지 변호사가 맡았다. 조선공산당 관련자를 비롯해 수많은 진보 계열 항일운동가들의 변론을 맡았던 양심가였다. 조선에서 농민들의 소작쟁의가 대량으로 발생하자 자진해서 무료 변론을 맡았고 서울에서 열린 조선소작쟁의 진상보고 강연회에 참석해 연설을 하기도 했던 인물이었다.

재판은 대심원 제2형사부에 배정되고도 반년여를 기다려야 했다. 그 사이 일본 법원은 박열과 가네코 후미코의 정신감정을 실시했다. 박열을 정신병자로 판정함으로써 일왕 가족에 대한 모욕적인 발언과 살해 계획을 미친 사람의 우스꽝스러운 기행으로 만들어버리려는 의도였다. 죽음에 대한 어떤 공포도 없이, 자신의 범죄 혐의를 스스로 확대하는 박열의 행동이 실제로 미친 사람처럼 보였을 수도 있지만, 그보다는 박열이 공판을 천황제와 제국주의 체제에 대한 공격의 기회로 삼지 못하도록 재판을 무산시키고 정신병원에 수용해버리려는 의도였을 것이다.

일개 조선인 정치범 문제에 이토록 법적 절차를 중시하고 여론을 의식하는 모습을 두고 일본 정부 또는 일본인들이 합리주의적이고 법치주의적이라고 보는 것은 대단한 오해이다. 박열이 근대적 법률 체제를 적용받은 것은 일본 본토에서 재판을 받게 되었기 때문이라고 보는 게 옳다.

조선에서도 경성 같은 도시에서는 어느 정도 절차적 민주주의를 적용받고 있던 것도 사실이었다. 의병투쟁으로 일본군을 살상한 독립군도 일단 체포되어 경성으로 이송되면 변호사가 보장된 장시간 재판 절차를 통해 사형이나 무기형을 언도받았다. 일왕의 생일이나 은사라 하여 감형이 되는 경우도 없지 않았다.

그러나 3·1만세운동 때 7,000여 명이 온갖 잔인한 방법으로 살해된 것은 차치하고라도, 함경도 등 국경지대와 만주의 조선인 항일운동가들은 전투 중이 아니라도 재판 따위의 요식 절차도 없이 살해당하는 일이 숱하게 벌어지고 있었다. 변방의 헌병대장들에게는 즉결처분권이 주어져 이른바 '불령선인'은 장터 입구에서 기둥에 묶어 총살시키고 시신이 썩어가는 것을 지켜보도록 전시하는 일이 흔히 벌어지고 있었다.

수사 과정의 잔인함은 두말할 것도 없었다. 박열이 재판을 받던 시기에 벌어진 조선공산당 사건 연루자 105명 중 3명이 고문치사 당하는 등, 혹독한 구타와 잔인한 고문은 일상이었다. 조선공산당 책임자였던 강달영은 실제로 고문으로 미쳐서 죽었고 박헌영 같은 경우도 한동안 정신착란 상태에 빠진 적이 있었다고 본인이 코민테른에 보고하기도 했다.

1925년 12월, 재판부는 외부의 정신과 의사로 하여금 박열과 가네코 후미코에 대한 정신 및 신체감정을 실시토록 했다. 변호사역시 정신감정에 동의했다. 유일한 형량이 사형밖에 없는 대역죄를 빠져나가는 유일한 길이었기 때문이다. 박열은 그러나 재판장에게 강경한 항의문을 제출했다.

정신병자로 모는 것은 사람을 모욕하는 일 중에서 가장 심한 것이니 죽음으로써 거절할 뿐이다. 우리 두 사람에 대한 정신 감정은 우리들에 대한 모욕으로 인정하므로 이를 거부한다.

재판부가 항의서를 묵살하고 정신감정을 위해 감옥으로 스기다 라는 감정의를 보내오자 박열은 논리 정연한 논박으로 정신감정을 거부한다는 의사를 밝혔다. 일본 재판부를 비꼬고 조소하기 위해 비틀어 말하기는 했어도 그의 답변 어디에도 미친 사람의 흔적은 없었다. 박열의 말이다.

"보다시피 나는 건강해서 의사의 진찰을 받을 필요를 느끼지 않는다. 또 비록 내가 병이 있어서 진찰을 받더라도, 진찰 후에 병을 치료하는 권한을 가진 자가 아니라면 진찰을 받을 필요가 없다. 감정인이 투약, 섭생 기타의 요법을 허여하는 직책이 없을 터이기에 하는 말이다. 감정인은 재판소의 촉탁으로 감정하러 온 자이다. 이러한 감정인은 형무소의 직원이 아니요, 형무소의 직원이 아닌 자로서 나에게 있는 병을 발견했다 하더라도 그는 나한테 보온용 탕호(湯壺)나 혹은 우유 한 병도 줄 권한이 없는 자이다. 이러한 감정의로부터 진찰을 받아도 아무런 소용이 없을 것이다. 따라서 나는 감정을 거부한다."

곤란해진 스기다는 자신의 의무를 강조했다.

"대심원이 군의 감정거부 신청을 들어준다면 나도 감정을 중지하겠다. 그러나 대심원이 군의 감정거부 신청을 들어주지 않으면 감정을 받아주려는가?"

"감정을 거부하기로 뜻을 정한 이상 대심원에 감정거부 하신서 (下申書)를 낸 것은 내 뜻을 대심원에 통지한 것일 뿐이다."

상부에 보고한다는 의미의 상신서라는 말은 있어도 하신서라는 말은 통용되지 않는 단어였다. 의사가 묻는다.

"하신서란 무엇인가?"

"상신서란 위로 아뢴다는 것이다. 내가 하신서란 것은 내가 대심원에 지시를 내린다는 의미에서 한 말이다."

"알았다. 그런데 감정을 거부하는 이유를 내가 이해할 수 있도록 다시 한 번 말해달라."

"그것은 재판소가 제멋대로 조사하기 위해서 명령한 일이기 때문이다."

"왜, 재판소가 명령한 일이 좋지 못한 일인가?"

"나는 재판소를 처음부터 인정하지 않고 있기 때문이다."

"그러나 감정은 재판과 다른 것이다. 감정은 오직 군 자신의 건강상태만을 진찰하는 것일 뿐이다."

"그것은 잘 알고 있다. 군들이 진찰하지 않더라도 나의 심신은 다 건강하다. 신체도 이처럼 튼튼하고 정신도 결단코 미쳐 있지 않다. 일부러 감정할 필요가 없다. 알 수 없는 일을 하려는 대심원 판사의 심리야말로 감정할 필요가 있을 성싶다."

정신감정을 하려면 대심원 판사의 정신부터 감정하라는 비아냥에도 의사는 끈질기게 말을 붙인다.

"그러나 병이 있다고 하면, 금후의 심리를 진행시키는 데 참고가 될 것이기 때문일 거다."

정신병이라거나 신체적 질병이 있다고 판정되면 사형을 면할 수도 있다는 뜻이었다. 박열은 그런 호의는 필요 없다고 답한다.

"심리상의 참고로 내 건강이 문제가 된다면 내가 절대 건강체라고 보고 심리해도 무방하다. 내가 그 도중에 엎드려지는 일은 단연 없을 것이다."

"군은 개인으로서의 감정인 나를 거부하는 것인가?"

"그런 것은 아니다. 감정인을 바꾸더라도 나는 감정을 거부한다. 군은 그런 일을 걱정할 필요가 없다."

"그러면 감정 이외의 건에 관해서 나하고 이야기해주겠나?"

"내가 하고 싶은 말은 개인으로서 군과 서로 이야기해도 좋다. 그러나 군의 어떠한 물음에 대해서도 답한다고 약속할 수는 없다."

"내가 의사이기에 하는 말인데, 군이 나를 이용해서 군의 신체상 병을 – 그것이 있다고 가정해서 – 치료하기를 나에게 의탁하려는 뜻은 없는가?"

"내가 군을 이용할 수 있다면, 한 가지 부탁이 있다. 그것은 군의 특별기능에 의해서, 이미 말했듯이 대심원의 판검사와 기타 직원의 정신상태를 먼저 감정해서 나한테 갖다주는 일이다. 그런 일을 잘해준다면 나는 군의 감정을 받을지도 모른다."

먼저 일본 판검사들의 정신감정을 해오면 자신도 정신감정을 받을 수도 있다는 조소에도 의사는 끈질기게 정신병 판정을 받으면 사형을 면할 수 있다는 점을 암시한다.

"지금 감정을 받으면 군에게 유익할 듯하다. 군은 감정받을 생각을 하는 것이 어떻겠는가?"

"유익하다는 것은 무슨 뜻인가? 나는 일본 재판소로부터 은혜받기를 생각하지는 않는다. 나는 죽임을 당해도 좋다. 나는 일본 황실에 가해할 것을 꾀한 자이다. 그에 대한 복수로 일인이 나를 죽이고자 한다면, 나에게 책형을 가하건 그 외에 어떤 형을 가하건 간에 그건 일인의 자유다. 나도 우리 민족의 복수를 위해 천황

살해를 도모한 이상, 그 점은 양편이 다 같은 것이다. 그러나 나에 관한 일을 법률로 재판해서 처형한다는 것은 옳지 않다. 남을 재판한다는 것, 더구나 제멋대로 정한 법률로써 남을 재판한다는 것은 내 마음에 들지 않는 일이다. 조선인인 나는 일본 법률의 재판을 받고 싶지 않다. 나는 일본 법률을 무시하고 있다. 이러한 내 입장을 밝히기 위해서 군의 감정을 거부하는 바이다. 이 정도의 이치는 군도 알 듯하다. 내가 감정을 거부하기 때문에 군이 재판소의 촉탁 노릇을 못하게 된다면 박열이 감정을 거부하는 고로 감정할 수가 없다고 군도 재판소에서 의뢰한 감정을 거부하면 좋을 일이 아닌가."

이 논리 정연한 답변 어디에도 박열이 정신적 문제를 안고 있다는 흔적은 없었다. 박열 부부를 광인으로 몰아 무시해버리려는 일본 정부의 잔꾀였든, 두 사람을 구명하기 위한 변호인의 노력이었든, 정신감정은 무산되었다.

설득과 동정의 양면성을 갖는다는 점에서 박열과 가네코의 옥중 결혼식도 비슷한 사건이었다. 대심원 재판이 열린다는 것은 곧 사형 선고를 받는다는 것을 의미했다. 정신감정 문제로 언쟁이 벌어지고 있던 1925년 12월, 박열과 가네코 후미코는 옥중 결혼이라는, 희귀한 결혼식을 하게 된다.

옥중 결혼식을 제안한 이는 다름 아닌 예심판사 다테마쓰 가이센이었다. 사형을 당하기 전에 간소하게나마 옥중에서 결혼식을 올리고, 공식적으로 혼인신고를 하도록 해주겠다는 제안이었다.

이를 두고 박열 부부가 본심재판에서도 대역죄를 순순히 자백하도록 하기 위한 유인책이었으리라는 이도 있지만, 판사보다 오히려 본인들이 더 적극적으로 대역죄를 자처해온 예심 상황을 보면 맞지 않는 진단으로 보인다. 다테마쓰는 2년 가까운 예심 내내 박열 부부에게 우호적이고 존중하는 태도를 유지하고 있었다.

다테마쓰의 호의는 박열이 혐의를 인정하도록 유도하려는 계략이라기보다는 천황 폭살 계획을 반성하도록 하기 위한 의도가 더 컸던 것으로 보인다. 두 사람의 생사를 초월한 당당한 의인 같은 태도에 감동해 사형을 피하게 해주려는 마음도 없지 않았을 것이다. 다테마쓰는 예심 중 하루의 신문이 끝나면 30분이나마 두 사람이 법정에 함께 있도록 배려했다는 증언도 남아 있다.

현 사회의 모든 제도를 부인하는 박열과 가네코는 처음에는 혼인신고와 결혼식이라는 요식 절차를 거부한 것으로 알려졌다. 당시 일본 신문에 보도된 이치가야 형무소 관계자의 말이다.

"결혼식을 한다면 서면상 결혼뿐이겠지요. 그러나 두 사람은 특별한 대우가 있을는지 모르겠습니다. 현 사회제도를 전부 부인하는 그네들의 주의상으로 봐서도 결혼식을 거행한다는 것이 우습게 들리게 될 것이므로 처음은 박열 부부가 식의 거행에 응낙을 안 했습니다. 그래서 우리도 그네의 주의상으로 봐서 권하기도 딱했습니다. 허나 우리는 그네들이 최후의 판결을 받은 후 만일을 생각해서 그들에게 강청을 한 것입니다. 정말 이 결혼이야말로 비참한 결혼식이지요."

정확히 며칠에 어떤 형식으로 결혼식을 치렀는가는 확인되지 않고 있으나, 옥중 결혼식이 있던 날 밤, 가네코 후미코가 남몰래 박열의 독방으로 안내되어 몇 시간 동안 함께 있도록 허락받았다는 주장이 있다. 일본 극우파들의 주장이긴 하지만 여러 정황으로 보아 가능성이 높아 보인다.

이유가 어디에 있든, 다테마쓰가 박열 부부에게 특별한 배려를 했던 것은 분명한 사실이었다. 박열과 같은 복도의 세 칸 떨어진 감방에 살던 한 일본인 죄수는 석방 후 「서하의 차 중에서」라는 짧은 수기를 통해 박열의 감옥살이가 다른 죄수들과는 많이 달랐음을 밝히기도 했다.

수기에 따르면, 박열은 18호 독방에 수용되어 있었는데 빡빡머리에 용수나 삿갓을 쓴 다른 죄수들과 달리, 긴 머리를 뒤로 젖히고 수염이 듬성듬성한 얼굴로 간수의 감시도 없이 혼자서 유유히 복도를 돌아다녔다. 보통 죄수들은 1주일에 두 번, 단 5분의 목욕 시간이 주어졌는데 박열은 매일 30분 이상 목욕을 했고 달인 한약도 먹게 했다. 보통 죄수들은 정해진 시간에 정해진 운동장에서 30분만 운동을 했는데 박열은 혼자서 1시간씩 운동장도 아닌 감옥의 빈 땅에서 산보를 하거나 철창 밖에 심어둔 전나무 그늘 아래서 명상을 하도록 했다. 박열은 감방 안에서는 아주 조용해 바스락 소리도 내지 않으며 만년필로 글을 쓰거나 아니면 대낮에도 이불을 덮고 누워 있었다. 형무소에는 만년필은 허락되지 않았을 뿐더러 방에서 글을 쓰는 것도 다른 죄수들로서는 상상도 못할 일이었다. 외부로 보내는 편지는 중앙 2층에 있는 필기장에서 써야 했다.

이런 특별대우는 나중에 박열 부부 문제가 일본 국내정치 문제로 비화되었을 때 두 간수가 사직서까지 제출하고 사법 문란을 규탄하는 성명서를 내면서 폭로된다. 간수들의 성명서는 다른 120명 간수들의 분노를 대변하고 있었다.

두 간수의 성명서는 예심판사 다테마쓰가 박열 부부를 예심재판실과 도쿄지방재판소 가감에서 둘이서만 있게 했다, 법규를 무시하고 특별 운동을 시키고 폐감 후에도 농기구를 주어 일을 할 수 있게 했다, 취침 후에도 수증기 회중난로를 3, 4회나 바꾸게 했다, 목욕을 마음대로 시키고 감방 안에 흰 사탕을 다섯 근이나 상비시켰다, 가네코에게 서적을 사사로이 빌려주고 박열에게는 만년필을 차입시켰다는 등의 내용이었다. 오늘의 감옥에서는 크게 놀랄 일도 아니지만, 극도로 엄하던 당시의 사법체제로 보아서는 대단히 충격적이었다.

박열 부부는 1925년 5월 2일에는 감옥 안에서 기념사진까지 촬영했다. 박열은 다테마쓰에게 자신은 사형을 각오하고 있으니 생전에 사진이나 박아서 고향의 어머니에게 보내고 싶다고 요청했다. 예심조서 10여 장을 찢어버리기도 한 박열의 고집을 고려한 다테마쓰는 그의 청을 들어주었다.

촬영은 예심재판정 제5호실에서 오후 2시부터 2시간 동안 진행되어 10여 장을 찍었는데 막판에 박열이 돌연 가네코의 어깨에 팔을 올린 자세로 찍기를 원했다. 연인이든 부부든 기념사진이라면 여자는 의자에 앉고 한 사람은 그 옆에 똑바로 서서 정면을 바

예심재판정에서 찍은 박열과 가네코의 기념사진.

라보는 모습이 보통이던 시절이었다. 다테마쓰는 그래도 이를 허가해 다분히 파격적인 한 장의 사진이 남게 되었다. 박열이 의자에 비스듬히 기대 앉아 책상에 팔을 올리고 턱을 괸 여유 있는 표정으로 카메라를 바라보는 가운데 가네코가 그의 가슴에 기대 앉아 책을 읽고 있는 모습이었다. 박열의 왼쪽 팔은 가네코의 어깨를 안고 있었는데 손바닥이 그녀의 젖가슴 위에 올려 있었다. 박열의 머리칼은 장발이었고 두 사람의 복장도 죄수복이 아니라 소매가 치렁치렁하니 긴 일본 옷이었다.

사회적 파장을 우려한 다테마쓰는 이 사진들을 그의 집에 보내지 않고 서기의 서랍에 보관시켰다. 이에 박열은 신문 도중 사진 한 장을 빼돌려 「서하의 차 중에서」를 쓴 일본인을 통해 내보냈으나 그가 분실하는 바람에 실패하기도 했다.

박열은 감옥에서도 명주 두루마기와 흰 바지 저고리에 조끼까지 받쳐 입은 한복 차림으로 지냈다. 가족, 기자 등 면회객들이 찾아오면 철창을 사이에 두고 잠깐 대화하고 끝나는 일반 면회가 아니라 특별 면회를 시켜주었는데 그 장소도 전옥이라 불리던 형무소장의 응접실을 내주었다. 안내도 일반 간수가 아닌 간수장이 맡았다. 박열은 소장의 응접실에서 기다리는 면회객들 앞에 단정하게 깎은 머리에 한쪽 가르마로 곱게 빗질을 하고 온유한 미소를 지으며 나타나곤 했다.

가네코 후미코의 면회는 전옥의 응접실이 아닌 형무소 사무실에서 이뤄졌으나 역시 가운데 탁자를 놓고 마주 앉아 이야기하는 특별 면회였다. 그녀는 어엿한 일본 전통 여성복에 일본식 두루마기인 하오리를 걸쳐 입었는데 근시인 탓에 옥중에서도 안경을 쓰는 것이 허용되었다. 그녀는 머지않아 사형 선고를 받을 몸인데도 매일 독서에 열중했고 명랑하고 쾌활해 아무 근심 걱정이 없는 사람 같았다.

1925년 12월 하순, 「동아일보」 기자가 이치가야 형무소를 방문해 두 사람을 차례로 면회한다. 이 기사는 12월 24일자로 보도되는데 아직 결혼식 전이다. 형무소장실에 들어온 박열은 목에 하얀 동정을 단 검정 두루마기 차림이었다. 이미 여러 차례 언론인들과 면회해온 박열은 환한 웃음과 악수로 기자를 맞는다.

"이렇게 자주 찾아주시니 감사합니다. 그런데 그까짓 건 별로 생각은 아니 합니다만 일본 신문에 나에 관한 기사로 우스운 말이 나돌고 있는 모양인데, 그것은 정이란 사람의 소위란 것이 확실하며 몇 사람에게 기사 취소를 시키라고 부탁도 했습니다. 그리고 내 형이 매우 걱정하는 모양이니 되도록 위로를 해주십시오."

큰형 박정식은 도쿄에 와서 매일 동생을 면회하고 있었다. 집에서 기다리는 늙은 어머니 때문에 1월 10일에는 조선으로 돌아가기로 한 박정식은 기자들에게 어머니에게 무어라고 말을 해야 할지 마음이 아프다며 눈물을 흘리기도 했다.

「동아일보」 기자가 만난 가네코는 더욱 생기발랄했다. 기자는 그녀를 이치가야 형무소 안에서 미인이라는 평판이 자자하다고 쓴다.

"날씨가 추워지는데 병중에 고생이 어떠십니까?"

기자의 질문에 그녀는 생글생글 웃어가며 토실토실하고 뽀얀 손을 내밀어 악수를 하며 말했다.

"이렇게 건강합니다. 그리고 병은 매월 정해놓고 이틀씩 앓는 병이라 별로 염려 없습니다."

재판장에게 했듯이, 가네코는 기자에게도 자신의 생리를 농담거리로 삼는다. 거론하는 것만으로도 여성에게 수치심을 불러일으키는 생리 현상을 오히려 여성에 대한 사회적 편견에 도전하는 의미로 써먹는 배짱이 놀랍다.

"이제부터는 조선옷을 입겠습니다."

조선인과 혼인했으니 앞으로는 조선옷을 입겠다고 말한 그녀는 생글생글 웃으며 기자에게 의미 깊은 부탁을 많이 했다는데 그 내용은 보도되지 않았다. 기자는 박열과 가네코가 감옥에서도 호방한 생활을 하고 있다는 말로 기사를 맺는다.

'호방한 생활'이라 표현된 증거 중 하나가 박열과 가네코의 사진이었다. 예심판사실 서기의 책상 서랍에 보관해두었던 이 사진이 유출되면서 다테마쓰의 운명을 바꿔버리고 일본 정계가 한 바탕 요동을 치게 될 것이었다.

11.
우리를 사형시켜라

일본 대심원 특별형사부에 배정된 박열 사건의 첫 공판은 1926년 2월 26일 도쿄 대심원 대법정에서 열렸다. 일본 사법사상 네 번째 대역 사건 재판으로 알려진 이 재판은 초미의 관심을 끌었다. 대역 사건이 아니라도 같은 무렵 서울에서 열린 조선공산당 재판에 수만 명이 연도에 늘어서서 죄수들의 호송 대열에 박수를 치고 재판소에 수천 명이 몰려들던 때였다.

법원 측은 경찰 200여 명과 헌병 30여 명을 동원해 재판정 주변에 배치하는 한편, 일반방청권 150매를 발행해 오는 순서대로 나눠주었다. 특별방청권 150매는 경찰 등 관련 관청의 담당자들과 종교인, 사회교육가, 언론사 관계자들에게 별도로 배부했다. 그런데 방청권을 받으려는 이가 새벽부터 500명 넘게 몰려들어 일반방청권은 재판이 있기 2시간 전인 오전 7시에 벌써 동이 나버렸고 이후로도 계속 몰려드는 인파로 대혼잡을 이루었다.

이에 경찰은 비공개 재판으로 선회해 오전 8시에 일단 법정 안의 모든 방청객을 밖으로 몰아낸 후 특별방청권을 가진 150명만 다시 들어오게 했다. 이들도 만일을 위해 현관에서 법정까지 이르는 복도의 3개소 관문에서 엄중한 신체검사를 받아야 했다.

오전 8시 40분, 박열과 가네코 후미코는 이치가야 형무소로부터 죄수 호송차를 타고 대심원 뜰에 도착했다. 둘 다 한복 차림에 죄수의 머리에 씌우는 삼각뿔 모양의 용수를 뒤집어쓰고 있었다. 법정에 입장하지 못한 채 빈틈없이 대법정 마당을 메우고 있던 사람들은 일시에 조용해졌다. 두 사람은 용수에 뚫린 작은 구멍으로 두리번거리며 법정 지하실에 있는 대기실로 들어갔다.

먼저 법정에 나온 이는 가네코 후미코였다. 용수를 벗고 수갑도 차지 않은 그녀는 하얀 저고리에 검정 치마를 받쳐 입고 머리까지 조선식으로 쪽을 지었다. 감옥살이의 고통이라곤 느낄 수 없는 밝고 상기된 표정이었다. 피의자석에 앉은 그녀는 간수에게 차 한 잔을 부탁하고는 가끔씩 손수건으로 입을 가린 채 잔기침을 하며 들고 온 소설책을 읽었다.

잠시 후 입정한 박열은 조선의 전통 결혼식에서 신랑이 입는 복장인 사대관모 차림이었다. 수염을 말끔히 깎고 긴 머리칼을 뒤로 빗어 올린 위에 사모를 쓰고 붉은 예복에 봉황이 수놓아진 넓은 허리띠를 맸는데 손에는 부채까지 들고 있었다. 일본에서는 보기 어려운 조선의 전통 복장에 천천히 부채를 흔들며 입장하는 모습에 취재기자들을 포함한 방청객들이 어리둥절해 하는 가운데 박열은 여유 있는 미소를 지어 보이며 가네코 후미코의 오른편에 앉았다.

나란히 앉아 밝은 얼굴로 미소를 주고받던 두 사람은 함께 일어서서 방청석을 향해 살짝 목례까지 한다. 사형 선고밖에 남지 않은 두 사람이 마치 결혼식장에 입장하듯, 야유회에 놀러온 듯 태연하고도 유쾌하게 임하는 이 광경을 「동아일보」는 이렇게 묘사한다.

형형색색의 감상으로 최후의 공판정에 서는 박열 부부의 모양을 주목하는 가운데로 피고 두 사람은 태연자약, 방약무인의 태도로 대법정으로 들어갔다.

오전 9시 10분, 재판장의 입정과 함께 공판이 개시되면서 한국 독립운동사상 또 하나의 역사적 재판이 시작되었다. 피고의 유무죄를 두고 다투는 것도 아니고, 형량의 경중을 두고 다투지도 않는, 오로지 박열의 대일본 규탄을 위한 선전장이었기에 역사적 의의가 있던 재판이었다.

재판에 응하는 조건으로 박열이 요구한 대로, 재판장은 박열을 피고라고 부르지 않고 '그대' 또는 '그편'이라고 불렀고, 박열은 재판장을 향해 '군' 또는 '그편'이라고 호칭했다.

"군의 성명은 무엇인가?"

이름을 묻는 재판장의 첫 질문부터 박열은 특유의 비웃음을 던진다.

"바쿠야루!"

'박 씨'라는 뜻이기도 하지만, 바보라는 뜻의 일본 욕 '바카야로'를 비틀어 말한 것으로, 일본에 정복당한 조선인의 신세를 자학하고 스스로 조소하는 말로 저항감을 표시한 것이었다. '개새끼'라는 제목의 자작시를 쓴 것이나 잡지명을 '뻔뻔한 조선인'이란 뜻의 '후테이 센징'으로 지은 것과 같은 맥락이었다. 재판장에게 '바보 같은 놈'이라고 욕을 한 것으로 해석할 수도 있었다. 하지만 판사는 꾹 참고 되묻는다.

"그건 조선 호명 아닌가? 일본말로 읽으면?"

"박열이라고 쓴다."

"본명은 준식 아닌가?"

"어느 쪽이든 좋다."

자기 이름을 뭐라고 불러도 좋다고 상관하지 않겠다는 박열은 다른 질문에도 순순히 응답하지 않았다.

"연령은?"

"잘 기억나지 않는다."

"나이를 모르다니 말이 되는가?"

"누구라도 자기가 태어난 날을 아는 사람은 없겠지."

막 태어난 갓난아이가 날짜를 알 리 없지 않느냐는 농담이었다.

"직업은?"

"조서에 쓴 그대로다."

"그래서는 모르겠다. 답변하지 않으면 안 된다."

"그렇다면 불령업이라고 하지."

체제에 불평불만을 품고 제 마음대로 함부로 행동하는 것이 직업이라는 뜻이다. 판사는 그래도 참을성 있게 질문을 계속했다.

"잡지도 하고 있지 않은가?"

"그것도 직업의 하나다."

"주거는?"

"이치가야 형무소다."

"본적은?"

"본적이란 무엇인가?"

"호적이 있는 곳이다."

"조선 경상북도 문경군 마성면 오천리이다."

"평민인가?"

"새 평민이겠지."

양반 출신임을 부끄럽게 여겼을 뿐 아니라, 자신처럼 압제에 저항하는 평민은 새로운 평민이라는 뜻이었을 것이다. 일본인들도 신분계급이 정해져 있었는데, 가네코 후미코도 자신을 '신성한 평민'이라 자처한다. 박열에 이어진 판사의 인정신문에서다.

"군의 성명은 무엇인가?"

"가네코 후미코다."

"나이는 어떻게 되는가?"

가네코도 박열처럼 판사의 질문마다 토를 달아 조롱한다.

"관청에서는 24세이지만 나는 22세로 기억한다. 그러나 정말로 어느 쪽도 믿을 수가 없다. 나이가 몇 살이든 지금 내 자신의 생활을 하는 데는 아무런 관계가 없으니까."

"그대의 족칭은?"

"신성한 평민이다."

주소와 직업을 묻는 질문에도 가네코 후미코는 박열과 똑같이 응수한다.

"주거지는 어디인가?"

"도쿄 감옥이다."

"직업은 무엇인가?"

"현재에 있는 것들을 때려 부숴버리는 것이 나의 직업이다."

"본적은?"

"야마나시 현 히가시야마나시 군 스와무라 소마구치 2036번지라고 하더라."

"출생지는?"

"요코하마 시라고 하더라."

가네코까지 인정신문을 마친 재판장은 더 이상 참을 수 없었는지 돌연 방청 금지를 명령했다. 사회의 안녕질서를 해친다는 이유였다. 두 사람의 발언이 밖으로 새어나가는 것 자체가 조선 독립운동의 기운을 고양하리라는 사실을 잘 알기 때문이었을 것이다.

경찰과 헌병들이 방청객을 밖으로 내몰기 시작하자 대법정은 일대 혼란에 빠졌다. 후세 다쓰지 변호사를 비롯한 사회단체 방청객들이며 법정 밖을 지키고 있던 이들이 집단 항거에 나섰다.

"방청객을 바보 취급하지 마라!"

"법원의 횡포요 불법무도 행위다!"

"나가지 말자! 나가지 말자!"

고함치며 항의했으나 경찰과 헌병에 의해 모두 퇴정당하고 말았다. 후세 다쓰지 변호사가 재판 공개 금지에 이의를 제기했으나 받아들여지지 않았다. 다만 박열 변호인 가운데 한 명인 구리하라 변호사만을 받아들였다.

후세 다쓰지 변호사는 박열을 구명하기 위해 지극정성을 다하고 있었다. 그는 박열 사건이 공표되자 자진해서 변호계를 제출하고 방대한 사건 기록을 검토해왔는데 변호사 수임료는 물론 기록물 등본 등에 필요한 적지 않은 비용 일체를 자비로 부담했다. 또한 여러 차례 박열을 면회해 사건 진상을 규명하면서 공판을 준비하고 있었다. 박열의 동지인 장상중과 당시 유학생 학우회장 조헌영과 간부였던 윤길현이 후세 변호사와의 연락을 맡았다. 그러나 그는 끝내 법정에 들어가지 못한 채 구리하라 변호사만 법정에 복귀해 역사적 장면을 지켜볼 수 있었다.

비공개로 공판이 재개되면서 박열은 1시간에 걸쳐 자신의 행동의 정당성을 피력했다. 내용은 예심 때와 다르지 않았다.

"천황이란 국가라는 강도단의 두목이다. 약탈회사의 우상이며 신단이다. 나는 법률이나 재판의 가치를 전혀 인정하지 않으므로 형법 73조에 해당하는지 그건 알 바가 아니다. 그것은 너희들 마음대로 하라."

폭탄으로 일왕과 왕세자를 죽이려 했다는 사실도 다시 한 번 명백히 밝혔다.

"일본의 정치적, 경제적 실권을 가진 모든 계급 및 그 간판과 더불어 이에 종속하는 자들에 대해서 폭탄을 사용할 것을 목적으로 하고 있었다. 가능하다면 폭탄으로 그들을 전멸시키려고 했지만, 그것이 되지 않았기 때문에 선정한 것이, 내가 조선인이라는 입장에서 첫째로 일본 천황과 황태자를 그 대상으로 했다. 지금도 그러한 생각에는 변함이 없다."

예심 때와 마찬가지로, 박열은 이 간판들을 폭살 대상으로 삼은 이유를 3가지 들었다.

"첫째는 일본 민중에 대하여 일본 황실의 진가를 알리고, 그 신성을 땅에 떨어뜨리기 위함이고, 둘째는 조선 민중에 대하여 일본 황실을 무너뜨려서, 조선 민중의 독립투쟁에 대한 열정을 고취하기 위해서이며, 셋째는 침체하고 있는 것같이 보이는 일본의 사회운동가에 대해 혁명적 기운을 추구하기 위해서였다."

또한 폭살 계획은 명백히 조선의 독립을 위한 것임을 밝혔다.

"내가 황태자 결혼 때 폭탄을 사용할 것을 계획한 것은, 조선 민중의 일본에 대한 의지를 세계만방에 표명하기에 가장 적절한 기회라고 생각했기 때문이었다."

다음 날인 1926년 2월 27일에 속개된 2차 공판도 비공개로 진행되었다. 검사는 형법 제73조 위반 및 폭발물취체 규칙위반으로 박열과 가네코 후미코에게 사형을 구형했다. 사형을 구형받은 이 날도 박열은 계속해서 재판부와 일본 왕실을 조롱했다. 재판장 마키노 기쿠노스케(牧野菊之助)는 전날 인정신문에서 확인하지 못한 생년월일과 직업 등에 대해 다시 물었으나 결과는 마찬가지였다.

"군의 나이는 몇 살인가?"

"모른다."

"본인 생일을 모르다니 말이 되는가? 기록에는 메이지 35년 2월 3일이 그대의 생일이라고 씌어 있는데, 맞는가?"

"혹시 그런지도 모르지."

직업을 묻는 질문에도 박열은 "검찰 기록에 잡지업으로 되어 있으면 그렇겠지."라고 한다. 주소를 묻는 질문에도 전날처럼 형무소 주소를 댔다.

"주소는?"

"이치가야 부구정 12번지다."

같은 날 속개된 가네코 후미코에 대한 2차 인정신문도 상황은 같았다. 첫 신문과 마찬가지로 가네코의 조소와 우롱으로 이뤄진 심리가 오후 3시까지 진행되었을 때 구리하라 변호사가 증인신청을 하자 판사들은 회의를 열어 이를 모두 각하하고 오후 5시 10분에 폐정했다.

다음 날인 2월 28일은 일요일임에도 비공개 재판이 계속되었다. 박열의 최후진술에 갈음해 일제를 탄핵하는 「일본 권력자 계급에게 주는 글」을 낭독했다. 3월 1일 결심을 끝으로 4차에 걸친 공판은 끝나고 3월 25일의 선고공판만 남았다.

당시 분위기에 대해 조선총독부 어용신문인 「매일신보」는 3월 3일자로 이렇게 보도한다. '일본 대심원 설치 이래 세 번밖에 없었던 특수재판'이라는 제목이다.

> 박열과 가네코 후미코의 대역사건 공판은 재작 3월 1일에 결심되었는데, 이에 대해 마키노 씨는 말하되, 박열은 소시부터 특질이 강직한 사람으로서 8세 때 일한합병이 되었는데 그때부터 민족차별대우에 원한을 품고 동시에 과격사상을 가지게 된 것으로, 별로 그 사상이 근거는 없는 듯하며 또 박열의 죄를 순전한 일본인으로서 말한다면 실로 더할 수 없는 대죄지만, 그 처지를 한번 바꿔서 말한다면 그다지 큰 죄악이라고 할 수 없고, 그 위인으로 보면 머리가 대단히 예할 뿐더러 훌륭한 재사이며 또한 사회적으로 유망한 인물이며, 가네코도 성질이 견고하고 머리가 명민한 여자인데, 이 두 사람이 이처럼 부부가 된 것은 그 환경의 공통점으로 인하는 바 금번 사건에 비추어보아 일반 위정자와 교도자들은 극히 주의하지 않으면 안 된다고 말했다 한다.

박열 부부의 절개와 강단은 사형을 선고한 당사자인 재판장 마키노까지 감동시켰음이 분명하다. 예심판사 다테마쓰가 그랬듯이, 그는 박열 재판을 담당하는 내내 두 사람의 사상과 행동에 대해 인간적인 동정심과 존중심을 보여준다. 1926년 3월 6일자 「동아일보」의 '박열의 사상행위와 환경 - 마키노 재판장의 관찰'이라는 기사는 마키노 재판장이 한 말을 이렇게 인용한다.

"내가 이번 사건에 관계하면서 주위 환경이 얼마나 사상행위에 영향을 미치는가를 절실히 느꼈습니다. 박열은 어릴 때부터 그리 호화롭게 자라지 못한 사람으로 그가 8살 때 일한합방이 되었으므로 그의 머리에는 큰 원한이 깊이 뿌리에 박혀서 허무사상을 가지게 된 모양입니다. 박열 부부의 죄를 말하면 일본 사람으로는 말도 할 수 없는 큰 죄지만 경우를 바꾸어서 생각하면 박열만을 나쁘다고 할 수가 없겠지요. 사람으로서의 박열은 두뇌가 명석한 훌륭한 재자(才子)이니 사회적으로 유익한 사람이 되었겠지요. 가네코 후미코 역시 박열과 같은 처지에서 그의 반생이 가없는 학대의 역사로 꾸미어 있는데, 그 역시 천재라 할 만한 재주를 가지고 있습니다. 두 사람은 환경의 공통점으로부터 친근하게 된 모양입니다."

불가피하게 사형을 선고할 수밖에 없는 공직자로서 할 수 있는 최선의 호의적인 발언이었을 것이다. 당시 조선의 신문들은 잇달아 마키노 재판장의 담화를 인용한다. 3월 17일자 「조선일보」의 '박열 사건을 보고'라는 제목의 사설이다.

마키노 재판장의 담화에 의하면…… 이 담화는 이미 내외 평자가 인용한 바 있거니와, 이로서 박열이 품은 사상은 그와 동일한 환경에 있는 조선인의 장래를 논함에 중요한 암시가 되는 것이다. 그리고 박열의 처인 가네코 후미코가 그 민족의 소속을 달리함에도 불구하고 철두철미 그녀가 애모하는 박열과 운명을 함께하려는 태도를 보건대, 이것은 곧 피압박민족인 조선인의 문제인 동시에 다시 민족의 경계선을 떠난 계급적 공명이 얼마나 진지하고 뜨거운 것인지를 간파할 수 있는 것이다.

당시 「조선일보」와 「동아일보」 기자 중에는 사회주의자들이 다수 포진해 있었다. 조봉암, 김단야, 박헌영 등 조선공산당을 결성한 주역이기도 한 이들은 박열 사건으로부터 단순한 민족적 분노와 패기 이상의 측면을 지목한다. 계급투쟁과 국제주의적인 성격이다. "민족의 경계선을 떠난 계급적 공명"이라는 식의 표현이 그것이다.

단순한 민족해방운동가의 범주에 가두기에는 박열의 사상의 폭은 넓고 깊었다. 무정부주의, 허무주의로 나타나기는 했으나 그는 조선인과 일본인 사이의 민족적 차별뿐 아니라 약자와 강자, 노동자와 자본가 사이의 계급적 차별을 지적하고 있었다. 이는 당대 민족주의자들의 보편적 수준을 뛰어넘는, 보다 진보적인 내용으로 사회주의에 바탕을 두고 있었다.

과연 일본의 식민지가 되기 전에는 조선의 민중들이 자유롭고 평등하게 살았던가? 식민지에서 해방되기만 하면 조선의 계급 모

법정의 박열 부부. 하얀 한복을 입은 이가 박열이다.

순은 저절로 해결될 것인가? 봉건주의의 모순과 자본주의의 모순
을 동시에 가지고 있는 조선인들의 빈부격차와 인간차별 문제는
식민지 여부와는 아무 상관없이 존재했고 또 계속될 것이었다. 박
열과 가네코 후미코의 사상 행적은 이 문제에 보다 깊이 천착하
고 있었다. 다만 실천 활동을 통해 보다 깊어지고 과학적으로 정
립될 기회를 얻지 못한 채 너무 일찍 체포되어버린 것이다.

1926년 3월 23일, 박열과 가네코 후미코는 정식으로 혼인신고
서를 제출했다. 두 사람은 우시고메(牛込柳町駅) 구청에 혼인계를 제
출해 합법적인 부부가 되었다. 그리고 이틀 후인 3월 25일, 일본
대심원 특별형사부의 선고공판이 열렸다.

이날 공판정에 나온 박열은 단정한 흰색 한복 차림이었다. 가네
코 후미코는 거칠게 짠 비단옷인 메이센 위에 짧은 겉옷인 하오

리를 걸친 일본 복장을 했는데 빗어 내린 머리칼이 뺨을 살짝 가리고 있었다.

재판장 마키노 기쿠노스케 판사는 사형 선고의 이유를 간략히 낭독했다.

"피고 박준식은 유년 시절부터 받은 환경의 영향, 궁핍의 체험과 아울러 개선의 희망이 없는 자기의 역경 및 조선 민족의 현상에 관한 불만의 염으로서 편협한 정치관 및 사회관에 빠져, 드디어는 지상의 만물을 절멸하고 자신 또한 죽음을 궁극적 목표로 하는, 그 소위 허무주의 사상을 가지게 되었으며, 이 사상을 실현하기 위해 황실에 대해 위해를 가하려고 하는 망상을 가지고 있었으며, 피고 가네코는 유년 시대에 부모의 사랑을 받지 못하고 황폐한 가정에서 자라 일찍부터 참담한 지경에 떠돌며 고생하던 나머지 골육의 사랑을 불신하고 효도를 부정하며, 권력을 저주하여 황실을 멸시하고, 현 사회는 자신을 절망의 영역에 빠뜨리게 했다고 분개하여 모든 생물의 절멸을 시도하는 허무주의 사상을 갖게 되어, 1922년 2월경 피고 양인이 서로 알게 된 후, 사상이 상통하여 동년 5월경 도쿄 부 도요타마 군 요요하타마치 요요기 토미가야에 거처를 마련하여 동서하게 되었으며, 양인의 일치된 극단의 사상은 더욱 더 고조되고 그 이상을 실현시키기 위해 구체적인 계획을 세우게 되었다.

즉 1923년 가을에 거행할 예정인 황태자 전하의 어혼례를 기회로 하여 그 행렬에 폭탄을 투척하여 위해를 가할 것을 모의하고, 그 계획 수행에 사용할 폭탄을 입수하기 위해 피고 박열은 피고 가네코와 협의하여 1922년 11월경 조선 경성부에 건너가서 그 당시 의열단이라 칭하는 중국 상하이의 폭력단과 연락하여 폭탄 수입을 획책한 조선인 김한과 경성부 관수동 47번지의 그의 집에서 만나 폭탄의 공급을 청탁하여 승낙을 받았으며, 다음 해인 1923년 5월 재차 피고 가네코와 협의한 피고 박열은 도쿄 부 혼고 구 유시마덴진초 1정목에 있는 긴조칸 등에서 수차 무정부주의자인 김중한과 회합하고, 전기 의열단 등과 연락하여 상하이로부터 폭탄 수입을 의뢰하여 승낙을 받았으나, 폭탄을 입수하기에는 이르지 못했던 것이다……."

사형이 선고된 순간, 가네코 후미코가 먼저 소리쳐 외쳤다.

"만세!"

박열은 웃음을 띤 여유만만한 표정으로 일갈했다.

"재판장, 수고했네! 내 육체야 자네들 맘대로 죽이려거든 죽여라. 그러나 나의 정신이야 어찌할 수 있겠는가?"

뒤따라 가네코도 재판장을 향해 말했다.

"모든 것이 죄악이요 허위요 가식이다! 박열과 함께라면 죽음도 오히려 만족히 여긴다! 박열과 나를 같은 교수대에서 같이 죽도록 판결을 내리고 우리들의 죽은 백골이라도 같이 묻어주기 바란다."

가네코는 또한 박열을 향해 말했다.

"혹시 판결이 어긋나서 당신만 사형선고를 받는 일이 있더라도 나는 반드시 같이 죽을 것이요, 당신 홀로 죽게 만들지는 않겠습니다."

자식이나 부모의 임종을 지켜보는 것만으로도 공황상태가 되는 것이 인간이다. 일제 치하 서대문 형무소에는 마지막 순간까지 사형장에 들어가기를 거부하며 몸부림치고 울부짖는 사형수들에 대한 증언들이 남아 있다. 자기 자신의 죽음이 타의에 의해 결정된 순간에도 흔들림 없는 당당함은 극소수 항일투사들에게서나 볼 수 있는데, 더 나아가 어서 죽이라고 소리칠 수 있는 대담함은 희귀한 일이었다.

일본 정부는 그러나 두 사람이 원하던 대로 장렬히 죽도록 내버려두지 않았다. 생명 존중에서 나온 호의가 아니라, 두 사람이 역사적 영웅으로 남는 것을 용인하지 않으려는 모욕이었다.

12.
가네코 후미코의 죽음

　박열 부부에게 사형 선고가 내려진 1926년 3월 25일이었다. 재판 결과를 보고받은 에기 다스쿠 법무장관은 당일로 임시각료회의를 열어 이 문제를 숙의한다. 그리고 오후 5시 30분 아카사카궁에 찾아가 '섭정궁'이라 불리던 왕세자 히로히토를 접견해 각료회의 내용을 보고했다.

　병든 다이쇼를 대신해 실질적으로 왕권을 행사하고 있던 히로히토는 박열 부부를 사형 대신 무기징역에 처하라고 지시한다. 조선총독부 기관지 「매일신보」는 그 과정을 이렇게 보도했다. 당시 신문은 법무장관을 '법상'이라 호칭하고 있다.

　대역범 박열과 그의 처 가네코는 25일 사형 선고를 받았는데 이 보고가 에기 법상에 이르자, 당일 임시각의를 열고 에기 법상으로부터 박열 부처의 죄상과 판결을 보고하고, 이에 대한 협의 결과 당일 오후 5시 반 에기 법상은 아카사카 어소에 이르러 섭정궁 전하께 배알하고 박열 부처 판결에 대하여 전말을 주상함에, 전하께옵서 법상의 주달을 일일이 들으신 후 특히 일등을 감형하여 무기징역에 처하랍신 은전이 내리셨으므로, 법상은 성은의 홍대함에 감읍하여 퇴하고 불일내 정식으로 대권이 발동될 것이라 한다.

왕세자 히로히토 감형 결정이 법적 절차를 밟는 데는 열흘이 걸렸다. 열흘 만인 4월 5일 오전 11시 30분, 히로히토는 자신의 집무실로 불려온 와카쓰키 레이지로(若槻禮次) 수상에게 정식으로 감형 명령을 내렸다. 와카쓰키 수상은 당일 오후 4시 40분 감형 내용이 담긴 소위 '은사장'을 법무장관에게 교부했고, 법무장관은 검사총장을 거쳐 이치가야 형무소장에게 이를 전달했다.

박열 부부는 밖에서 이뤄지고 있는 감형 조치에 대해 전혀 모르고 있었다. 박열과 같은 대역죄 선고를 받았던 무정부주의자 고토쿠 슈스이는 판결 6일 만에 처형되었고 난바 다이스케(難波大助)는 판결 바로 다음 날 처형된 예가 있었다. 때문에 두 사람은 사형 선고가 떨어진 직후부터 언제 사형장에 끌려갈지 모르는 상태에서 최후의 날들을 세고 있었다.

각각 독방에 수용되어 있던 두 사람이 형무소장실로 호출된 것은 오후 5시 30분이었다. 나란히 두 사람을 세워놓은 형무소장은 와카쓰키 수상 명의로 내려온 감형장을 낭독했다. 사형수 박열과 그의 처 박문자를 무기징역으로 감형한다는 내용이었다.

낭독을 마친 형무소장은 먼저 박열에게 은사장을 건넸다. 사형장으로 가는 줄 알고 소장실에 왔던 박열은 얼결에 은사장을 받아들었다. 그러나 가네코는 은사장을 받자마자 그 자리에서 갈기갈기 찢어버리며 외쳤다.

"천황의 이름으로 기왕에 사형을 언도했으면 그만이지 다시 은사니 어쩌니 하면서 인간의 생명을 농락하다니 말이 되는가! 박열에게 바친 아내로서의 문자, 조선에 바친 조선 민족으로서 선택한 길인데 몸과 마음 모든 것을 다 빼앗아간 무기징역의 일본 감옥 속에서 더 살아보았자 그 무슨 의미가 있을 것인가?"

박열도 즉각 자신을 모욕했다며 은사장을 찢어버리려 했다. 놀란 간수들이 재빨리 박열의 손에 들려 있던 은사장을 빼앗아 가버렸다.

일본 정부는 무기로 감형된 두 사람을 분리하기로 결정하고 박열은 지바 형무소로, 가네코 후미코는 우쓰노미야(宇都宮) 형무소의 여성전용 감방인 도치기(栃木) 지소로 갈라놓았다. 가네코는 다음 날 바로 이송되어 도치기 지소 중에도 특설된 독방에 수감되었다.

박열은 1주일 후인 4월 12일 지바 형무소 독방으로 이감되었다. 그리고 곧바로 단식에 들어갔다. 사형당할 기회를 빼앗기자 스스로 목숨을 끊기로 결심한 것이다. 박열이 배가 아프다는 이유로 식사를 거부한 채 정좌하고 묵상에 잠겨 있자 형무소 측은 의사를 불러 치료를 시키려 했으나 박열은 강경하게 진단을 거부했다. 그가 고의적으로 단식에 들어갔음을 확인한 형무소 측은 교회사를 불러 설득해보았으나 듣지 않았다.

박열이 옥중 단식으로 사망할 경우 일어날 파장을 우려한 형무소장은 4월 14일 급히 도쿄에 올라가 사법당국과 상의하고 밤 8시에 돌아와 여러 명의 교회사와 함께 박열의 독방에 들어가 설득에 들어갔다. 박열이 교회사들의 설득을 뿌리치고 오로지 죽겠다며 버티자 지바 형무소장은 눈물을 흘리며 호소했다고 한다. 이에 박열은 다음 날인 15일 아침 6시 간수가 들여보낸 아침밥을 먹었다. 이치가야 형무소에서 호송되어 온 지 나흘 만의 첫 식사였다. 형무소 측은 박열이 단식으로 쇠약해진 데다 사상범이기 때문에 일반수와 섞이지 않도록 한동안은 노역도 시키지 않았다.

사형에서 무기징역으로의 감형은 당사자인 박열 부부의 반발만 산 게 아니었다. 일본의 극우파와 군부는 와카쓰키 내각의 감형 조치에 맹렬히 반발하고 나섰다. 천황 일가를 벌레니 기생충으로 비하하며 폭살을 선동해온 대역사범을 살려주는 일이야말로 대역죄라고 맹비난하며 와카쓰키 수상에 대한 탄핵을 추진했다. 황실에 위해를 가하고자 한 극악무도한 국가의 적에게 은전을 베푼 정부도 국적이 된 것이라는 논리였다

폭탄을 터뜨리기는커녕 구입조차 하지 못했고 관련자도 박열 부부뿐인, 무기징역조차 과중한 처벌이라고 할 수 있던 이 사건이 일본 정계의 핵폭탄으로 떠오른 것은 좌우파의 정치적 책략 때문이었다. 집권 민정당의 와카쓰키 내각은 3·1만세운동 이후 조선에 대해 이른바 '문화정책'이라 불리는 유화정책을 주도하고 있어 그렇지 않아도 자유주의 성향이 강하다는 비난을 받고 있었다. 여

기에 감형 사건이 터지자 민정당을 궁지로 몰려고 기회를 엿보고 있던 야당 정우회까지 우익세력들과 손을 잡고 와카쓰키 수상과 에기 법무장관을 공격하기 시작했다.

야당의원들은 와카쓰키 수상에 대한 국회 질의를 통해 대역죄인인 박열과 가네코 후미코에게 사형이 선고된 것은 당연한데 정부는 어떤 이유로 감형을 품신했는가라고 문책했다. 이에 대해 와카쓰키는 다분히 동정적으로 답변했다.

"박열과 가네코의 대역죄는 악역무도하며 하늘도 용서할 수 없고 신하의 도리로서는 그 살을 먹어도 모자랄 지경이나, 천황의 정치를 보필하는 입장에서 단지 엄격히 재판하는 것뿐만 아니라 황실의 광대무변의 인자함을 받들어서 인정을 베푼다는 점에서 신중히 생각할 때, 두 사람은 범죄 당시 겨우 21, 22세로서 사려가 아직 성숙치 못한 자로서, 그 성장과 경력, 환경 등에 의해서 여러 가지 사상상 혼란에 빠지고, 드디어 허무사상을 가지게 되었지마는 이것도 또한 시종 동요하고 있고 확고한 신념을 가진 것도 아니었다. 만일 시간을 준다면 사상에 변화가 생기고 충성스러운 신민으로 될 것을 예기하지 않을 수 없다. 또 범죄의 목적을 위하여 상하이, 기타 지역으로부터 폭탄을 입수함에 확실한 방법을 강구할 사이도 없이 일이 발각되었고, 과연 최후에는 입수할 수 있었을지조차 의심스러운 일이다. 그리고 아마도 그것이 불가능했을 것이라고도 생각되는 상황이었다. 이러한 여러 상황을 십분 고려하여 두 사람에 대해서는 판결과 같이 즉시 사형을 집행하는 것보다 천황의 어명에 의한 대권의 발동으로 감형의 은전을 받게 하고 우리 황실의 성은을 입게 하는 것이 좋다고 생각하여 감형을 주청한 것이다."

당사자인 박열 부부가 듣는다면 폭발하고 말 모욕적 발언이었으나 일본 정부의 입장에서는 나름대로 합리적 판단이라 할 수 있었다. 하지만 극우파와 야당은 이를 인정하지 않았다. 게다가 무정부주의자들까지 와카쓰키 내각을 공격하게 될 충격적인 사건이 터졌다. 무기로 감형된 지 넉 달 만에 가네코 후미코가 시신으로 발견된 것이다.

멀리 떨어진 형무소에 수용된 두 사람은 각기 노역을 하고 있었다. 지바 형무소의 박열은 원래 여죄수 감방이던 방에 홀로 수감되어 노끈 잇는 일과 일본 나막신 코 꿰는 작업을 했다. 우쓰노미야 형무소 도치키 지소의 독방에 수감된 가네코 후미코도 비슷한 일을 하고 있었다.

형무소 측의 발표에 의하면, 사고가 난 것은 1926년 7월 23일 이른 아침이었다. 가네코는 여자 간수 한 사람의 전속 감시를 받고 있었는데 이날 아침에는 여간수의 감시 아래 철창 아래 앉아 삼노끈을 잇고 있었다. 삼노끈을 잇는 작업은 원래 가네코가 해온 일이 아니었다. 하루 전인 22일 자진해서 그 일을 하겠다고 요청해 처음으로 일거리를 들여보내준 것이었다.

담당 여간수가 잠시 자리를 뜬 것은 오전 6시 30분쯤이었다. 불과 10분 후인 6시 40분, 여간수가 돌아왔을 때 가네코는 철창에 삼노끈을 걸고 목을 맨 채 매달려 있었다. 놀란 간수는 목 맨 줄을 풀고 인공호흡을 해보았으나 소용없었다. 긴급 연락을 받은 의사 사이토와 촉탁의사 구리구치가 20분 만에 현장으로 달려왔으나 이미 눈이 우묵하게 들어가고 초점이 없었다. 검안을 마친 의사들은 말했다.

"신체는 매우 건장하여 하등의 이상이 없고 삼노끈이 급소를 꼭 조여 매어져 숨이 막혀 죽은 것으로, 그 교묘한 자살에는 놀랄 수밖에 없다."

가네코의 사체는 7월 24일 도치키 지소에서 사법성 당국자와 우쓰노미야 형무소장의 도착을 기다려 밤중에 끌어내어 마을에서 2킬로미터쯤 떨어진 공동묘지에 가매장되었다. 일본 정부는 지바 형무소에 있는 박열이 이 소식을 알면 어떤 일이 벌어질지 모른다며 일체 비밀로 하라는 엄명을 내렸다.

후세 다쓰지 변호사가 소식을 알게 된 것은 사망 사흘 후인 7월 26일이었다. 언론통제로 아직 보도가 나오지 않은 때였다. 일본인 신문기자를 통해 가네코의 죽음을 알게 된 후세는 당일로 지바 형무소에 달려가 박열에게 가네코의 죽음을 알렸다.

소식을 전해들은 불령사 회원들도 당일로 속속 모여들었다. 간토대지진 때 일제 검거되어 고생했던 불령사 회원들은 김중한을 제외하고는 모두 석방되어 대부분 흑우회에 흡수되어 있었다.

지인들은 가네코가 자살할 리가 없다고 생각했다. 가네코가 자살을 택할 정도로 나약한 인물이 아니며 설사 처지를 비관하여 죽음을 생각했더라도, 꼭 박열과 함께 죽겠다던 이가 박열과의 어떤 교감도 없이 돌연히 자살을 할 리가 없다고 보았다. 사형 선고 직후 가네코가 박열을 향해 '당신 홀로 죽게 만들지는 않겠다'고 말한 것도 잊지 않고 있었다.

특기할 사항은 가네코가 죽기 2주 전부터 박열과 그녀 사이의 서신 교류가 금지되어 있었다는 점이었다. 흑우회원들은 이 사실에 의거해 가네코가 누군가에 의해 고의로 살해되었을지 모른다는 의구심을 가졌다. 이를 확인하기 위해 육홍균, 장삼중, 원심창, 최규종 등 7, 8명은 후세 변호사와 함께 도치기 현으로 달려갔다.

다음 날인 7월 27일 새벽 3시에 이케부쿠로 역에 집결한 이들의 손에는 제각기 몽둥이가 들려 있었다. 형무소 관계자들을 찾아가 진상을 캐내기 위함이었다. 새벽 3시에 모인 이유는 이들이 하나같이 경시청 요시찰인물 대장에 올라 있어 형사들의 감시와 미행이 따랐기 때문이었다.

새벽안개 너머로 여명이 밝아오는 시각에 도치기 역에 도착하고 보니 안면 있는 형사 2명이 지키고 있었다. 하지만 흑우회 일행이 몽둥이를 들고 몰려가니 막지 못했다. 지소장 집에 들이닥친 이들은 몽둥이를 두드리며 윽박질렀다.

"가네코를 누가, 왜 죽였느냐?"

"묘는 어디냐?"

험악한 분위기에 새파랗게 질린 지소장 마에다는 해명하기에 급급했다. 그는 자신들이 막을 수 없던 예기치 못한 자살이라고 거듭 변명하며 가네코의 유해는 도치기 현 시모쓰가 군, 이에나가촌 갓센바에 있는 형무소 공동묘지에 묻혀 있다고 가르쳐주었다. 후세 변호사와 흑우회원들은 사인을 밝히기 위한 발굴을 요구했고, 사흘 후인 7월 31일 정식으로 발굴이 이뤄졌다.

가네코의 시신은 일본식 가매장의 형식인 좌관에 들어 있었다. 좌관이란 사체를 길게 눕히는 보통의 관이 아니라 상자 모양의 나무 관에 꿇어앉혀 넣은 작은 관이었다.

얕게 묻힌 좌관을 파내어 도치기 현 화장장으로 옮겨 검안을 시작했다. 그러나 한여름 장마철이다 보니 시신은 겨우 1주일 만에 상당히 부패가 진행되어 있었다. 뚜껑을 따니 까만 머리칼이 드러나기에 머리를 치켜들자 살과 머리털이 떨어져 나갈 것 같았다. 그래서 관의 앞쪽을 따니 혈색은 전혀 없고 얼굴과 손은 흰 장갑을 낀 것처럼 새하얀 것이 가네코가 틀림없었다. 그러나 부패 때문에 목에 난 끈 자국의 형태를 확인할 수가 없었다.

사인 규명에 실패한 일행은 시신 화장 절차에 들어갔다. 2시간 만에 화장이 끝난 가네코의 유골은 치아는 원형 그대로였으나 두개골은 손만 대도 으스러질 것 같았다. 형태가 있는 것만 추려서 항아리에 넣고 오후 4시 기차 편으로 도쿄에 돌아와 일단 후세 변호사 집에 안치했다.

훗날 한국의 독재정권들도 그랬듯이, 일본 정부는 반정부운동가의 장례식에 대단히 민감한 반응을 보이고 있었다. 간토대지진 때 학살된 무정부주의자 오스기 사카에 부부의 경우도 우익들이 유골을 탈취하려고 습격하는 바람에 좌우익 간에 총격전까지 벌어진 적이 있었다. 가네코의 유골이 후세 변호사 집에 오자 관할 경

가네코의 유해를 받으러 온 큰형 박정식(가운데). 오른쪽 일본인은 '프롤레타리아의 벗' 후세 다쓰지 변호사. 왼쪽 소년은 조카 박형래다.

찰서는 정복 경관 70여 명을 동원해 후세의 집을 포위했다.

후세 다쓰지의 집은 흑우회 사무실과 가까웠다. 소식을 들은 흑우회원 등 진보운동가 80여 명이 모여들어 추도회를 열기로 하자 경찰은 출입자를 통제하기 시작했고 이 과정에서 몸싸움이 벌어져 30명 가까이 연행되어버렸다. 연행자들은 이케부쿠로 경찰서에 14명 등 여러 경찰서에 분산 수용되었다.

추도회를 강행하면 경찰이 진입해 막을 뿐 아니라 유골 항아리까지 빼앗길 게 분명했다. 비밀리에 장소를 옮기자는 의견들이 나왔다. 몹시 무더운 밤이라 얼음을 사기 위해 양동이를 들고 드나드는 이에 대해서는 경찰도 체포하지를 않았다. 흑우회원들은 이를 이용해 얼음 양동이 밑에 유골 항아리를 담아 밖으로 빼돌리는 데 성공했다.

유골 항아리는 이케부쿠로에 있는 흑우회원 구리하라의 집에 옮겨놓았는데 구리하라가 대구에서 터진 진우연맹사건에 연루되어 조선으로 호송되어버리자 나카노의 회원 이노우에 집으로 옮겨지는 등 이리저리 떠도는 처지가 되었다.

일본에서는 마땅한 매장 장소도 찾지 못하고 우익들에게 탈취될 위험이 높다고 판단한 흑우회원들은 박열의 고향 선산에 매장하기로 결정하고 경찰의 감시를 피해 박열의 큰형 박정식에게 연락을 했다. 8월 16일, 박정식은 12살 난 아들 박형래와 함께 도쿄로 건너와 유골 항아리를 넘겨받았다.

한편, 경찰은 유골이 후세 변호사의 집에 보관되어 있는 줄 알고 있었다. 며칠이 지난 후에야 눈치를 채고 유골을 찾던 중 각 신문에 '가네코 유골 분실'이라는 기사까지 나오자 전국 경찰에 비상이 걸렸다. 도일한 박정식을 뒤쫓은 끝에 산요선 기차를 타고 귀국하던 박정식 부자를 히로시마 역 근처에서 잡고 말았다.

일단 유골의 행방을 찾은 경찰은 흑우회가 아닌 가족이 유골을 인수했음을 확인하자 법률에 따라 유골 항아리를 이케부쿠로 경찰서를 거쳐 상주 경찰서에 보냈다. 상주 경찰서는 유골을 가족에게 인도하며 매장을 허가했다. 단, 형사사범은 장례를 지내지 못하고 비석도 세우면 안 된다는 일본 법규에 따라야 했다.

이런 우여곡절을 거친 후, 가네코의 유골은 박열의 원고향인 경북 문경군 문경읍 팔령 2리에 있는 박씨 문중의 선산에 매장되었다. 1926년 11월 5일, 추모식도 묘비도 없이 나직한 봉분만 덮은 초라한 장례였다.

가네코의 죽음은 감형으로 빚어지고 있던 일본 정계의 갈등에 기름을 붓는 역할을 했다. 우파가 주도하던 집권 민정당 정부에 대한 공격에 좌파들까지 가세하고 나서면서 와카쓰키 내각은 회복할 수 없는 치명타를 입게 된다.

가네코의 죽음은 그 자체가 관심과 충격의 대상이었다. 1주일 만에 보도 통제가 풀린 조선과 일본의 신문들은 그녀의 죽음을 대대적으로 보도했다. 「동아일보」 1926년 7월 31일자 '대역범 박열의 애인 복역 중 옥중에서 자살'이라는 제목의 기사다.

조선인 박열과 일본인 가네코 후미코가 세상에도 드문 사랑을 나눴는데 주의의 공통과 깊은 이해를 갖고 부부생활을 해오다 중대사건으로 검거되어 예심 취조를 받으며 도쿄 이치가야 형무소에 경장천리로 서로 나뉘어 있다가 비로소 옥중에서 결혼식을 올린 것은 제1회 공판을 받던 그 시기였는데, 그들을 사형으로부터 형 일등을 감하여 무기도형에 처한 뒤 각기 복역할 형무소로 이감시키려고 한곳에 불러놓고 서로 작별을 시킨 것이 두 사람의 최후의 작별이었다. 당시 박열은 가네코의 손목을 잡고, 가네코는 박열의 옷깃을 잡고 서로 다시 만나보지 못할 것을 서러워하여 끝없이 비감한 눈물을 하염없이 흘린 일이 있었는데, 그 후 박열은 지바 형무소로, 가네코는 도치기 지소로 나뉘어 갔더라.

신문 기사들의 소제목들은 다분히 선정적이었다.

'종신철창에 신음 중 박열 애처 자살'

'교수대에도 동행하자고 단단 맹세한 남편 얼굴도 못 보고 목

숨 끊은 그 원한'

'점점히 떠러지는 피의 력사를 남기고 제 손으로 꼰 노에 제

목을 고이 매 자살'

'대역 박열의 애인 복역 중 옥중에서 자살'

'간수의 못 보는 틈을 타서 돌연히… 무기형 집어던진 불귀의

후미코'

신문 보도는 모두 자살로 표현되고 있었으나 자살이라는 형무
소 측의 발표를 믿는 정치세력은 없었다. 우파들은 민정당 정부의
온건한 자유주의 정책을 트집 잡아 내각 총사퇴를 요구했고, 좌파
들은 살해 의혹을 내세우며 진상 규명을 촉구했다.

박열과 더불어 일본의 침략 행위를 거침없이 성토하여 가슴을
후련하게 해주던 가네코에게 깊은 호감을 가지고 있던 조선인들
의 심정은 놀라움에서 의문으로, 이어서 분노로 바뀌었다. 일본의
우익들까지 나서서 제기하는 의혹들은 조선인뿐 아니라 일본인들
에게도 가네코가 타살되었다는 믿음을 갖게 만들었다.

의문을 자극한 가장 큰 원인은 가네코의 '옥중 임신설'이었다.
진원지는 가네코 사망 후 일본 극우단체인 국수회에서 퍼뜨린 소
문이었다. 우익들은 박열과 가네코가 예심판사실에서 다정한 자세

로 찍은 사진을 곁들인 유인물을 인쇄해 대량 배포하며 여론을 부추겼다. 7월 31일 시신을 화장할 때 박열의 어머니가 동석했다는 등 일부는 허위사실이거나 악의적으로 편집된 소설이었으나 일부는 사실이었다. 설사 소설이라 해도 대중들은 언제나 음모설을 좋아했다. 그중 일부 내용들이다.

다테마쓰 예심판사는 박열과 가네코의 오만한 태도 때문에 취조의 진도가 늦어지자 상사와 협의한 끝에 그들에 대한 파격적인 대우와 융화정책으로 자백시키려 획책했다는 것은 공지의 사실이며, 문제의 사진도 그 하나의 예로 들 수 있다.

더욱 괴상한 것은 하루의 취조가 끝나면 다테마쓰는 왜 예심법정에 박열과 가네코만 남겨두고 변소에 가는 척하며 퇴정하고 또 이 중대한 피고들을 아무런 감시원도 두지 않은 채 약 30분간이나 문만 잠가놓고 있었느냐는 사실이다.

오랫동안 떨어져 있었던 두 사람이 감시의 눈에서 벗어나게 되고 또 아무도 없는 취조실에서 어떠한 행동을 했겠는가 하는 것은 쉽게 추측할 수가 있다. 그 후부터 두 사람은 생리적인 어떤 기능이 조절되어 점차 유순하게 되었고 또 그들은 다테마쓰 판사를 이해자, 동정자라고 부르게 되었다.
박열과 가네코의 판결이 확정되고 사형의 날이 임박하자 당국은 옥중에 있는 수형자에게 전례 없는 옥중 결혼을 허가했다는 사실이다. 더욱 그날 밤 가네코는 남몰래 박열의 독방으로 안내되어 수 시간 동안 함께 있도록 허락받음으로써 실질적인 결혼을 했다는 것이다.

감형의 특사를 얻은 박열과 가네코는 지바와 도치기 두 형무소에 각각 수용되었으나 전후 2회에 걸친 두 사람의 괴상한 접근에 의해 가네코는 점차 식성의 이상과 생리적인 변화를 가져왔고 드디어 임신이라는 놀라운 사실이 나타났다. 이것을 알게 된 당국은 당황한 나머지 비밀리에 대책을 강구하고 있었으나 돌연 가네코가 목을 매 자살했다고 발표했다. 더욱이 시체를 검시할 당시 태아는 전혀 볼 수 없었다는 것이다.

좌우파를 막론하고 가네코가 타살되었다고 주장한 가장 큰 이유는 임신 가능성과 함께 유서가 없다는 점이었다. 통계적으로 보아도 자살자의 다수가 유서를 남기지 않기 때문에 유서 유무는 자살의 근거가 될 수 없음에도 대중에게는 설득력이 있었다.

조그마한 일에도 사상적인 발표를 하는 버릇을 가지고 있던 가네코가 자살함에 있어 아무런 유서도 없었고, 또 죽음 직전까지 태도가 변하지 않았던 그녀가 돌연 자살할 이유가 없다.

임신한 것이 왜 타살의 사유가 되는가에 대해서 역시 좌우파를 막론하고 형무소 측에서 자신들의 불법행위를 감추기 위해 죽인 게 아니냐고 주장했다. 혹은 강제로 낙태를 시키려다가 수술이 잘

못되어 죽은 게 아니냐고 의심했다. 그 근거로, 후세 변호사 등의 입회 아래 시신을 부검했을 때 몸에서 태아가 나오지 않았다는 점을 들었다. 태아가 없었다는 것은 반대로 임신 주장이 틀렸음을 증명하는 것이 될 수도 있었으나 음모론 앞에는 어떠한 증거를 들이대도 소용이 없었다.

비난 중에는 박열과 가네코의 옥중생활을 엿볼 수 있는 부분도 있었다.

대역불경의 흉한에게는 고토쿠 슈스이나 난바 다이스케처럼 감형이 없음에도 불구하고 개전의 뜻이 없는 박열에 대해서만 정부는 파격적인 감형을 시켰다. 더욱이 그들은 옥중에서도 뻔뻔스런 태도를 취했다. 그들은 간수를 부하처럼 취급했고 간수도 그들에게 봉사하기에 급급했으며, 간수 중에는 그와 옥외자와의 사이를 내통한 자도 있다. 다테마쓰 판사가 촬영한 괴사진도 내통한 간수에 의해 옥외로 반출된 것이다.

어떤 경우든 주장의 요지는 내각 총사퇴였다.

이것이 형무소 측에서 가네코의 임신 발각을 두려워한 나머지 비밀리에 행했던 낙태 수술이 잘못되어 죽게 했다는 억측이 사실로 생각되는 이유이다. 이것은 분명히 특사에 의해 재생한 중대 피고에 대한 감시를 소홀히 한 것이며, 또 이와 같이 불건실한 피고에게 감형을 상소한 에기 사법대신과 와카

쓰키 수상은 다 같이 그 책임을 명백히 함과 동시에 사퇴해야
할 것이다.

다테마쓰는 사진 촬영과 특별대우를 허용한 이유에 대해 성명
까지 발표했다.

박열은 예심재판에서 반항이 너무 심해서 조금이라도 자기
뜻에 맞지 않으면 진술을 거부하고 어떤 때에는 예심조서까
지 10여 장을 찢어버린 일이 있었으므로 심리상 지장이 많아
심리진행 방침으로 사진 박을 것을 허락했다.
조사가 끝난 후 박열을 재판소 소속 자동차로 형무소까지 태
워다준 것은 자정이 지난 시간이라 형무소로 자동차를 부르는
것이 미안했기 때문으로, 절대로 우대하는 의미가 아니었다.
차나 홍차를 준 것은 종래의 수인에 대한 관례에는 어그러질
는지는 모르나 조사가 곤란하므로 심리 진행의 한 수단에 불
과한 것이다.

전체 형무소 행정을 책임진 행형국장도 박열 부부를 재판소의
가감방에 같이 둔 일은 절대로 없고 예심정에 두 사람을 같이 불
러들인 적은 있으나 대질 심문을 위한 것으로 두 사람만 남긴 채
계원이 감시를 하지 않은 일은 없다고 밝혔다. 박열과 가네코에게
장시간 목욕을 허락한 것과 운동을 시킨 것은 사실이지만 질병
때문이었으므로 당연한 일이라고 발표했다.

하지만 어떤 변명도 소용이 없었다. 좌우 양측의 맹렬한 비판은 결국 내각을 총사퇴하게 만들었다. 다테마쓰 판사는 파면당하고, 본심에서 동정적인 발언을 아끼지 않았던 마키노 판사도 대심원 판사직에서 물러나야 했다.

조선인 혁명가와의 사랑과 일본 왕실에 대한 거침없는 모독으로 유명해진, 자신의 죽음으로 내각까지 붕괴시킨, 겨우 23살의 짧고도 뜨거웠던 가네코 후미코의 생애는 사망 5년 뒤인 1931년 7월 10일에 간행된 자서전 『무엇이 나를 이렇게 만들었는가』로 길이 남는다.

이 자서전은 우쓰노미야 형무소 도치기 지소의 독방에 갇혀 침식도 거른 채 혼신을 다해 쓴 것으로, 세상의 의혹과 달리 그녀가 스스로 죽음을 택했음을 암시하는, 유서와 다름없는 글들이 들어 있다. 소박하고 간결하지만 저자의 심정이 잘 표현된 그녀의 자서전은 이렇게 끝난다.

내 수기는 여기서 끝난다. 이 뒤의 일은 박과 나의 동거 생활의 기록 외에는 여기에 기록할 자유가 없다. 그러나 이 정도 쓰면 나의 목적은 이루어진다.

무엇이 나를 이렇게 만들었는가. 나 스스로 이것에 대해서는 아무것도 말하지 못할 것이다. 나는 단지 나의 반생의 역사를 여기에 펼쳐놓았으니 다행인 것이다. 마음 있는 독자는 이 기록으로도 충분히 알아주리라. 나는 그것을 믿는다. 머지않아 이 세상에서 나의 존재는 완전히 지워질 것이다. 그러나 모든 현상은 현상으로서는 멸해도 영원의 실재 중에는 존속하는 것이라고 나는 생각한다. 나는 지금 평온하고 냉정한 마음으로 이 조잡한 기록의 붓을 내려놓는다. 내가 사랑하는 모든 것 위에 축복이 있기를!

가네코 후미코가 감옥에서 남긴, 아마도 박열에게 썼을 마지막 편지는 더욱 그녀가 스스로 죽음을 택했을 수도 있음을 보여준다.

여기는 지옥의 밑바닥. 나는 지하 수천 척의 갱내로 끌려 들어가고 있는 듯한 위압을 받고 있다고 생각합니다. 이제는 어쩔 수 없는 최후의 일점에 서서 있습니다. 그러한 내 자신을 오늘에야, 정말로 오늘에야말로 진실로 응시합니다.

오랫동안 여러 가지로 근심 걱정을 많이 끼친 일이 이제는 모두 잊기 어려운 추억이요 감사였습니다. 그러나 이번에야말로 정말 이번만은 최후의 날이 왔다고 생각합니다.

모든 것은 추억 비슷한 감상을 이 세상에 남기고 갑니다. 내 자신에 대하여 정말 오랫동안 이런 날이 올 것을 예단하지 못한 것은 아니었습니다. 그러기에 이날을 위해 몇 번이나 굳고 굳센 각오와 결심이 필요하다고 생각되어, 될 수 있으면 진실로 아무렇지도 않게 자는 듯이 그 와야 할 순간을 감수하려고 애쓰고 있었습니다.

이대로 좋다고는 생각하지 않으나 그 대신 이것을 어떻게 하겠다는 데 대해 번민하지도 않습니다. 이 만년필과 '나의 죽음'의 승리의 기록이 당신에게 보내는 유일한 유품이 될 것입니다.

나는 피었다가 곧 시들어버리는 꽃이나 풀을 좋아하지 않습니다. 아름답지도 않고 사람의 눈길을 끌지도 않지만, 언제까지나 청정하여 창공을 향하여 뻗어 오르는 상반나무의 샘, 중천을 향해 뻗어 오르는 그 샘을 나는 정말 사랑합니다.

그러면 다시 돌아올 날을 믿고, 나는 당신에게 최후의 편지를 쓰기로 했습니다. 당신에게 행복한 날이 오기를 빕니다.

아내이기 전에 동지요, 동지이기 전에 아내인 가네코 후미코의 죽음을 전해들은 박열은 분노와 슬픔에 사로잡혀 단식에 들어갔다. 폐결핵을 앓고 있어 몹시 허약해진 상태에서의 단식이었다. 따로 기록에 남아 있지 않으나, 극단적인 단식자는 몸을 묶어 놓고 목에 관을 꼽아 강제로 음식을 먹이는 게 형무소의 규칙이었으니 박열도 강제로 살아났을 것이다.

그리고 무심히 세월이 흘러갔다.

13.
8,000일의 옥살이

길고 긴 옥살이였다. 1923년 9월 이치가야 형무소에 수감된 상
태에서 무기징역을 선고받고 지바 형무소로 이감되었던 박열은
장기 흉악범들만 수용하는 홋카이도 아미하시 형무소와 고스케
형무소를 옮겨 다니다가 1945년 10월, 아키타 형무소 오다테 지
소에서 석방된다. 그 기간이 모두 합쳐 8,000일이 넘었다. 햇수로
는 22년 2개월이었다.

박열이 무기형으로 감형될 때 이치가야 형무소 형무관이던 일
본인 후지시타 이이치로(藤下伊一郎)는 박열이 마지막으로 옥살이를
한 아키타 형무소에서는 형무소장으로 근무하는 등 박열과 오랜
세월을 보낸 사람이다. 그는 자신의 책 『혁명가 박열 선생 편영』
에서 이 기이한 인연을 술회한다.

이렇듯이 20여 년 동안 선생을 관찰해온 나는 선생의 인격에 반하고 굴복하여 희세의 위인으로 숭모의 신념을 금할 수가 없어 나의 자식까지 바치려 했다. 한마디로 결론 지으면 선생은 법정투쟁이나 옥중생활에서 무저항으로 자기 자신에게 명령한 함구령으로, 아무리 협박을 하고 질문을 하여도 요지부동이었고, 관헌과 이론을 전개하면 청산유수적 달변에 당해낼 방법이 없어 관헌은 마침내 전적으로 굴복하고 조선의 애국자는 강하구나라는 결론으로 그를 외경의 대상으로 삼았다.

후지시타의 책은 한국에서는 1950년에 『박열 자신에게 침묵을 명함』이란 제목으로 번역 출간되는데, 이 수기가 중요한 의미를 갖는 이유는 박열의 명예 때문이다.

재판 과정부터 끊임없이 박열과 가네코 후미코를 폄하하고 평가절하하려 애썼던 일본인들이었다. 그들은 두 사람의 목숨 건 투지를 불우한 환경이 빚은 광적인 반항심으로 매도하고 폄하하려 애썼다. 그 이유가 일본 황실의 체통을 지키기 위함이었든, 두 사람의 생명을 구하기 위함이었든, 모욕적인 왜곡임이 분명했다.

박열은 당대의 수재들이 모이던 경성고보 사범과 출신이었다. 20대 초반의 설익은 교조주의적 관념성을 내포하고 있었을지라도, 여러 잡지의 편집자이자 저술가로 활약하던 그의 논리와 실천의 결기는 당대의 여느 진보운동가를 능가했다. 가네코 후미코 역시 제대로 정규학교를 다니지 못했으나 예사 지식인을 뛰어넘는 논리적 완결성과 이를 뒷받침하는 결연한 투지를 갖고 있었다.

두 사람은 적어도 무정부주의 계열에서는 당대의 이론가이자 실천가로 뚜렷한 족적을 남기고 있었다. 당대의 조선인들도 이를 널리 알고 있었다. 일본 정부로서는 두 사람을 폄하하고 매도하는 일을 멈출 수 없었을 것이다.

가네코 후미코가 비극적으로 사망한 후에도 일본 정부는 끊임없이 박열을 협박하고 회유했다. 만주를 공략해 괴뢰국가 만주국을 세우고 장차 중국 내륙과 아시아 전역을 차지하기 위해 군사력 확장에 열을 올리던 1930년대 초가 되면서 그 압박은 더욱 거세졌다.

일본 내무성 경보국에서 발행하던 월간지「특고월보」와 검찰에서 발행하던「사상휘보」등에 박열의 사상 전향에 관한 글이 실리기 시작한 것은 1935년부터였다. 가네코가 죽은 지도 여러 해가 지나 마음을 가라앉힌 박열이 지루한 감옥살이를 중국과 일본의 고대사를 공부하는 데 쏟고 있을 때였다.

이 잡지들은 경찰과 검사 등 사법부 관리들이 참고할 수 있도록 사상범 검거 사례나 전향 사례, 사상범들의 동향 등을 수집해 놓은 관보로, 내부 회람용으로 제작되어 일반인에게는 보급되지 않았다.

이「특고월보」기록에 따르면 박열은 사상적으로 동요해 공산주의 사상을 검토, 비판했다고 나온다. 하지만 박열은 애초부터 현실 사회주의에 비판적이어서 무정부주의를 택한 사람이었으니 공산주의를 비판했다는 것이 전향을 의미한다고 볼 수는 없었다.

또한 1934년 10월 31일 형무소 재소자들을 상대로 행형협회라는 관변단체에서 제작한 영화를 관람한 박열이 '감상록'을 제출했다는 기록이 있다. '감상록'이란 주로 사회안전법으로 구속된 공산주의자들이 제출하던 일종의 반성문이자 사상전향서였다. 이 역시 공산주의에 비판적인 박열이 평소의 생각을 썼을 것으로 보이는데 일본 당국은 이 감상록을 계기로 박열을 사상전향자에 포함시켜 조선 국내의 형무소에 수감되어 있던 항일운동가들에게 선전의 도구로 삼았다고 한다.

「특고월보」1935년 4월호에는 박열이 사상전향을 표명하며 썼다는 '공순상신서'가 실렸고 현영섭이 쓴 친일어용 논문인 「조선인의 나아갈 길」을 읽고 썼다는 '소감'이란 제목의 글이 실리기도 했다.

1937년 7월 7일 중국 본토 공격을 시작해 본격적으로 제2차 세계대전에 뛰어든 일본은 '시국연설회'라는 제목으로 조선인 저명인사들을 동원해 전쟁을 독려하는 연설을 강요했다. 1938년 2월 24일 오늘의 서울시의회 의사당인 부민관에서 열린 '국민정신총동원운동대회'에서는 박열이 일본의 형무소에서 보냈다는 '반도 동포들에게 보내는 메시지'가 낭독되었다.

공산주의에 대한 비판은 경찰이 강요하지 않더라도 이전부터 박열 본인이 먼저 피력해왔으므로 변절이니 전향이라고 할 수는 없었다. 그러나 일본의 침략전쟁을 옹호하는 시국대회에 글을 보냈다는 것은 박열의 기본 사상과 배치되는 행위임이 틀림없었다.

당시 전국에서 열리는 시국대회에서 이광수, 최린 등 조선의 저명인사들은 서구식 자유주의와 개인주의를 배격하고 동양식 전체주의와 집단주의를 따를 것, 일본 민족과 조선 민족이 하나가 되어 동양을 단일국가로 하는 대일본제국을 건설할 것, 다 같이 천황의 자녀들이 되어 목숨을 바쳐 성전에 나설 것 등을 주장했다. 하나같이 박열의 신념과 정반대되는 사상이었다.

만일 박열이 이런 글들을 쓴 것이 사실이라면, 고립된 상황에서 혹독한 고초를 겪었을 것으로 보인다. 일제 말기 조선 국내에서 옥살이를 했던 대다수 항일운동가들이 '감상록'이란 명칭의 반성문 내지 전향서를 썼다는 사실, 해방 후 널리 존경받는 여운형, 홍명희 같은 이들까지도 친일어용단체인 '대화숙'에 이름을 올릴 수밖에 없었다는 사실, 이기영과 이태준 등 대다수 저명한 작가들 역시 '문인보국회' 같은 어용단체에 형식적으로라도 등록하지 않을 수 없었다는 현실을 본다면 홋카이도의 악명 높은 중범죄자 전용 감방에 수용되었던 박열이 그런 글을 강요당했을 가망성은 충분해 보인다.

일본 민족주의와 조선 민족주의의 대결이라는 관점에서 독립운동을 하던 민족주의 지사들에게는 반성문을 쓰는 것이 오로지 치욕일 뿐이지만, 일본과 조선의 자본가들을 공동의 적으로 타도하려던 사회주의 계열의 혁명가들은 적을 속이는 일과 지사적 지조를 혼동하지 않았다. 이미 널리 이름이 알려져 사회주의운동의 상징이 된 인물이 아닌 이상, 일본 경찰에게 바보나 비겁자 흉내를 내어 속이는 일을 마치 전쟁 중 군대가 위장복을 입거나 야간 기습을 하는 것처럼 여겼기 때문이다.

박열의 경우는 일관되게 민족주의 지사로서 널리 이름이 알려진, 항일저항 정신의 상징적인 인물이었다. 일본의 침략전쟁을 옹호하는 연설문을 쓴 순간, 그는 죽느니보다 못한 처지가 될 것이었다.

그런데 이상한 것은 박열이 사상전향이나 반성문을 썼다면 일간신문이나 잡지를 통해 널리 홍보했을 텐데 「특고월보」나 「사상휘보」 같은 대외비 내부 회람용 관보에만 실렸다는 점이다. 전향서를 썼다면서 출옥이나 감형 조치를 하지 않는 것도 맞지 않거니와 전향서라고 게재한 글들이 불교에 귀의했다거나 천황의 적자임을 자처하는 등 내용이 너무나 허술하고 일관성이 없는데다 박열 특유의 강렬하고도 지적인 문장들과는 매우 다르다.

무엇보다도, 20여 년이나 박열을 지켜본 형무소장 후지시타의 증언이 그가 결코 일본 제국주의에 순응하지 않았음을 증언한다. 관헌들이 아무리 협박을 해도 요지부동이고 관헌과 이론을 전개하면 청산유수 달변으로 그들을 굴복시켰다는 후지시타의 증언은 그래서 박열의 명예를 지키는 데 매우 소중하다.

관헌들이 전적으로 굴복해 "조선의 애국자는 강하구나."라는 결론으로 박열을 경외했다는 것, "박열의 인격에 반하고 굴복해 희세의 위인으로 숭모의 신념을 금할 수 없었다."는 후지시타의 증언이야말로 박열의 글과 연설문이 일제에 의해 조작되었을 거라는 추측을 가능케 한다.

실제로 후지시타는 해방 후 도쿄에서 열린 박열 환영식에 참석해 수천 명의 조선인들 앞에서 자신의 죄를 뉘우치는 연설을 하고, 참회의 뜻으로 자신의 셋째 아들을 박열의 양자로 바친다. 아들의 이름까지 박정진으로 개명했다.

설사 박열이 고통을 못 이겨 그런 글들을 썼더라도 마찬가지다. 고문과 협박에 못 이겨 썼든, 위장전술이라 자위하며 써주었든, 확실한 것은 반성문이니 전향서를 쓴 운동가들의 거의 모두가 결코 마음까지 굴복하지는 않았다는 점이다. 일제로부터 반성이니 전향을 강요당할 일조차 없이 그들의 지배에 순응하며 살았던 이들이나 항일투사들의 피로 찾은 자유를 누리는 후세들이 단지 감상록을 썼다는 이유로 그들을 비난하는 것은 염치없는 짓임이 틀림없다.

폭탄 사건에 연루되었던 박열의 동지들도 석방된 이후에도 활동을 계속했다.

김중한에 대한 공판은 박열 재판이 끝난 후 도쿄지방재판소에서 열렸다. 검사가 폭발물 취체규칙 위반으로 징역 10년을 구형한 데 대해 재판부는 6년을 선고했고, 항소심에서 징역 4년으로 감형되었다. 형량에는 예심 구류기간이 포함되었기 때문에 구속된 지 4년이 넘은 김중한은 당일로 석방되었다. 귀국한 그는 진남포에서 좌우합작 항일단체였던 신간회에서 활동하다가 일본의 박해가 심해지자 만주로 망명하는데 이후 기록은 확인되지 않는다.

김한은 이치가야 형무소에서 복역하다 1927년 4월에 만기 출감해 조선공산당 재건운동에 앞장서는 한편, '모쁠'이라 불리던 혁명자후원회의 국내 책임자로 활동했다. 그러나 1930년 2월 소련으로 망명했다가 스탈린주의의 광풍에 휘말려 일본 밀정 혐의로 처형되고 만다. 김한뿐 아니라 많은 조선인 혁명가들이 혁명의 모국이라고 소련에 갔다가 일본의 간첩이라는 누명을 쓰고 죽거나 유형지에서 비참한 말로를 보내는데 국내에서는 해방된 이후까지도 그 사실조차 모르고 있었다. 박열 역시 나중까지도 김한의 운명을 알지도 못했을 것이다.

박열이 1943년 8월에 이감되어 마지막으로 옥살이를 한 아키타 형무소 오다테 지소는 도쿄에서 북쪽으로 600킬로미터나 떨어진 도호쿠 지방 해안가에 있었다. 비위생적이고 열악한 독방에서 질병과 고독에 시달리면서도 박열은 여러 편의 훌륭한 시를 남겼다.

청산은 해마다 봄의 색깔로 새로운데
푸른 바다 오래오래 사방 물가 적시네
옥중 깊은 밤에 부끄러움 깊은데
오척단신 이 내 몸 내가 잘못 다스리네
가을바람 소리 높이 나무 끝에 탄식하고
창에 비친 석양에 그림자는 깊어지네
하늘에 춤추는 낙엽, 금조(金鳥) 같은데
옥중에서 못하는 것, 이 마음 아려오네
살과 뼈는 곧 종이요
죽고 사는 것은 은혜와 도타운 정이라
함께 데리고 가는 도타운 정 속에
마음 내키는 대로 안팎으로 움직이네
내가 없는 큰 나는 역시 나인데
만물엔 주인 있어 모두가 대왕일세

학자여 설교가를 막지 말라

자유인 나가는데 크게도 바쁘다네

천지에는 차바퀴 돌고 도는데

원래는 존비가 없다지요

세계는 전부가 모두 둥근데

어느 곳 낮은 곳이 있을 것인가

세계는 둥근데 어느 곳이 낮을 수가 있겠느냐는 시구가 명문이다. 여성으로서, 한 인간으로서 모질고도 서러운 삶을 살았음에도 더없이 아름답고 순수한 영혼을 가졌던 가네코 후미코처럼, 불행한 시대의 식민지 백성으로 태어나 타고난 재능을 발휘하지 못한 채 22년 긴 세월을 차가운 독방에서 보내면서도 시심을 잃지 않는 박열의 성정이 마음 저리다.

1945년 8월 15일 정오, 일왕이 무조건 항복을 선언하면서, 사실상 1905년부터 시작해 헤아릴 수 없이 많은 조선의 인재들을 감방과 만주 벌판으로 내몰았던 식민지시대는 끝났다. 수백 년에 한 번 정도씩, 몇 차례 큰 전쟁은 치렀어도 몽골에 지배되었던 기간 외에는 늘 독립을 유지하던 4,000년 한국사의 가장 치욕적인 시간은 끝났다.

일본 정부를 접수하고 군정에 들어간 맥아더의 연합군 사령부는 모든 정치 사상범을 즉각 석방하라고 명령했다. 조선과 일본의 형무소들은 곧바로 철문을 열어 조선인 항일지사들을 쏟아냈다. 그러나 박열의 감방문은 좀처럼 열리지 않았다. 대역죄라는 이유

1945년 10월 출옥 후 동지들과 함께. 가운데 단장을 짚은 이가 박열이다.

였다.

박열에 대한 석방은 재일 조선인들이 10월 15일 도쿄 히비야공회당에서 '재일본조선인연맹'을 결성하면서 박열의 석방을 요구하는 청원서를 채택하고 가두시위까지 벌인 후에야 결정되었다.

박열이 석방된 것은 1945년 10월 27일 오후 2시였다. 구속 당시 만 22살 앳된 청년이던 그는 만 44살의 원숙한 중년이 되어 있었다. 그의 석방을 이끌어낸 재일본조선인연맹의 아키타 현 준비위원회 섭외부장 정원진 등은 철문을 나선 박열을 오다테 역으로 인도했다. 역 광장에는 무려 1만 5,000명에 이르는 인파가 기다리고 있었다.

군중들이 환영 깃발과 태극기를 흔들며 만세를 연호하는 가운데 등장한 박열은 감격에 겨운 연설을 하고 기념사진을 촬영했다. 그리고 앞뒤로 청년들이 호위하는 가운데 승용차를 타고 시가행진을 시작했다. 제각기 양복이나 한복을 입은 수많은 조선인들이 만세를 부르며 뒤를 따랐다.

박열은 석방 직후 일본 신문과 가진 대담에서 자신이 살아서 감옥 문을 나설 줄은 생각도 못했다고 술회한다.

"나는 감히 살아 돌아올 수 있다고는 생각도 못했다. 죽음만 생각하고 있었다. 감옥에서 죽어가는 옥중 동포들의 최후를 많이 보아왔으며 그렇게 비참할 수가 없었다. 나는 어떻게 해도 비열한 옥사는 하고 싶지 않았다. 나는 죽기까지 투쟁의 힘을 강력하게 유지하여 내가 품고 있는 원한의 천황을 끝까지 포기하지 않고 옥사의 한순간까지 저주하겠으며 할 수만 있다면 죽이고 싶었으며 천황을 죽일 수 있는 힘을 최후까지 잃지 않겠다고 생각했다. 그래서 나는 1926년 4월 6일 지바 형무소에 투옥 첫날부터 생환하는 아키타 형무소의 마지막 날까지 냉수 마찰을 하루도 게을리 하지 않고 계속했다. 이 건강법이 나를 생환시켰던 것이다."

해방을 맞은 모든 항일운동가들이 그랬듯이, 박열도 이제 더 이상의 민족적 비극은 없으리라 생각했을 것이다. 오로지 자유와 번영의 나날이 기다리고 있을 줄로 알았을 것이다. 해방이 또 다른

출옥 후의 박열. 맨 앞줄 맨 오른쪽이 박열이다.

고통의 시작일 줄은, 수많은 항일투쟁의 영웅적 전사들이 오욕과 분노 속에 비참한 최후를 맞이하게 될 줄은 예상하지 못했을 것이다.

기본적으로 이타적이고 공리주의적인 천성을 가진 사람들이기에, 독립투쟁에 청춘을 바친 이들의 대다수는 해방이 되면 고향에 내려가 가족을 부양하며 농사를 짓거나 학원에 돌아가 학문을 하겠다는 소박한 꿈을 가지고 있었다. 해방된 조국에서 정치투쟁을 벌여 권력의 한자리를 차지하겠다고 생각한 이들은 많지 않았다. 그러나 일제가 물러간 권력의 공백을 차지하려는 친일세력의 준동은 이들을 가만히 있을 수 없게 했다. 그 과정에서 빚어진 좌우의 대립과 각 세력 내의 권력투쟁은 그들을 또 다른 고통과 죽음으로 내몰았다.

박열도 그 혼란에 휩쓸릴 수밖에 없던 한 사람이었다. 재일 항일운동의 상징적인 인물로 각인된 그의 앞길에는 긴 옥살이보다 더 고통스러운 분노의 세월이 기다리고 있었다. 박열은 만일 조선이 해방되고 혹시라도 자신에게 자유가 주어진다면 사범학교를 다녔던 본래의 인생 목표대로 교육가가 되어 후진을 양성하겠다는 뜻을 누차 표명한 적이 있었다. 뜻하지 않게 살아서 석방된 그는 실제로 교육 사업을 하려고 애쓴다. 그러나 한국 현대사의 뼈아픈 굴곡은 그를 비껴가지 않았다.

한반도는 북위 38선을 경계로 남과 북으로 분단되어버렸고, 남북을 나눠 차지한 미국과 소련은 각자 자신의 체제를 이식시키기 위해 조선인들 간의 반목과 쟁투를 부추겼다. 항일 기간에는 서로를 존중하며 힘을 합치기도 했던 좌파와 우파는 한반도 전체를 자신들이 추구하는 체제로 만들기 위해 서로 총구를 들이대는 형국이 되었다. 박열도 그 혼란의 도가니에 휩쓸려 들어가지 않을 수 없었다.

14.
민단

해방 직후 재일 조선인 단체들은 식민지 시절 일본 땅에 건너와 탄광과 공장 등지에서 일하던 조선인과 그 가족의 숫자가 300만 명에 이른다고 주장했다. 3,000만 조선인 가운데 10분의 1에 이르는 수가 일본에 살고 있었다는 뜻이다. 300만 명은 과장일지 몰라도, 해방 당시 최소 200만 명 이상이 일본 땅에 살고 있던 것은 확실했다.

일본에 살던 조선인의 다수는 해방이 되자마자 귀국을 서둘렀다. 마치 피난길에 나서듯이, 있는 돈을 다 털어 크고 작은 어선을 빌려 현해탄 험한 파도 위에 뛰어올랐다. 그러나 고향에 돌아가도 땅 한 평 없는 사람들이나 일본에서 적은 재산이나마 일궈놓은 이들은 그대로 일본 땅에 눌러앉았다. 이렇게 일본에 반영구적으로 정착한 조선인 수는 60만 명에 이르렀다.

현해탄을 가로지르는 귀환 행렬이 줄을 잇는 한편에서는 생활 터전이 되어버린 일본 땅에서 조선인의 권익을 지키려는 조직적 움직임도 활발했다. 불과 한두 달 사이에 일본 전국에 무려 300개에 이르는 조선인 단체들이 만들어졌다.

갑자기 세워졌다고 해서 급조되었다고 말할 수는 없었다. 이들 단체의 주역은 주로 공산주의자와 사회주의자 등 좌파들이었다. 3·1만세운동 이후 와카쓰키 정부가 이른바 문화정책을 펴면서 조선인에게 학교와 기업을 세울 권리를 부여하자 대다수 우파 민족주의자들은 계몽운동과 같은 개량주의로 돌아섰다. 반면, 러시아혁명에 영향을 받은 좌파의 활동은 나날이 확대되어 항일운동의 주력으로 자리 잡고 있었다. 좌파들은 대중조직을 운동의 기반으로 삼는 특성상 지역마다 널리 인맥을 형성하고 있었고 이것이 전후 일본 땅에서 순식간에 300개의 단체를 만들어낸 저력이 되었다.

반면, 우파 민족주의자들의 대다수는 항일운동의 일선에서 떠나 있었거나 오히려 친일 활동으로 얼룩져 해방 직후에는 지지 기반이 약했다. 이들이 다시 활기를 띠게 되는 것은 미국 국무성의 반소반공 정책이 확고히 수립된 1946년 1월부터였다. 이른바 냉전체제의 시작이었다.

사회주의자들이 만든 단체라 해서 즉각적인 사회주의 혁명을 부르짖거나 계급투쟁을 선동한 것은 아니었다. 식민지에서 갓 해방된 조선 같은 나라에는 민주주의 국가 수립이 우선이라는 것이 당시 세계 사회주의운동의 흐름이었다.

일본에서 만들어진 좌파 계열 단체들도 '모든 토지와 공장의 국유화' 같은 사회주의적 구호를 공시하지는 않았다. 그것보다는 재일동포의 생활과 재산의 보호, 생활이 곤란한 동포들의 구제, 실업자 대책 등 권익운동과 함께 통일정부의 수립 원조, 민족적 단결의 강화 등 조선 국내의 정부 수립 지원을 자신들의 목표로 삼고 있었다.

난립하고 있는 자생적 단체들을 통합하기 위한 노력도 동시에 진행되었다. 해방 한 달째인 1945년 9월 10일이었다. 일본 간토 지방과 간사이 지방을 대표한 14개 단체의 책임자와 참관인 60여 명이 도쿄에서 회합을 갖고 '재일본조선인연맹 중앙준비위원회'를 결성했다. 닷새 뒤인 9월 15일에는 도쿄에 본부를 설치했고 일본 전역에 지부들을 결성해나갔다. 10월 초에는 조선장학회 건물 내에 준비위원회 사무소를 두고 선언, 강령, 규약 등을 작성하기 시작했다.

결성식을 겸한 제1차 전국대회가 열린 것은 1945년 10월 15일이었다. 도쿄 히비야공회당에서 열린 대회에는 일본 전역에서 5,000명의 대표가 참석해 대성황을 이뤘다. 참석자들은 만장일치로 '재일본조선인연맹(약칭 조련)'을 결성했다.

조련은 이날 "재일본 조선 민족 300만은 3,000만 민족의 총의에 의해 수립되는 조국의 민주정부를 지지하고 건국의 위업을 달성하겠다."고 선언했다. 또한 일본 당국과 긴밀히 연락하여 "일본 국민과 재일 조선인의 우호관계를 유지하고 재일 조선인의 생활 안정과 귀국 동포의 편의를 도모할 것"을 피력했다.

일본 정부에 대해 박열의 석방을 촉구하고 항의 시위를 벌인 것도 바로 이날이었다. 박열의 석방을 맞아 멀리 오다테까지 군중을 동원해 대대적인 환영행사를 열어준 것도 역시 조련이었다.

그러나 박열은 조련 지도부에 합류하지 않았다. 조련이 좌파적 성향을 드러내면서 내부 불화에 빠졌기 때문이다. 조련의 일반 성원들은 다양한 성향을 가지고 있었으나 지도부는 처음부터 사회주의 계열이 다수를 차지하다보니 벌어진 일이었다.

결성식 다음 날인 10월 16일 조련 사무실에서 70명 중앙위원이 참석한 가운데 열린 제1회 중앙위원회는 위원장으로 윤근, 부위원장으로 김정홍과 김민화를 선출했는데 모두 공산당 계열이었다. 이들은 항일투사 박열을 구명하는 데 앞장섰으나 그의 무정부주의는 인정하지 않았다. 또한 우파 민족주의 계열의 간부들을 배제하여 정치적 성격을 분명히 했다.

1945년 11월 16일에 열린 제10차 확대중앙상임위원회에서 조련은 '친일파, 민족반역자의 철저한 조사'를 결의했다. 이 결의에 의해 상애회, 협화회, 일심회, 동아연맹 등 과거 친일단체에 가담했던 이들에 대한 공격에 나섰다. 조련의 각 현 본부들은 이른바 '인민재판'을 열어 그들을 규탄하고 지역에서 추방하는 추방인민대회를 열었다.

조련의 친일파 청산운동과 민족주의자들과의 결별은 동시에 진행되었다. 두 세력이 모두 정치적으로는 우파였기 때문이었다. 민족주의자의 일부가 변절해 민족개량주의운동을 하면서 친일의 경계를 넘나들었던 것도 사실이었다. 친일파 청산과 우파 민족주의 간부들에 대한 배제가 강화되면서 조련 내의 우파 민족주의자들의 불만은 점점 높아졌다.

출옥한 박열은 처음에는 정치적 색깔을 드러내지 않고 여러 모임에 초청되어 연설을 하고 다녔다. 도쿄, 아키타 현, 야마가타 현 등지에서 동포들의 환영 모임이나 민중대회에 참석해 자신은 조선 민중을 위해 남은 인생을 바치겠노라고 말했다. 그러나 조선 독립의 지도자가 되겠다는 생각은 없으며 민중의 수족이자 심부름꾼 역할을 하겠다고 말했다.

어떠한 권력과 권위도 인정하지 않는, 민중주의자요 무정부주의자로서의 원칙은 1945년 12월 8일 오전 10시 도쿄 히비야공회당에서 열린 '박열 환영회'의 연설에서도 잘 드러난다. 자신을 환영하기 위해 그 자리에 모여든 수천 명의 군중들을 향해, 박열은 제국주의에서 벗어난 일본 민중에게도 축하를 보낸다는 말로 연설을 시작한다.

"나는 자유 시민입니다. 세계의 시민입니다. 나는 일본의 제국주의 군국주의 악마가 넘어진 일에 일본 민중을 위해서도 기뻐하고 있습니다. 나는 조국의 장래에 대해 정치적으로 꿰뚫어볼 수 있는 말을 할 자격이 없지만, 조선 독립 지도자가 되고자 하는 것을 생각한 바 없습니다. …… 고향에 돌아갈까, 일본에 머무를까, 독립의 문제가 나를 명하는 대로 진퇴를 정할 계획입니다. 8월 15일 이래 나는 독립국의 시민입니다. 이방의 시민이 어이하여 일본의 내정 문제에 입을 열겠습니까? 나는 나의 새로운 운명을 조선 독립을 위하여 바칠 따름입니다."

이날 환영대회에는 박열이 수감되었던 형무소의 형무소장이었던 후지시타 이이치로가 등장해 자신의 죄를 뉘우치는 연설을 하고 자신의 아들을 박열의 양자로 들였노라고 선언하여 열렬히 박수갈채를 받기도 했다.

조선 독립의 지도자가 될 생각은 없다는 그의 마음가짐은 진심이었을 것이다. 하지만 사람들은 그를 내버려두지 않았다. 사회주의자들에 대한 불만으로 조련에서 탈퇴하거나 애초에 가담하지 않았던 이들이 새로운 단체를 띄우면서 박열을 지도자로 옹립한 것이다.

1945년 12월 2일, 도쿄 고엔지에 있는 한 일본인 집에 권일, 조영주, 김광남, 김정주, 정찬진 등 민족주의자들이 모여 들었다. 박열의 옥중담을 듣기 위한 자리였는데 참석자 중에는 이미 11월 16일에 결성된 우파 청년조직인 조선건국촉진청년동맹(약칭 건청)의 지도자 홍현기와 서종실도 있었다.

이날 모인 이들은 조련에 대항할 우파 진영의 조직으로 신조선건설동맹(약칭 건동)을 건설하기로 합의하고 박열을 위원장으로 추대했다. 박열은 이를 수락함으로써 1946년 1월 20일에 열린 창립대회에서 위원장으로 선출되었다. 부위원장은 옛 아나키스트 동지인 이강훈과 원심창이 맡았다. 건청이 30세 이하만 가입 가능한 청년 조직이라면 건동은 성인 조직이었다.

건동의 창립 선언문에는 조련에 대한 비판이 담겨 있었는데 명분은 조련이 신탁통치를 찬성한다는 이유였다.

> 조련의 민족해방을 망각한 신탁통치 지지의 태도는 진심으로
> 유감이다. 우리는 어디까지나 자주, 자유 조국의 완전 독립을
> 위해, 신조선 건설을 목표로 인방 제 민족과 협동하여, 여기에
> 그 선구자가 되고자 한다.

국내와 일본을 막론하고 지난 수개월 간의 해방 공간에서 열세였던 우파들을 살려준 것이 이 신탁통치 사건이었다.

신탁통치란 미중영소 4개국이 한반도를 5년간 공동 관리하면서 한국인의 정부를 세우도록 도와주겠다는 것으로, 애초에 미국에서 제안한 방안이었다. 일단 38선을 없애고 임시정부를 수립할 수 있다는 점에서, 대중적 지지도에서 앞서가던 좌파들로서는 유리한 제안이었다. 신탁통치 자체도 남북이 통일된 임시정부에서 결정할 수 있도록 했기 때문에 신탁통치를 하지 않을 수도 있었다. 당시로서는 가장 합리적인 방안이라고 할 수 있었다.

이에 좌파의 본산인 조선공산당이 임시정부 수립에 찬성하고 나서자, 우파들은 또 다시 강대국의 지배에 들어가자는 거냐며 맹렬히 매도하기 시작했다. 일반 민중들의 정서도 마찬가지였다. 조선공산당이 내세운 것은 신탁통치 찬성이 아니라 임시정부 수립이었으나 공산당원들조차도 신탁통치 찬성으로 해석하는 형편이라 대중을 설득하기에는 역부족이었다.

신탁통치 문제는 국내는 물론 일본의 우파들을 기사회생시킨

결정적인 계기가 되었다. 애초에는 신탁통치 반대운동을 벌였던 조선공산당이 정책을 바꾼 것은 1946년 1월 초였는데 건동이 출범한 것은 1월 20일로, 박열의 운이 좋았던 셈이다. 건동은 7개항의 행동강령에도 신탁통치 반대를 명시했다.

1. 우리는 진정한 민주주의적 건국의식을 함양하자.
2. 우리는 세계 대세와 호응하여 사해동포 세계협동 기하자.
3. 우리는 민족의 자주성을 무시하는 신탁통치에 절대 반대한다.
4. 우리는 근로대중의 진정한 동지가 되자.
5. 우리는 재일동포의 현실적 제문제를 민속하게 해결하자.
6. 우리는 성실히 각 분야의 운동을 지수하자.
7. 우리는 조국 건설의 대강과 구체안을 하루라도 빨리 완성하자.

조항에 반공산주의라는 문구를 넣지는 않았으나 신탁통치 반대라는 구호 자체가 반공 노선을 천명한 것으로 해석할 수 있었다.

아이러니한 것은 건동 강령 제1항의 '진정한 민주주의'라는 문구였다. 민주주의라는 단어 앞에 붙은 '진정한'은 공산주의 계열의 전유물이라 할 정도로 좌파 쪽에서 흔히 쓰는 단어였다. 그들은 공산당 일당 독재를 주장했는데, 공산당이야말로 전 민중의 의사를 대변하기 때문에 독재가 아니라 진정한 민주주의라는 괴상한 논리였다.

박열의 건동이 사용한 '진정한 민주주의'란 공산당의 주장과 달리, 공산주의까지 포함한 모든 사상과 조직이 허용되는 서구식 민주주의를 의미했을 것이다. 그러나 실제로는 이쪽 역시 공산주의를 배제한 반쪽짜리 민주주의에 불과했다.

어느 한쪽의 일방적인 잘못이라고 할 수는 없었다. 38선 이북에도 부르주아민주주의라는 명목으로 신민당이 만들어져 있었으나 소련 군정에 의해 만들어진 꼭두각시 정당에 불과했다. 38선 이남에는 아직까지 조선공산당이 합법화되어 있었으나 얼마 안 가 탄압으로 사라질 것이었다. 남과 북, 좌파와 우파, 자본주의와 공산주의의 대립은 불가피했고, 머지않아 참혹한 동족상잔의 전쟁을 불러올 것이었다.

청년 시절부터 공산주의의 문제를 지적해온 박열은 이 이념의 전선에서 명백히 반공 우익 진영에 섰다. 자연스레 그는 국내의 공산주의자들에 맞서 반공청년단을 이끌고 있던 민족주의 지도자 김구, 미국식 자유주의 체제를 이식하려는 이승만과 뜻이 통할 수밖에 없었다.

김구는 건동 위원장이 된 박열에게 윤봉길, 이봉창, 백정기 세 사람의 유해를 본국으로 송환하도록 도와달라고 부탁했다. 3명 모두 일제 고관들을 폭살시키고 일본 감옥에서 처형되어 일본 땅에 묻혀 있던 항일투사들로, 그중 백정기는 무정부주의 조직에 속해 있던 인물이었다.

김구의 요청에 따라 박열은 1946년 2월 19일 간다 공립강당에서 세 의사에 대한 추도식을 주최하고 유해봉환추진위원장을 맡았다. 그리고 여러 달의 노력 끝에 6월에 세 의사의 유골을 국내로 보내 서울 용산구 효창공원에 안장할 수 있게 했다.

이에 김구는 7월에 발표한 '3의사를 반장(返葬)하고 – 재일동포에게 보냄'이라는 성명서로 화답했다.

> 나는 박열 군의 성명서를 읽고 깊이 경의를 표하여 마지않는다. 무엇보다도 군은 무정부주의자다. 군의 이상과 신조로 보아 인간의 자유의지와 개성을 절대 존중하는 군으로서 조국과 동포를 위하여서는 각자의 주장을 버리고 오직 독립 일로(一路)로 매진하자 하였으니 이것은 군의 애국의 탄성으로 단결을 고요(苦要)하는 충심에서 표명된 것이다.

세 열사의 유해 송환을 통해 우파쪽 재일동포들 사이에 박열의 위치는 더욱 공고해졌다. 이를 바탕으로 박열은 우파 민족주의 세력을 모두 포괄하는 단체를 추진했다.

건동은 결성 7개월 만인 1946년 8월 31일 동맹청년학교에서 개최된 제2차 전체대회에서 '재일본 조선 거류민단(약칭 민단)'을 조직하기로 결의했다. 9월 25일에는 건동 본부 강당에서 32개 조선인 단체 대표들이 참석한 가운데 '거류민단 결성준비위원회'를 결성하고 고경흠을 준비위원장으로 선출했다. 고경흠은 식민지 시절 항일사회주의운동을 했던 저명인사였는데 조련에서 탈퇴해 민족주의 진영으로 넘어온 이였다.

민단의 공식 결성식은 1946년 10월 3일 도쿄 히비야공회당에

민단 결성식 후 찍은 기념사진. 앞줄 오른쪽에서 두 번째가 박열이고 뒷줄에 학생복을 입은 이가 일본인 양자 박정진이다.

서 개최되었다. 전국에서 참석한 218명의 대의원과 20여 개 단체의 참관인 등 2,000여 명이 참석한 가운데 의장은 고경흠이, 부위원장은 홍현기와 원심창이 담당했다.

의장 고경흠의 개회사와 내빈들의 축사에 이어 박근세가 '거류민단' 결성의 취지와 경과보고를 한 후 진행된 임원진 선출에서 박열은 단장으로 피선되었다. 부단장은 이강훈, 사무총장은 원심창이 맡았다.

민단이 결성될 당시 일본에 체류하고 있는 조선인은 60만 명으로 줄어들어 있었다. 민단은 이들 모두를 안전하게 귀국시킨다는 목표를 전제로 만들어졌다. 언젠가는 전원 귀국할 것이므로 민단의 존재도 그날까지로 한정한 것이다. 이날 발표된 선언서에도 이를 명시했다.

> 우리가 조선거류민단을 결성하는 것은 군정당국의 따뜻한 지도로 전원 귀국할 때까지 일치단결하여 각자의 의무를 충실히 지키는 자치기관으로서 우리들에게 부여된 권리를 향유하고 우리들에게 관한 제 문제를 해결함으로써 국제신의를 회복하고 조국의 영예를 보전하기 위함이다.

이때까지만 해도 대다수 재일동포들은 머지않아 고국 땅으로 돌아가리라 생각하고 있었다. 그러나 분단이 고착화되어 북에는 공산주의 독재가 시작되고 남에는 극도의 정치적 혼란과 내란 상태가 이어진 끝에 한국전쟁이 터지면서 대부분 그대로 일본 땅에 정착하게 된다.

전원 귀국할 때까지만 존속한다는 전제 아래, 민단은 일본 체류 동포의 민생안정과 교양 향상, 국제 친선이라는 3가지를 활동 목표로 내세웠다. 이는 조련이 내세운 활동 목표에 비하면 매우 단순하고도 추상적이었다.

조련은 민단 결성과 같은 해인 1946년 2월 말에 열린 제2회 전국대회에서 '재일조선 민족전선의 확립 강화, 민족통일을 방해하는 반동적 단체 및 개인의 철저한 배격, 일본민주주의전선과의 제휴 협력 및 일본군국주의 잔재의 일소, 노동자 농민 근로대중을 주체로 한 본국의 임시 민주정부의 확립과 지지'라는 정치적 목표를 발표하고 구체적 실천 방안으로 '조련의 조직 강화, 중견 활동가의 양성, 교육 문화 계몽사업의 확대 강화, 재류동포의 생활권 옹호, 일본 총선에서 일본공산당 후보 지원' 등을 결의했다.

조련의 결의 중 '민족통일을 방해하는 반동적 단체 및 개인'에 첫째로 뽑힌 것은 민단의 모태인 건동과 건청이었다. 자연히 박열도 배격 대상에 포함되었다. 조련은 민단과 박열을 반통일, 반동 세력으로 규정하고 타도 활동을 벌이게 된다.

일제 때부터 조직 훈련이 된 사회주의자들에 의해 지도되는 데다 일찌감치 북쪽에 자리 잡은 사회주의 권력의 전폭적인 지원을 받는 조련은 재일동포 사회의 주력 단체로 자리 잡았다. 조련은 1949년 가을까지 36만 명이나 되는 회원을 확보해 전국 48개 부와 현에 본부를 조직하고 458개 지부, 306개의 분회를 두었다. 또한 578개나 되는 민족학교를 세워 5만 명의 학생을 가르침으로써 지속적으로 후진을 배출했다.

조련에 비해 민단은 처음부터 열세였다. 조련의 치밀하고도 일사불란한 조직 체계와 투쟁 중심의 활동에 비해 자유주의에 기초한 박열의 민단은 사상적으로나 조직적으로나 취약할 수밖에 없었다. 더욱이 정치적 혼란과 극심한 경제난을 겪는 남쪽 상황이 민단에 악영향을 미쳤다.

한반도 상황은 악화되기만 했다. 남쪽의 우파와 민중들의 격렬한 반대투쟁으로 신탁통치 구상이 철회된 후, 남북은 제각기 단독정부 수립에 골몰했다.

소련의 지원을 받는 북쪽은 대외적으로는 남북통일을 제일의

이승만 대통령의 소개로 맥아더 장군을 만나는 박열(왼쪽).

과제로 선전하면서도 해방되자마자 화폐개혁과 토지개혁을 단행
하고 남북 단일국회 구성을 위한 총선거를 거부하는 등 처음부터
명백히 단독정부로서의 역할을 하고 있었다. 그런 북쪽의 지배자
들에게 민족통일이란 사회주의 통일정부 수립 이상도 이하도 아
니었다.

미 군정 치하의 남쪽에서는 이승만이 중심이 되어 공산주의 세
력을 배제하는 단독정부 수립을 준비해나갔다. 이승만 역시 자본
주의로의 통일이 아닌 남북통일은 의미가 없다고 보았다. 이승만
의 단독정부론에 김구 등 민족주의 세력과 사회주의 세력이 일제
히 반기를 들면서 1948년 4월 제주에서, 10월에는 여수에서 무장
투쟁이 일어나는 등 혼란이 계속되었다.

박열과 민단은 초미의 관심사일 수밖에 없는 이 단독정부 수립 문제에 대해 명백히 남쪽의 우파 중에서도 이승만 편에 섰다.

이승만은 1946년 12월 5일 미국에서 열리는 연합국 회의에 참가하기 위해 미국으로 가던 길에 도쿄 제국호텔에 머물며 박열과의 회담을 요청했다. 박열이 이에 응해 12월 10일 제국호텔을 찾아가자 이승만은 본국의 정세를 설명하고 자신이 남한에서 단독정부를 수립하기 위해 앞장서고 있으니 재일동포들도 협조해달라고 했다. 또한 도쿄에 주둔하고 있던 연합군 총사령관 맥아더 장군의 부탁이라면서 재일조선인의 실태와 여론을 듣고 싶다고 했다. 이날 박열은 남한의 정세와 정부 수립 방안에 대해 이승만의 견해에 공감하는 한편, 재일동포의 생활권 문제와 법적 지위, 귀국을 위한 소송 등 여러 상황을 설명해주었다.

공감대를 확인한 이승만은 미국 방문을 마치고 귀국하는 길에 다시 박열과 회담했다. 1947년 4월 8일이었다. 두 번째 만남에서 이승만은 북측이 인구비례에 의한 남북 동시선거를 거부하고 유엔에서 보낸 선거감시인단의 38선 통과를 거부하고 있으므로 유엔의 감시가 가능한 남쪽만의 국회의원 총선과 단독정부 수립이 불가피하다고 역설했다.

박열은 이승만의 주장에 재차 동의하고 「민단신문」 1947년 6월 30일자에 '건국운동에 공산주의를 배격한다'는 제목으로 자신의 입장을 밝혔다. 공산주의를 배제하고 남한에 단독정부 수립이 불가피한 현실을 지적하는 내용이었다.

이 두 번의 회담에 대해, '박열이 이승만에게 속아서 단독정부 수립에 동참하게 되었다'고 보는 견해도 있다. 권력욕의 화신인 이승만이 자기가 유리한 지역에서 하루빨리 대통령이 되고자 박열을 이용했다는 것이다.

하지만 자신의 본의가 아닌 일에 나설 박열이 아니었다. 같은 시기에 분단되었던 독일과 베트남도 즉시 통일을 이루지 못했듯이, 분단이 고착화된 것은 어느 몇 사람의 이해관계에 의해서가 아니라, 공산주의와 자본주의의 대립이라는 세계적 대립의 반영이었다. 미국과 소련이 제각기 남과 북을 자기 체제의 전진기지로 설정하고 단독정부를 추진하고 있었다는 점에서 이승만에게만 책임을 물을 수는 없었다.

민단은 1947년 10월 1일에 열린 제3회 정기대회에서 단독정부 수립을 지지하기로 의결했다. 12월 6일에는 중앙이사회를 열어 유엔 감시 하의 총선거를 지지하는 공식결의를 하고 한 달 후인 1948년 1월 2일에는 이를 위한 정치노선위원회를 설치했다.

정부 수립은 급진전되었다. 1948년 5월 10일의 총선으로 선출된 제헌의회는 7월 17일자로 자본주의 시장경제를 채택한 헌법을 의결하였고 해방 3년 만인 8월 15일 마침내 대한민국이 수립되었다. 1919년에 세워진 대한민국 임시정부로부터 치면 30년 만의 한국 정부 재건이었다.

박열은 대한민국 정부 수립식에 참가하기 위해 해방 후 처음으로 국내에 들어왔다. 수립식에는 박열 외에도 민단 대표 13명이 참가했는데, 식을 마친 이들은 각계각층의 국내 인사들과 국내 문제에 대해 환담을 나눴다. 박열은 다음 날인 8월 16일, 민단 단장의 자격으로 국회에 초빙되어 연설했다.

"이 사람이 이제 소개받은 박열이올시다. 우리 긴 역사상에 가장 빛나는 대한민국 정부 수립을 전 세계에 공포한 후 최초의 국회, 우리 국가를 대표하시는 국회의원 여러분! 이 신성한 자리와 귀중한 시간을 얻어서 재일조선 동포를 대표해서 한마디 말씀드리게 된 것을 무상한 영광으로 생각하고 희열에 넘치는 바이올시다.

기미운동 이래 방법은 각종각색이었을지라도 오직 조국 광복을 위하여 피땀은 물론 생명을 아끼지 않고 투쟁하여주시고 또한 이번 총선거 때는 과연 피로 물들었다고 할 만큼 악질 공산당의 반역이 극심하였지만 용감히 이를 격퇴시키고 국민에게 신임을 물어 신임과 지지를 받아 국회에 나오신 여러분께 존경과 감사의 염을 금치 못하겠습니다.

특히 불과 2개월 남짓한 단시일에 헌법 제정, 정부 수립 등의 가장 중요한 문제를 용이하게 선처하였음을 볼 때 국회의원 여러분의 애국지심의 결정이라고 믿고 또 한 번 감사를 드리는 바이올시다. 그러나 이 자리를 살필 때 아직도 비어 있는 100명의 의석, 38 이북 동포들의 안부를 생각하니 가슴이 뻐근한 것뿐이올시다.

뿐만 아니라 오랫동안 주인을 잃었던 이 땅의 폐허, 일반 민정의 타락, 도탄에 빠진 이 백성의 차마 볼 수 없는 민생, 이상은 과연 시급 화급한 문제이외다. 다시 말씀드리면 행정권 이양,

국제 승인, 사상 선도, 산업 부흥, 골육전의 미연의 방지, 이것
을 위하여 우리가 가진 바 전부와 최선의 노력을 경주하여 주
시기를 바랍니다."

연설에서 특기할 만한 것은 박열이 "골육전의 미연의 방지"를
강조했다는 점이다. 당시 남한의 정세는 이미 내란 일보 직전으로
치닫고 있었다. 해방되던 해 겨울부터 시작된 김구 등의 우익 테
러와 탄압으로 남한의 수많은 좌파들이 산중으로 도피해 빨치산
이 되었고 제주도에서는 무장 반란까지 일어난 상황이었다. 5월
10일의 단독총선에 반대하여 좌파들이 전국에서 방해투쟁을 벌여
많은 사상자가 나기도 했다. 박열은 갈수록 격화되는 좌우 대립이
결국 전쟁으로 치닫지 않을까 우려한 사람 가운데 하나였고, 이는
불과 2년 후 현실이 되어버릴 것이었다. 박열은 국회 연설에서 말
했다.

"만약 우리의 역사의 되풀이라고 할까, 당파싸움이나 남·북
인 운운의 망국병이 재발한다면 이 나라는 영원히 멸망하고
말 것입니다. 제반사 그 출발에 있는 것이요, 그 토대에 있는
것이니 대한민국의 초대 국회의원, 그 사명은 거룩하기도 하
려니와 중대함을 망각치 말으시사, 이 겨레와 세계 인류를 위
하여 진선미의 이치에 순응할 어긋난 진과는 피 흘리기까지
싸워주시기를 바라오며 한동안 멀어진 3영수의 협조를 위하
여서는 목적 달성을 기하는 날까지 부단한 노력을 하여주시

기 바랍니다."

해방 조국의 땅에 선 그에게는 일본의 법정을 서늘하게 했던 적개심 가득한 냉소와 저주의 단어들은 찾아볼 수 없었다. 꼼꼼하기까지 했다. 품격 있고 점잖은 연설 끝머리에, 그는 자신이 만들어 온 재일동포에 관련한 다양한 통계와 조사표를 국회에 제출하겠다고 했다.

"이번에는 급히 본국에 오게 되어서 여러분들께 보고해드리려고 하는 준비도 잘 안 되었습니다마는 간단히 불완전하나마 서류를 만들어 가지고 왔습니다. 제1에는 재류동포의 조사표, 제2에는 한국인학교 학동통계표, 제3에는 일본인과 결혼한 사람들의 통계표, 제4에는 재일동포 재감자 통계표, 제5에는 점령정책 하에 있는 재일동포의 동태의 일반적 민생문제, 사법관계의 문제, 대외국인 관계, 사상 경향 등이올시다. 이서류는 사무국에 제출하겠으니 사무국에서 선처해주시기를 바라고 이 자리를 내립니다."

직접 만들어 들고 온 통계표를 국회에 제출하는 모습 역시 국가를 포함한 모든 제도를 억압을 위한 체제로 간주하여 파괴하겠노라고 선언했던 20대 초반에는 상상하기 어려운 모습이었다.

서울에 온 박열은 큰 관심을 받았다. 제국의 법정에서 그가 쏟아냈던 사나운 포효를 기억하는 사람들은 그를 범접하기 어려운 날카로운 사람으로 추측했다. 하지만 귀국한 박열은 온화한 웃음을 지어보일 뿐, 좀처럼 입을 열지 않는 과묵하고 점잖은 중년 사내였다. 박열의 풍모에 대해 당시 신문은 이렇게 묘사했다.

자그마한 키에 뚱뚱한 몸집, 혈색 좋은 불그스레한 얼굴은 과연 전형적인 투사의 모습이었다. 버티고 앉으면 바윗돌이 자리 잡은 것 같은 무게를 풍겼고, 말없이 꾹 다문 그의 입과 이글이글 광채가 나는 그의 두 눈은 두려운 것을 모른다는 강력한 의지를 말해주었다.

국회 연설을 마친 박열은 고향 문경에 내려가 가네코 후미코의 묘소에 참배를 하고 옛 친구며 학교 스승을 만난 후 다시 상경해 애국지사 한규설의 아들 한학수 집에 머물다가 대원호텔로 옮겨 체류했다.

항일운동은 수많은 전설적 영웅들을 낳았는데 박열도 그중 하나였다. 특히 이승만과 뜻을 함께하는 반공단체인 민단의 대표라는 점에서도 주목을 끌었다. 항간에는 박열이 국무총리를 맡게 되리라는 소문까지 돌았다. 이 소문의 진위를 묻는 질문에 박열은 웃어버리고 만다.

"국무총리가 되는 것도 좋으나 조국을 통일시킬 수 있어야 그 자리를 하지, 그럴 가망이 보이지 않는 국무총리는 해서 뭐하나? 조국 독립이 나의 염원이요, 조국 독립이 나의 전부이다."

통일정부 수립의 염원은 그러나 이뤄지지 않았다. 남쪽에 대한

부인 장의숙과 아들 박영일, 그리고 동지들과 함께.

민국 정부가 수립된 다음 달인 1948년 9월 9일 북쪽에도 조선민
주주의인민공화국이 수립됨으로써 남과 북은 공식적으로 분단이
되었다.

박열의 민단은 공식적으로 대한민국을 선택했다. 10월 5일에
열린 제5회 전체대회에서 민단은 '재일본대한민국거류민단'으로
명칭을 고쳤다. 대한민국 정부도 민단을 정식으로 공인했고 국회
도 민단에 참관을 요청했다.

그런데 남한 정치와 연계되면서 민단은 내홍에 빠져들었다. 국
내에서 이승만 정부와 야당이 대립하면서 민단도 이승만 지지파
와 반대파로 갈려 의견 대립이 첨예화된 것이다. 박열을 중심으로
이승만을 지지하는 지도부에 대한 반발이 계속되었고 이는 심각

한 재정난을 초래했다.

박열은 재일동포 사업가들을 지도부에 등용해 재정난을 해결하려고 시도했으나 경제인들은 돈은 내지 않고 민단 간부직을 이용해 사적 이익을 추구하는 등 부작용만 일어났다. 이렇게 되자 재일동포들 사이에 민단에 대한 인식은 나빠졌고 이강훈, 원심창 등 지도부들이 간부직을 사퇴하는 사태가 벌어졌다.

결국 박열은 1949년 1월 20일 재일동포의 민생안정과 권익보호에 노력해달라며 자신은 민단 단장직을 사퇴한다는 내용의 성명서를 발표했다. 1946년 10월에 제1대 단장으로 선출된 것을 포함해 다섯 차례의 전체회의에서 단장으로 재선됨으로써 제5대 단장까지 역임한 후였다. 4월 1일에 열린 제6회 임시 전체대회는 공식적으로 그의 사임을 인준하고, 처음으로 실시된 무기명 투표로 정한경을 새 단장에 선출했다.

한편, 사회주의 계열이 주도해온 조련은 1949년 9월 일본 정부에 의해 폭력 단체로 규정되어 해산된 후에도 여러 이름으로 바꾸어 존속하다가 1955년 5월 25일 '재일본조선인총연합회(약칭 조총련)'으로 재탄생했다. 한덕수 등이 주도한 조총련은 강령 제1항에 "우리들은 모든 재일조선 동포를 조선민주주의인민공화국 정부의 주위에 총결집하여 조국 남북 동포와의 연계와 단결을 긴밀하고 강고하게 한다."는 조항을 택해 북쪽 편임을 명백히 했다.

이로써 각기 남과 북을 지향하는 민단과 조총련은 반세기가 훨씬 지난 현재까지도 대립하게 된다. 같은 민족끼리, 남의 나라 땅이자 원수의 땅인 일본에서 반목하고 싸우는 비극은 한국 현대사의 또 다른 아픔이 되었다.

민단 단장직을 사임한지 넉 달이 지난 1949년 5월 4일, 박열은 돌연 남한으로 영구 귀국했다. 해방 후 일본에서 재혼한 재일동포 장의숙과 함께였다.

장의숙은 황해도 진남포면 출생으로 서울여상을 졸업하고 도쿄 아오야마 사범대학 속성과를 나온 재원이었다. 오시마의 이즈미즈 소학교에서 2년간 교사로 일하던 그녀는 도쿄여자대학 일어과에 진학해 공부를 하면서 「국제신문」 기자로 일할 때 처음 박열을 만났다. 박열의 출감 1주년 기념특집 대담을 위해서였다. 장의숙은 '동포의 발을 씻는 박열'이라는 제목으로 단독 기사를 실었는데 이를 계기로 친해진 박열은 "똑똑한 조선 여성을 일본인에게 맡길 수 없다."며 결혼을 청해 승낙을 받는다.

결혼식은 장의숙이 대학을 졸업한 1947년 2월 15일 도쿄 청년회관에서 치러졌는데 당시 박열은 47살, 장의숙은 29살이었다. 18살의 나이 차이를 극복하고 결혼한 두 사람은 1년 만에 아들 박영일을 낳고 이듬해에 딸 박경희를 낳아 잠시나마 단란한 가정을 이루고 있었다.

박열이 아무 준비도 없이 귀국해 명동의 조선호텔에 머물자 서울의 정가에는 여러 가지 추측이 돌았다. 체신부장관이나 상공부 장관에 임명될 거라는 소문도 돌았다. 아주 근거 없는 이야기만은 아니었다. 대한민국 정부 수립 한 달 전인 7월 1일 이승만으로부터 '대한민국 임시정부 국무위원'이라는 명예직을 임명받은 적도 있었기 때문이다. 하지만 그는 정치와는 거리가 먼 사람이었다.

조선호텔에 체류하는 동안, 박열은 매일 새벽에 일어나 독서와 사색으로 하루를 준비했다. 23년 가까운 감옥살이로 굳어진 습관이기도 했다. 사람들은 항일 시기 그가 남긴 기개와 용맹함의 전설을 기억했다. 당시까지는 어느 누구도 겪어보지 못한 긴 수형 생활을 한 장기수라는 점에서 기가 센 사람이라는 선입견을 갖기도 했다. 그러나 직접 만나본 박열은 조용한 사람이었다. 말수가 적고 늘 정중한 태도로 상대를 존중하는 사람이었다. 자기주장을 내세워 좌중을 압도하거나 화려한 언변으로 대화를 주도하는 사람이 아니었다.

박열이 택한 일도 교육 사업으로, 정치와는 상관이 없었다. 도쿄에 있는 동안에도 '박열장학회'를 설립해 조선인 청년들의 교육과 복지에 힘썼던 그는 귀국 후에도 장학 사업에 힘썼다. 조선호텔에 재단법인 박열장학회 사무실을 마련하고 박열문화연구소를 설립해 인재 양성에 나섰다. 독립을 찾은 대한민국에서 제일 먼저 필요한 것이 교육이요, 이를 위한 장학 사업이라는 신념이었다. 그는 각계 인사들을 찾아다니며 장학회 기금 마련에 동참해달라고 요청했다.

기금 사업은 성공적이었다. 수학 능력이 있으면서도 학비가 없어 고통받는 청년학도를 선발하여 해외로 유학을 보내자는, 그중에서도 특히 일본으로 유학을 보내자는 박열의 설득에 많은 이들이 동참했다. 토지, 공장, 유가증권 등 5,000만 원 상당의 거액이 마련되었다.

7월 12일 오후 5시 반, 명동의 경제구락부에서 열린 후원회원

간담회에는 안호상 문교, 이종현 농림, 이윤영 사회, 김효석 내무, 명제세 심계, 신태익 법무 등 6명의 현직 장관이 참석했다. 또한 「동아일보」 사장 김성수를 비롯해 애국지사 조소앙과 안재홍 등 80여 명이 참석해 박열의 저력을 보여주었다.

박열이 새 나라의 주역이 되어야 할 청년들에게 어떠한 정신을 가르치려 했는가는 그의 유일한 저서인 『신조선혁명론』에 압축되어 있었다. 일본에 체류하는 동안 집필해 대한민국 정부 수립 직전인 1948년 8월 10일자로 출간된 이 책은 47살 원숙한 혁명가의 깊은 사유를 잘 보여준다. 조국과 민족에 대한 애정뿐 아니라, 인류와 세계에 대한 사랑으로 가득하다. 24살 나이로 일본의 감방에서 자본주의 지배계급에 대한 저주로 악에 받쳐 쓴 글들과는 사뭇 달랐다.

15.
신조선혁명론

『신조선혁명론』의 서두격인 첫째 절은 '세계는 하나'라는 제목으로 시작되었다. 박열은 현실의 세계가 자본주의와 공산주의 체제로 나뉘어 있다는 것, 정신적으로는 유물사관과 유심사상이 대립하고 있음을 인정했다. 그러나 어느 한 편이 다른 한 쪽을 파괴하고 절대적인 승리자가 되어서는 안 되며 하나로 합쳐야만 한다고 역설한다.

먼저 자본주의와 공산주의의 대립에 대해 그는 다음과 같이 말한다.

"현실적으로 보아서 세계는 어쨌든 2개의 세계로 나누어져 있다. 말할 나위도 없이 민주주의 국가와 공산주의 국가가 그 것이다. 전자는 미국에 의해서 대표되고 후자는 소련에 의해

가 파쇼국가들을 일소하는 데 강력히 작용했다. 이 협력이 양
국으로 하여금 한편은 민주주의 국가, 다른 한편은 공산주의
국가로서 명확히 2대 진영을 사상적으로 또한 세력권적으로
대립시키고 있는 느낌을 주고 있는 것이다."

박열은 미국이 자본주의 위에 자유와 평등의 원칙을 지키고 민
주주의를 표방하는 국가들 중 가장 발달한 나라임을 인정한다. 제
2차 세계대전의 승리를 이끈 것은 명백히 미국이며 이는 곧 자본
주의의 승리이며 자본주의로부터 출발한 근대 물질문명의 승리라
고 그는 본다.

공산주의에 대해서도 인정할 것은 인정했다. 소련에 대해 그는
자본주의의 죄악을 일소하고 계급을 타파해 노동자계급이 지배하
는 공산주의를 실현하여, 세계에 자랑하는 공산주의 국가로서 자
타가 이를 인정하게 되었다고 보았다. 제2차 세계대전 때 독소전
쟁에서 파쇼 독일을 실력으로 괴멸시킨 공로도 인정했다. 서구 각
지는 물론 중국 등 지구의 절반이 넘는 국가들이 소련으로부터
사상적인 영향을 받고 있음도 인정했다.

박열은 이 양대 세력이 세계는 하나라는 인류애로 뭉치지 않으
면 인류가 살아남을 수 없다는 점을 지적하면서 이를 위해 먼저
해결해야 할 과제를 이렇게 나열했다.

"미국과 소련이 하나의 세계관에 의해서 세계평화에 공헌하

는 일"

"각국의 국내에 존재하는 우익 자본주의와 좌익 사회주의·공산주의의 상극이 서로 합일점을 발견하여 하나의 국가로서 통괄되는 일."

"이른바 서구문명과 동양문명이 독자적인 존재방식을 올바르게 자존시킴으로써 양문명의 장점이 육성되어 서로 진선미를 함양하여 하나로 합쳐야만 하는 일"

"사관에 있어서는 유심사관이나 유물사관에서 새로운 창조사관적인 것이 지고의 철학이론으로서 명백히 확립되어야만 한다는 일"

세계가 영구히 2개로 분립되어 있으면 안 된다는 것, 하나로 합치면 구원되나 그렇지 않으면 영원히 분열된다는 것이 박열의 지론이었다. 대립하고 있는 미국과 소련의 문명 중 어느 한쪽을 일방적으로 부정해서는 안 되며 두 문명의 공존을 긍정적으로 보고, 그 위에 새로운 제3의 세계질서를 창조하자고 했다. 이를 한국의 현실에 어떻게 적용할 것인가에 대해서는 이렇게 설명했다.

"보다 더 구체적으로 말하면, 2개 중의 어느 것이라도 좋다는 식은 아니다. 그중의 하나여야만 한다는 것도 아니다. 건국의 사상은 이 2가지를 넘어선 제3의 질서, 즉 조선 민족의 역사와 민족 본연의 전통, 습관, 민족성을 배경으로 하여 조선 민족의 새로운 질서를 창출하는 일이다. 물론 건국의 도정은 험

준하므로 그 과정에 있어서 미소 양국에 대해서 여러 가지 희망도, 요구도, 청원도 있을 것이고 어느 때에는 항의도 있을 것이다. 그러나 그러한 사실을 통해서 우리는 조선 민족의 민족적인 본성을 올바르게 살려나가야만 한다. 이렇게 함으로써만 조선 민족은 독립을 완성하고, 그 완성된 독립으로써 세계평화에 공헌할 수 있는 것이다."

조선 민족이 확고한 건국사상을 견지하지 못하고 눈앞의 이익에 끌려서 경솔하게 움직인다면, 조선이야말로 세계전쟁의 발발지가 될 수 있다고 박열은 단언한다. 그렇게 되면 독립된 조선은 결코 세계평화에 공헌을 할 수 없다고 우려했다. 이 우려가 불과 2년 후 현실이 된다는 점에서 박열의 예지력이 돋보인다.

박열이 다음 절에서 강조한 것은 현실을 냉정한 입장에서 비판하고 현실적 타개책을 세워 나가야 한다는 점이었다.

재일동포들은 해방 후 정치, 사상, 문화적으로 다양한 단체의 난립으로 서로를 공격함으로써 조국 독립과 민족통일과 문화계몽에 아무 공헌도 못한 채 당면 문제인 민생 및 교육 문제의 해결과 향상조차 저해시켰다고 보았다. 나아가 국제간의 신의마저도 점차 실추시키고 있는 중대한 난관에 봉착했다고 박열은 보았다.

박열은 이 문제를 해결하기 위해서 주의와 주장만 하는 정치에서 탈피하고 자신과 자기 당만을 고집하는 굴레에서 벗어나서 대동단결에 의해서 넘치는 전력을 다하고, 집중된 모든 지혜로 새로운 전개를 꾀함으로써 민족의 영예와 조국의 영광을 영구히 보전하자고 요구한다.

단, 단결의 방법에 있어서는 '민족적 동질감을 토대로 한 무조건 통일' 같은 감상적인 전체주의적이고 집단주의적인 통일론이 아닌, 보다 냉철하고 이성적인 논쟁이 필요하다고 보았다.

세계적 변혁의 일부로서 커다란 혁명 전야의 격동에 놓여 있는 조선 민족은 살려고 하는 강렬한 본능을 가지고 있으되, 그것을 어떤 방향으로, 누구에 의해서, 그리고 어느 때에 발현시켜서 완성해갈 것인가 하는 그 정확한 프로그램을 가질 수 없는 상태다, 그러므로 먼저 사상의 대혼란이 일어나고, 수습할 수 없는 사태가 잇따라 발생하는 것이 불가피하다고 박열은 보았다. 물론 그러한 사태는 바람직한 것은 아니지만, 사물의 이치로 보면 일단 이러한 과정을 경과하지 않으면 안 되는 것으로, 곧 탄생의 고통이라고 했다.

그는 왕정복고사상, 무정부주의, 공산주의, 농민주의, 노동자주의, 도시상공주의 혹은 그 중간을 노리는 것 등 사상적으로나 계급적으로도 연구되지 않고 오늘날까지 지방에 있었던 세력이 한꺼번에 봄바람을 타고 다투고 있는 것이 현실이며 게다가 국제적인 사상관계도 반영되어 친미적 또는 친소적인 방향도 당연히 생길 수밖에 없다고 보았다. 이런 다양한 정파, 정견을 민족 감정으로 뭉뚱그려 민족통일만을 외치는 것은 아무런 효과가 없으며 무엇이 옳은가에 대해 보다 철저한 연구가 필요하다고 보았다.

그는 말한다.

"현재에 있어서는 이러한 정당, 정파, 문화, 사상의 연구자, 실
천단체 등이 전력을 다해서 밝혀야 할 것은 책임과 용기를 가
지고 철저하게 연구해서 밝혀야만 한다. 어중간해서 어느 곳
으로도 통용되는 듯한 기회주의적 사상 동향을 버리고, 온몸
을 바쳐 연구의 길로 매진해야만 한다. 그럼으로써 길은 저절
로 열리게 된다. 그와 같은 추구를 경솔하게 간과하거나 혹은
중도에서 타협하는 일이 있다면 끝내 민족은 구제될 수 없다.
그것은 혼란으로 하여금 더욱더 혼란케만 할 뿐이다. 거기에
서 반드시 민족 자체가 자기 수습의 길을 발견하게 된다고 믿
는 바이다."

그는 이 철저한 구명은 어디까지나 현실에 입각하여 그 목적을
꾸준히 추구해야 하며, 탁상공론이나 소시민적 방관주의나 투쟁을
위해서 투쟁하는, 한 계급의 이익추구주의 내지는 개인의 이기주
의로 타락해서는 안 되며, 높은 구국의 상념과 가장 현실적인 민
족의 당면과제를 결코 망각해서는 안 된다고 주장했다. 보다 구체
적으로 이렇게 말한다.

"이상과 같은 사항을 위해서 계급투쟁도 지양되고, 정당 정파
간의 주의 주장도 일단 구국의 큰 목적 앞에 통일될 것이나,
보수와 진보와의 싸움에는 휴전·타협·협조·제휴 등이 있을
수 없다는 점이다. 어디까지나 민족과 조국과 앞에 봉사해야
할 것이며, 결합하기 위해서 결합한다거나 적당하게 타협하는

일은 있을 수 없다. 따라서 휴전도 아니며 협조도 아니다. 그 본질을 조국과 민족의 운명에 두고 서로 구명해야 하며, 서로 보다 높은 것을 산출케 해야만 한다. 이러한 뜻의 마찰은 곧 전진이며 진보다."

민족통일, 민족의 발전이라는 대의를 추구하되 보수와 진보의 투쟁에서는 휴전, 타협, 협조, 제휴 같은 야합을 지양해야 한다는 논리다. 이러한 논지 위에 그는 공산주의에 대해 냉철히 비판했다. 그는 조선 민족의 자주성 위에 조선 민족에 알맞은 민주주의를 육성하는 것이 기본이라 보았다. 이러한 자각 없이 어떤 나라의 사회주의나 또한 어떤 나라의 민주주의를 모방하여 이것을 조선에 적용시켜서 그것을 진정한 조선의 사상이라고 착각해서는 안 된다고 보았다. 노도와 같이 밀려드는 세계 민주주의로의 풍조에 무의식적으로 편승하여, 다만 정책적으로만 조선의 민주를 실현하려고 한다면 민족의 본능적인 강렬한 반발에 부딪치게 된다고 보았다.

"일찍이 마르크스의 변증법 응용철학은 이렇게 주장했고, 레닌은 이와 같이 말하고 있다고 말하는 것은 이러한 의미에서 그 착각이 이만저만이 아니다. 그 시대에 그 민족에게 완전히 적합한 진리가 언제든지 존재한다고 믿는 착각은 배격되어야만 한다. 그것은 한 시대의 그 민족의 역사를 배경으로 볼 때 완전한 진리였음에는 틀림이 없으나, 그 진리가 영구불변의 것이며 우리 조선의 건국을 위해서 준비된 것같이 생각하는 것은 진리 그리고 사상을 동태적으로 파악하지 않고, 생혈이 통하고 있는 것으로서 파악하지 않기 때문이다."

앞서 말했듯이 무조건 공산주의를 나쁘게 본다는 뜻은 아니었다. 인간 평등을 지향하는 본래의 의도는 좋은데 공식주의, 도식주의에 빠진 것이 문제라고 보았다. 공식론에 재촉받고 그것에 현혹되어 일종의 신앙적 경지에 빠져서 다른 사상을 받아들이지 않는, 자기만 올바르고 다른 사람은 아주 속악하다고 보는 공산주의자들의 특징을 그는 이렇게 비판한다.

"공산주의자를 나쁘다고 생각하지는 않는다. 그 사상은 유물사관에 투철하고, 거기서 출발하여 계급을 강하게 인식하고, 계급투쟁을 통하여 이상 실현의 기회를 파악하려고 하는 사상이다. 나는 그것도 나쁘지 않다고 생각한다. 그러나 주의의 실현을 위한 방법은 오로지 이것 하나만은 아니다. 더욱이 건국의 지표를 설정하는 데에 있어서 계급성의 인식만이 그 전제가 아닌 것이다."

박열은 공산주의자들의 조직력과 실행력의 강인함과 예리함에서 배울 바가 많다고 말한다. 그러나 그 조직력이 배타적으로 작용하고, 그 실행성이 권력의 장악에만 집중되어 공산당원이 아닌 자를 모두 적으로 간주하여 배격하는 경향에 대해서는 비판했다.

공산주의자들의 그러한 행동양식은 민족의 단결을 통해서 조국 독립을 쟁취하려는 민족 본연의 요구를 부정해버리는 셈이라는 것이었다.

전선은 넓고, 안으로나 밖으로나 민족 전체로서 말해야 할 것과 행해야 할 일이 산적해 있는데 자기들 사상과 다른 모든 것을 전적으로 부정해버림으로써 민족의 단결을 깨는 공산주의자들이야말로 하나는 알고 열을 모른다고 그는 비판했다. 자신들의 주의와 사상을 민족의 것으로 발전시키는 일을 스스로 거부한다는 우려였다.

> "계급성의 문제와 조직력의 문제, 정치투쟁상의 문제도 앞으로 더욱 복잡한 것이 등장하게 될 것이다. 그때에 공산당원 내지 공산주의자가 넓은 시야를 민족 전체의 방향에 두고, 초계급적인 태도를 취하는 것이 필요하다고 믿는다. 건국의 이상을 확고히 파악하고, 그 목표의 측정을 그르치지 않는 것이 절대로 필요하다. 세계에서 차지하는 조선의 위치를 잃지 않는 것이 필요하다."

공산주의의 의의와 역할을 인정하면서 공산주의자들의 활동 방식을 비판하는 것을 모순이라고 할 수는 없었다. 같은 반공이라도 김구 등 우익 민족주의자들은 남로당원이나 좌파 노동자들을 죽이고 린치를 가하는 데 앞장섰으나 무정부주의 출신들은 그런 짓은 하지 않았다. 그럼에도 당시 이념 전선의 한 축이던 공산주에 대한 비판이 다소는 부담스러웠을까, 박열은 자신의 사상의 정체성은 자본주의나 민족주의가 아닌, 세계주의라고 거듭해서 강조했다.

"거듭 되풀이하지만, 나는 민족통일과 조국독립만을 고집하고 있는 자는 아니다. 단순한 민족주의를 주장하는 자도 아니다. 오히려 그 반대로 세계적으로 보아 '세계는 하나'가 되어야만 한다고 믿고 있다. 그럼에도 불구하고, 민족을 논하고 조국을 운운하는 까닭은 민족발전상의 한 단계이기 때문이다. 한 인간이 성장하기 위해서는 소년기와 청년기를 거치지 않으면 안 된다. 그 과정을 무시한 이상은 몽상이 아닌가? 우리는 소승적인 선을 구하지 않고 남이 주는 것을 바라지 않는다. 나는 대승적인 선을 구하며 타인이 자진해서 나에게 협력하는 것을 바라며, 연민이나 은혜에 관한 일을 바라지 않는 것이다."

이런 대전제 아래 박열은 『신조선혁명론』의 제4절에서 보다 구체적으로 자본주의의 한계와 공산주의의 한계를 분석한다. 특이하게도, 다분히 사회과학적 분석을 토대로 하고 있음에도 제목은 다분히 감상적으로, '죽어야 산다'라고 붙였다.

"나는 노인들처럼 자신의 경험담을 말하기를 즐기지는 않지만 한 가지만 얘기하고자 한다. 인간은 살려는 것에 대한 집착이 강하면 강할수록 뜻밖의 병마에 시달려 그 목적을 달성할 수 없다. 반대로 죽고 싶다고 언제나 입버릇처럼 말하는 자는 죽지 않는다. 죽게 되지 않는 것이다. 오히려 죽음의 고통에 직면하면 죽을 각오를 한다. 각오가 서면, 죽거나 살거나 상관이 없게 된다. 그러므로 우리의 삶 그 자체에 너무 연연해하지 말고 열심히 살아가면 되는 것이다. 문제의 핵심은 사느냐 죽느냐 하는 문제에 투철하며 그것을 초월하는 일이다. 옥중에서 나는 그렇게 생각했다."

박열은 자신이 살아서 다시 사회인이 되리라고는 전혀 예상하지 못했지만 그렇다고 해서 죽음을 바란 것도 아니고, 삶에 집착하지 않았다고 한다. 주어진 시간 동안은 충실히 살겠다는, 생사의 한계를 초월해 삶과 죽음의 양극단에서 빠져나와 있었다고 고백한다.

물론 그도 인간이기에 22년여 옥중생활 동안 수없이 삶과 죽음에 대해 본능적으로 생각이 나지 않을 수 없었다. 살고 싶다는 생각이 들기도 하고 차라리 당장 죽어버리고 싶다고 생각하기도 했다. 그러나 삶과 죽음이란 스스로 바란다고 해서 어떻게 되는 것이 아니라는 사실을 깨닫게 되자 사는 것 이외에는 다른 길이 없다는 것, 보다 훌륭하게 사는 것 이외에는 길이 없는 생각이 들었다는 것이다.

"유심이나 유물로 양분해서 삶을 분석하는 것이 아니라, 양자를 초월하고 양자에 투철한, 오직 하나의 강한 생명의 불태움

만이 남는 것이다. 나는 이것을 창생의 원리라고 칭한다. 혹은 평범하게 창조의 원리라고 말해도 좋다. 다만 창생과 창조가 있을 뿐이며, 이것을 분석해보아도 2가지 것은 나오지 않는다. 완전히 양자를 초월한 하나, 그 어느 부분을 갈라보아도 하나인 사는 길만이 있을 뿐이다. 나는 이 철리가 나 자신에 있어서 진실한 것인 한, 생사에 투철했던 나의 이웃과 친지와 벗들도 모두가 그렇다고 생각한다."

'사는 것밖에 길이 없다'는 철학적 명제를, 박열은 조선 민족의 운명에도 적용시킨다. 조국과 민족에는 여러 가지 고난이 있고 난국이 있는데 피하려고 해도 피할 수 없으며, 고뇌하지 않으려 해도 그럴 수 없는 어려운 문제이다, 그렇다면 어떻게 할 것인가? 이 난관을 뚫고 나가는 일밖에 없다는 것이다. 이 고난을 극복하고 돌파하는 일밖에 없다, 목숨을 내던지는 일이다, 삶도 죽음도 가릴 것이 없다, 살 수 있는 만큼 살고, 언제 죽어도 좋다는 각오를 정하는 일이라고 보았다. 그리하여 조국도 민족도 반드시 그 생명의 원리를 창조한다는 것이다.

박열이 제4절의 서두를 길게 늘어놓은 이유는 자본주의와 공산주의 양자가 조화를 이뤄야 한다는 점을 말하기 위해서였다. 그는 먼저 자본주의를 주장하는 자본계급에 대해 말한다.

"자본가와 대지주 계급 등은 그들 자신의 보수성 때문에 건국의 지표를 그 보수성에서 찾고, 가능한 한 보수성을 충분하고 여유 있는 것으로 간직하고 싶어 한다. 그러므로 모든 지혜를 모아 자본의 전의성을 주장한다. 그렇지 않으면 조국도 없고 민족은 멸망하므로 진심으로 그렇게 생각하고 행동할 것이다."

다음으로는 노동자 계급에 대해 말한다.

"근로자와 소작인과 시민계급은 그 계급성을 자각하고, 계급적 이해를 전면적으로 내세워 자본 및 그 속성을 전적으로 부정하고 오직 계급성 하나만을 주장하며, 그러한 뜻을 관철할 사회혁명을 주장할 것이다. 학대받은 자와 빼앗긴 자의 입장에서 바르게 살고, 정당한 보수를 받고, 사회복지를 평등하게 누려야 한다고 강경하게 주장하고, 그러한 뜻에서의 사회혁명이 건국의 주체이며, 이것을 애매모호하게 하거나 타협하게 되면 참된 혁명은 수행될 수 없다고 믿고 또한 그렇게 행동할 것이다."

박열은 자본과 노동의 두 입장이 모두 부분적으로는 옳다고 생각했다. 따라서 양자의 주장이 올바르고 공평한 방식으로 싸우고 논쟁하여야 한다고 보았다. 양자가 정정당당하고 평화적인 정치투쟁을 통해 조화를 이뤄야 조국과 민족의 운명도 역시 올바른 형태로 창출되고 성장도 달성된다고 생각했다.

이를 가능케 하는 것은 자본과 노동이 대립의 요소보다 더 중요한 공통점을 갖고 있기 때문이라고 했다. 대립하는 양자가 추구하는 목표는 '조국과 민족을 살려서 세계 인류의 복지로 향하자'는 것으로 결국은 똑같다는 지적이었다.

> "그 대답은 누구라 할지라도 똑같은, 상식적인, 너무나도 상식적인 것으로, 조국과 민족을 살려서 세계 인류의 복지로 향하는 일이다. 그렇다고 하면 그 양자를 통해서 전체는 양자에 공통된 것이 아닌가? 방패를 양쪽에서 보고, 수레의 두 바퀴에 대해서, 그 한쪽만을 주장하고 있는 것이 아닌가? 나는 많은 말은 하지 않겠다. 현명한 독자는 이를 통찰할 것이다. 나는 이러한 전체, 그 전체를 통한 공통된 하나, 그 하나의 목표를 말하는 것이다. 그리고 그 하나의 목표를 어떠한 경우라도 놓치지 말라고 말하는 것이다."

요약하면, 인류사를 발전시켜온 양대 축이라고 할 수 있는 '자유'와 '평등'이 조화를 이뤄야 한다는, 그러나 무조건적인 전체주의적 통일이 아니라 맹렬한 논쟁과 정치투쟁을 통해 발전해나가야 한다는 논지다. 조국독립과 민족통일의 완성을 향해서 각자가 자신의 자세를 정비하면서 나가자는 것이었다. 사회혁명은 일정한 시기에 갑자기 도약하는 것이 아니라 이러한 민족부흥을 위한 노력 하나하나가 참으로 혁명적으로 그 시책이 수립되어 전진하는 일이며, 그러한 전진의 누적이 곧 혁명의 성취를 가져온다는 주장이었다.

"이와 같이 본다면 조국을 일으키고 민족을 통일시키는 지표 앞에서는 자본의 자본주의성 – 이것만이 만능이라고 하는 사상 – 의 근본 토대는 완전히 상실되어야만 한다. 또한 사회혁명을 통해서 새로운 이념을 구현하기 위한 첫걸음인 계급성의 인식, 계급투쟁의 일변도, 근로자와 소작인만의 경제적 이익만을 기본으로 한 계급사회를 고려하는 사상도 함께 사상적 기반을 잃게 되는 것이다."

이런 논지는 얼핏 양비론 내지 중도통합론처럼 보이기도 한다. 반공을 전제로 했다는 점에서 보수 내지 우파의 논리처럼 보이기도 한다. 그러나 좌우의 양 날개로 날아야 한다는 그의 논리는 보수도 중도도 아닌, 명백히 진보적인 논리였다. 당대 보수 세력은 좌파 내지 노동자 계급의 주장을 그야말로 손톱만큼도 수용하지 않으려 했기 때문이다. 따라서 박열의 사상을 굳이 사회사상사적으로 구분하자면 사회민주주의 내지 유럽식 사회주의 범주에 속한다고 할 수 있었다. 극좌적 공산주의와 극우적 자본주의 모두를 비판하고 민주주의와 노동계급의 권익을 동시에 추구한다는 점에서 그랬다.

『신조선혁명론』은 완벽한 논리 체계를 갖춘 글이라고 할 수는 없었다. 세계와 조선, 국내와 일본, 반공산주의와 반자본주의 등 대비되는 주제들을 자유롭게 넘나들거니와 개인적 경험까지 섞여 있어 다소 산만하게 보이기도 한다. 그러나 민족을 살리자는 일관된 주제의식은 뚜렷하다. 그는 말한다.

"내가 사물을 인용하는 방법이 약간 엉뚱하고 비약적이기 때문에 의문이 생기고 이해되지 않는 점도 있을지 모르지만, 나는 먼저 개인으로서의 나의 생명으로부터 출발했다. 삶과 죽음과의 문제를 해결하고, 그 양자를 모두 온전하게 살리는 점에 생명으로서의 완전 연소가 있다고 말했다. 그것은 유심론이나 유물론 가운데 하나를 분석하여 사물을 보는 관점에서 출발하여, 이것을 일원론적으로 보고, 그 양자 위에 통일성 있는 하나의 창조의 생명과 창생이 있다고 말하고, 그 창생만이 참된 생명이라고 말했다."

이러한 원칙 아래, 제2장 '건국의 지표'에서는 새로 수립된 정부가 당장 해야 할 정치적 지표에 대해 보다 구체적으로 제시한다.

먼저 농정이다. 그는 인구의 90%가 종사하고 있는 농업을 제일 우선시하여 경지정리와 토질 개량, 인공비료 생산, 이모작, 기계화 등에 의한 다수확주의를 주장했다. 농지의 소유 문제에 대해서는 대지주와 불로소득자를 일소함과 동시에 소작인을 감소시키고 생산의욕을 고취시키기 위해서 공평한 토지 분배를 통해 소규모 자작농을 기본 농가로 삼자고 주장한다.

장기적으로는 공업화를 요구했다. 인구밀도가 높고 토지가 적은 한반도에는 공업화 정책이 필수적이며 그것만이 민족이 살 길이라고 보았다. 인구가 많고 땅이 좁다는 이유로 경제 발전이 어렵다고 보는 견해와 반대되는 의견이었다.

부락 단위부터 시작된 철저한 지방자치제도 주장했다. 무정부주의 출신답게 그는 중앙집권제도의 폐해를 매우 우려했다. 중앙집권이 강화되면 관료들의 횡행으로 봉건적 문화의식에서 탈피할 수 없으므로 최하부 단위인 부락부터 읍면장도 공정한 선거를 통해 선출해야 한다고 주장했다.

"민주화의 기반이 최저변의 국민의 실생활 면에 두어지지 않으면, 표면적이고 기만적인 쇄신으로 끝날 것이며, 그것은 사회혁명과 정치혁명의 본질을 놓치고 일종의 변질된 변혁으로 끝날 것이다. 그렇게 되지 않도록 하기 위해서는 이 최저변, 즉 말단 조직에 철저한 혁신을 단행하여, 조직과 구성과 인재에 이르기까지 새로운 출발을 할 필요가 있다."

정치가 국민의 실생활과 직결되고, 국민의 의욕이 항시 그 정치에 반영되게 하기 위해서는 말단조직이 가장 민주화된 조직을 갖는 것이 시급하다는 그의 지방자치론은 수십 년이 지난 후에야 실현될 것이었다.

노동문제에도 박열은 대단히 진보적인 견해를 보였다. 산업경영에서 노동자와 자본가가 협동하여 경영협의체를 구성해야 한다고 주장했다. 노동자들이 업종별로 조직되어 횡적으로 연합체를 갖는 것은 당연하다고 보았다. 오늘날까지도 자본가들 내지 자본주의자들이 극단적으로 싫어하는 경영협의체와 산업별 노동조합을 주장한 것이다. 이 부분은 명백히 당대 좌파들의 의견과 일치했다. 다만 그는 어느 일방이 편향적으로 지배하는 것은 우려했다.

"자본의 만능성 또는 그 반대로 노동계급의 계급 일변도의 편향은 조선의 산업입국의 근간에 반대되므로 어디까지나 이 두 편향의 세계에서 탈피하여 산업입국의 지상명제인 민족부흥의 관점에서 하나로 통합되어, 민족의 총력이 여기에 결집되도록 그리고 총력을 기초로 하여 조선의 산업적 발전이 대외적으로 계획되어야만 한다."

이러한 산업 발전도 민주주의에 근본을 두지 않으면 안 된다고 보았다. 지방자치제가 스스로 독립조선의 완성을 목표로 조직되고, 그것 자체가 능동적으로 목표를 향하여 활발하게 움직이지 않으면, 산업입국은 물론 어떠한 입국의 조건도 성립되지 않는다고 보았다.

현실은 낙관적이지 않았다. 그는 이른바 자유 기업들이 산업 발전과 나라 발전을 결부시켜 생각하지 않은 채 이익만을 추구하여 부정부패와 이익 편취가 횡행하고 있음을 인정한다. 이 복잡한 산업계를 통제한다는 것은 지극히 어려운 작업이라고도 인정했다. 그럼에도 희망을 버리지 않았다. 철저한 민중정치, 곧 지방자치제와 노자 간의 경영협의회가 이를 해결할 수 있으며 이러한 민주산업을 기반으로 하여 입국의 기초를 견고히 할 수 있다고 보았다.

통일 문제에 대한 고민도 깊었다. 그는 남북 분단 문제가 미소 양국을 넘어 세계 전체의 이념 대립에 의해 빚어진 것이어서 조선 민족의 힘만으로는 적극적으로 해결할 수 없는 현실을 인정하면서도 나름대로 방안을 제시해본다. 분열도 때로는 진보의 역할을 맡을 수도 있지만, 지금은 통일국가로서 독립을 희구하고 있는 시점이므로 이 시점에서 분열을 통일로 이끌지 못하면, 민족의 전도에 상당한 고난을 각오해야 한다고 경고했다. 이를 전제로 좌파와 우파에게 각기 다른 정책을 요구하는데 먼저 좌파에게는 이렇게 말한다.

"공산당과 그 외의 세력으로 구성된 좌파가 정책상 먼저 근대국가로서의 면모 정비에 전력을 기울이고, 좌파전선을 국민전선으로 확대해야만 한다. 또한 계급적, 대립적인 당의 존재를 민족의 앞날을 통찰한 민족독립의 방향으로 전력을 쏟아야 할 것이다."

좌파가 민족 내부의 계급투쟁에만 몰두하지 말고 먼저 근대국가를 만들기 위해 좌우합작에 힘을 써야 한다는 주장이다. 다른 계급과 계층에 대한 계급적, 대립적 태도를 버리고 민족독립의 이름으로 보다 넓은 전선을 만들라는 요구다.

뒤이어 우파에 대해서도 지적했다.

"극우익인 보수 진영도 자체의 계급적 이익을 기초로 한 자본, 토지와 영예만을 기반으로 삼는, 민족 전체의 방향을 간과하는 태도를 버리지 않고서는 독립의 목적은 달성할 수 없다."

좌우 어느 쪽도 이런 도덕 교과서 같은 요구를 받아들이기 힘들 것이라는 것쯤은 박열 자신도 잘 알고 있었다. 박열의 조언이 아니라도 공산주의자들은 이미 일제 때부터 좌우합작의 국민전선을 지향하는 교리를 가지고 있기도 했다. 하지만 그 전제조건은 좌파가 주도권을 쥐는 것이었다. 임시정부 구성을 위한 남북 사회단체 연석회의에 우파 단체들을 배제시켰던 것처럼, 실제로는 자기들 입맛에 맞는 단체들과만 협상하려 들었다. 이승만과 한민당, 우파 민족주의자들 또한 미군정의 보호 아래 좌파 타도에 열을 올리고 있는 상황에서 좌파를 인정하고 수용한다는 건 어불성설이었다.

이런 현실을 다른 누구보다도 잘 알고 있던 박열도 자신이 무조건 타협하라, 무조건 협력하라, 무조건 제휴하라고 말하는 것은 아니라고 했다. 제휴란 단순한 정략이며 일시적인 것에 불과하며 보다 근원적인 방안이 필요하다면서 그 사례로 다시 경영협의회를 든다.

"구체적인 예를 들어 말하자면, 조선을 부흥시키는 하나의 문제는 생산을 일으키는 일이다. 이 생산에 대해서도 종전과 같은 자본과 노동의 대립관을 지양하고, 생산 그 자체의 가치에 모든 목적을 두는 일이다. 생산을 이룩하기 위해서는 공장마다 자본가나 노동자나 기술자도 모든 요소를 대표하는 사람들에 의해서 민주적이며 또한 완전한 경영협의회를 갖는 일이다. 이 협의회는 생산한다는 커다란 목적 앞에 각자의 특유한 능력을 완전히 발휘케 하고, 그 분배를 동일하게 해야 한다. 자본의 전능성을 부정하고, 동시에 노동기술이란 각개의 생산요소의 전능성을 부정하고, 생산된 물건 그 자체의 가치를 높이 평가하는, 만약 있다고 하면 물건 그 자체에 전능성이 있는 것이다. 생산과정에 있어서는 물론, 생산요소인 자본도, 노동력도, 기술도 그것 자체로서는 전능성을 갖지 못하고 서로의 조직으로서 전능성을 갖는 일이다."

박열은 도시의 공장에서 경영협의회가 운영되듯이 농촌의 경영도 동일한 취지에 입각한 조직을 가져야 한다고 보았다. 도시 공장의 생산품이 그 필요도에 따른 가치를 지니듯이, 농산물도 그 생산가치대로 팔려서 농민들이 자존할 수 있도록 하는 데 있어서 도시와 농촌에 각각 이를 원활케 하는 조직이 필요하다는 주장이었다.

이러한 체제를 갖추지 못한 채 외국으로부터의 경제 원조에 의존한다면 완전 독립은 이룰 수 없다는 날카로운 지적이었다. 실제로, 조선의 경제와 산업이 독립적 체제를 갖추지 못하면 식민지 상태로 전락하게 될 것이라는 박열의 우려는 이승만 정권 아래에서 그대로 현실이 되어버릴 것이었다. 정책을 결정할 어떠한 권력도 가지지 못한 박열의 지적과 제안은 사실상 이승만 정부에도 좌파들에게도 거의 영향을 미치지 못했다. 하지만 내용은 상당히 일리 있고 진보적이었다. 남과 북, 좌와 우의 통일전선을 염원하는 그의 마음은 다른 우익 반공주의자들의 그것과는 상당히 달랐다. 그는 결론적으로 말한다.

"내가 가장 두려워하는 것은 전선의 분열 그 자체에 있는 것
이 아니다. 분열이 원인이 되어 민족과 조국의 독립 그 자체가
상실되는 것을 가장 두려워하는 것이다. 현재 그러한 위기 국
면에 직면하고 있는 나라는 조선만이 아니다. 그렇기 때문에
나는 세계의 현 정세를 넓게 주시하며 가장 빨리 전선 분열의
위기를 구출하려고 염원하고 있는 것이다. 통일전선의 실현은
이미 이론이 아니라 상식이다. 문서상의 이론이 아니라 실행
이다. 그 실행을 가능케 하는 것은 분열이 초래하는 조국의 앞
날에 대해 철저한 성찰을 갖는 일이다. 거기에는 자연히 양자
가 귀일하여 창조되는, 조국을 구원할 수 있는 길이 발견되리
라고 믿는다."

『신조선혁명론』은 급하게 쓰인 연설문처럼, 충분한 논리적 완성
도를 갖고 있지는 않다. 특정 주제를 깊이 있고 체계적으로 다루
었다기보다 한민족의 당시 현실을 타개하기 위한 다양한 주제들
을 폭넓게 다룬 글이다. 같은 주제, 같은 말들이 중복되기도 한다.
그럼에도 이 책은 박열의 사상의 깊이를 잘 보여준다.

박열은 반공주의자로서 이승만과 정치행로를 함께했음에도 영
구 귀국 후 불과 1년 만에 납북된 뒤에는 김일성과 협조해 공산주
의 정권의 고위직으로 살아가는 모순된 모습으로 사람들의 기억
에 남는다. 그러나 『신조선혁명론』은 북에서의 그의 행동이 강요

된 것만은 아니라는 추측을 가능케 한다. 박열은 민족주의나 자본주의 또는 공산주의 같은 특정 사상 조류에 가둘 수 없는 사람이었다.

16.
납북 24년 만의 부음

1949년 5월 4일 영구 귀국한 박열은 박열장학회 기금 마련을 위해 분주한 한편으로, 몇 가지 흔적을 남겼다.

귀국 다음 달인 6월 23일에는 마포 형무소를 방문해 자신의 22년여 옥살이를 되돌아보았다. 형무소장의 안내로 마포 형무소 구내를 천천히 돌면서 작업장 시설도 보고 감방도 돌아다니며 수감자들의 생활 실태에 대해서도 자세히 물었다. 당시 마포 형무소에는 반민법에 걸려 구속된 악질 친일파들이 수감되어 있었다. 박열은 자신과 처지가 뒤바뀐 그들을 보며 격세지감을 느낀다고 술회한다. 그러나 불과 몇 달 안 되어 친일파들은 모두 석방됨으로써 더욱 그를 분노와 회의에 빠뜨렸을 것이다.

8월 5일에는 고향 방문도 했다. 금요일인 이날 오전 8시 서울역에서 〈해방자호〉 열차를 탄 그는 7시간 만인 오후 3시 대구에 도

임정 국무위원 당시 박열(한복 입은 이)과 부인 장의숙.

착해 대대적인 환영을 받았다. 역 광장에는 수많은 남녀 학생들이 태극기를 흔들며 환호하는 가운데, 경북지사 정현모와 경찰국장 조재천이 역 구내까지 들어와 박열을 영접했다.

경북도청 회의실에 안내되어 환영객들과 인사를 나누는 자리에는 함창보통학교 시절의 은사인 이순의 선생이 찾아오기도 했다. 어린 박열에게 민족의식을 고양시켰던 이순의는 그가 구속된 후 수차례나 상주경찰서에 끌려가 조사를 받은 뒤 공립학교에서 쫓겨나 사립학교에서 가르치다가 해방 후에는 영천 자천국민학교 교장으로 근무하고 있었다. 박열은 33년 만에 만난 존경하던 은사를 끌어안고 반가움의 눈물을 흘렸다.

이후 박열은 서울에서 부인 장의숙, 아들 박영일, 딸 박경희와 함께 살면서 박열장학회를 운영하는 한편으로, 양희석이 대표로 있던 무정부주의 단체 자유사회건설자연맹에 출입하며 자신의 정치적 역할을 모색했다. 그것이 남쪽에서의 마지막 흔적이었다.

이승만이 1950년 4월에 그를 경무대로 초청해 자신의 아들 노릇을 해달라며 새 정부에서 큰 역할을 맡아달라고 말했다는 소문이 돌기도 했다. 이런 식의 소문은 그러나 그가 귀국할 때부터 떠돌았을 뿐, 실제로 그는 어떠한 관직도 제안받거나 맡은 적이 없었다. 설사 이승만이 4월에 약속한 게 사실이었다 해도 그것을 실행에 옮길 시간이 없었다. 불과 두 달 후인 1950년 6월 25일 북한 인민군의 전면 남침으로 한국사상 가장 참혹한 3년 전쟁이 터지기 때문이다.

아무런 전쟁 준비도 없이 입만 열면 북진통일을 주장하던 이승만과 각료들은 인민군이 전면 공격해 오자 곧바로 도망쳐버리고 한강 철교까지 폭파해 서울 시민들의 피난길마저 봉쇄해버렸다. 이승만 본인은 이미 벌써 한강을 건너 도망친 후에도 국군이 수도 서울을 사수할 것이니 시민들은 아무 걱정 말고 생업에 종사하라고 대리 방송을 시킴으로써 역사상 가장 비열한 지도자의 한 명이 되었다.

이승만의 방송 때문에 많은 애국지사들과 함께 서울에 갇혀버린 박열은 개전 사흘 만에 진주한 인민군에 체포되어 감옥에 구치되어버렸다. 그는 보위부의 심사를 받던 중 3개월 만에 미군이 서울을 탈환할 때 인민군에 의해 북으로 끌려갔다. 안재홍, 백관수, 조헌영, 방응모, 이광수 등 서울에 갇혔던 애국지사 또는 친일

행적이 있더라도 대중적으로 저명한 인사들과 함께였다.

박열의 월북에 본인의 의지가 개입되었을 가망성은 전혀 없다고 보아도 좋았다. 의열단장 김원봉, 소설가 이태준 등 적지 않은 비사회주의 계열 저명인사들이 전쟁이 터지기도 전에 자진해서 월북한 것은 사실이었다. 미국과 이승만의 비호 아래 악질 친일파들이 다시 득세하고 공산주의자들뿐 아니라 김구, 여운형 등 민족주의 계열이나 중도좌파 인사들까지 잇달아 암살당하던 남한의 정치 상황에 분노한 이들이었다. 하지만 남한이 아무리 문제가 많더라도 월북까지 단행한 이들은 나름대로 사정이 있었다.

김원봉 같은 이는 공산주의에는 반대하지만 그들과의 연대는 용인하는, 스스로 '용공'을 자처한 이로, 해방되고 다시 경찰권을 장악한 악질 친일파들에게 모진 고문과 폭력을 당한 후 월북해버린다. 소설가 이태준도 사회주의와는 거리가 먼 사람이었으나 해방 후 친일파의 득세에 반발해 좌파와 손잡고 활동하다가 우익 청년단들로부터 살해 위협을 받자 불가피하게 월북한 경우였다.

이들과 달리, 박열은 일관되게 반공을 주장해왔을 뿐 아니라, 이승만과도 호의적인 관계를 유지하고 있었다. 이는 함께 납북된 대부분의 애국지사, 저명인사들도 마찬가지였다. 북한은 자기 정권에 정통성을 부여하기 위해 이들이 자진해서 월북했다고 선전했지만 수많은 목격자들을 속일 수는 없었다.

일단 납북된 박열의 삶은 전쟁 이전의 자진 월북자들보다는 한결 안온했던 것으로 보인다. 자진 월북자의 대부분이 숙청되거나 아니면 빨치산이나 공작원으로 훈련받아 남파되어 내려왔다가 죽는 데 비해, 강제로 납북된 비공산주의 계열 인사들은 형식적인 직위나마 말년까지 유지한 이가 많았다. 김일성은 정적이 될 만한 혁명 동지는 죽이고 무기력한 민족주의자들과는 손을 잡는데, 박열도 그 혜택을 받은 한 사람이었다.

1950년 9월 말에 끌려간 박열은 11월 강계에서 약간 떨어진 약수동 일대 농가에서 조소앙, 김규식, 원세훈 등 납북인사들과 함께 합숙한다. 당시 박열은 심한 고열로 코피를 쏟으며 지냈다고 한다. 12월 2일에는 북한 정부의 통일기구인 조국통일전선위원회(약칭 조통)에서 제공한 별오리 합숙소로 이동해 공산주의 이론 강의와 사상 검토 등 집중적인 개조공작을 받았다. 1953년 7월 전쟁이 끝난 후에는 1954년 4월까지 평양 인근의 납북자 합숙소에서 생활하다가 조통의 지시로 평양 모란봉 고가로 이동해 합숙생활을 한다. 사실상 정치범 수용소 생활이었다.

1955년부터 조총련계 간부들이 박열을 방문하면서 북은 그를 수용소에서 끌어내어 정치적으로 활용하기 시작했다. 6월 20일 평양 중앙방송위원회 소회의실에서는 '재북평화통일촉진협의회'의 발기인 대회가 개최되었는데 박열은 25인의 준비위원 중 1인으로 참석했다.

결성식은 7월 2일 오후 2시 평양 모란봉 극장에서 납북인사와 월북인사 400여 명과 평양의 주요 기관장 300여 명이 참석한 가운데 성대하게 치러졌다. 안재홍이 개회사를 하고 조소앙이 임무 보고를 한 다음 치러진 선거에서 최고위원으로는 조소앙, 안재홍, 오하영의 3인이 선출되고 윤기섭, 최동오, 엄항섭, 김약수, 원세훈,

노일환, 박열 등 11명을 상무위원으로 선출했다. 박열은 29명으로 이뤄진 집행위원에도 선출되어 상무위원 겸 집행위원이 되었다.

협의회는 민족세력으로서 독자적으로 존재하여 민족진영의 목소리로 평화통일로 매진할 것을 다짐하면서 결성식을 마쳤다. 특이한 것은 이날 대동강호텔 연회장에서 열린 결성대회 축하연에서 조국전선의 최성환과 박열 사이에 주먹다짐이 벌어져 최성환의 늑골이 부러지는 사고가 일어났다는데 그 원인과 경과는 알 수 없다.

이듬해인 1956년 7월 10일에는 김일성이 노동당 중앙위원회회의 도중 납북인사들에 대한 예우와 처우를 개선하라고 지시했다. 박열을 포함한 상무위원들은 중앙공급 1급 대상으로 승격되어 장관급 대우를 받을 수 있게 되었다. 이에 따라 홍부동에 단층 양옥집을 제공받고 병원 검진도 받을 수 있게 되었는데, 김일성의 새로운 지시에 따라 이해 11월부터 1958년 11월까지 2년 과정으로 인민경제대학 특수반에서 다시 교육을 받아야 했다.

몇 년 후부터 조총련은 9만 명이 넘는 재일동포로 하여금 전 재산을 처분해 북한으로 들어가게 만드는 북송사업을 벌인다. 이때 박열은 다시 부각되어 대일 선전방송에 적극 활용되었다. 대남방송에도 박열이 등장해 북한의 정책을 선전했다고 한다.

대일방송과 대남방송에 박열이 어느 정도 적극적이었는지, 강요였는지 아니면 본인의 의사도 반영되었는지는 정확히 확인할 길이 없다. 그러나 어떤 압박에도 굴하지 않는 박열의 강인한 성품이나 좌파에 더 가까웠던 사상 편력으로 보아 일정 부분 본인의 생각도 반영되었을 것으로 추측된다.

　박열의 이후 행적은 특별히 공개된 것이 없다. 1974년 1월 17일 73살로 사망했다는 소식이 남쪽에 알려졌다. 사망 당시 박열의 직책은 재북평화통일촉진협의회 회장으로 되어 있었다. 유해는 평양 외곽 신미리에 있는 애국열사릉의 특설 공동묘지에 정인모, 백관수, 현상윤 등 여러 납북인사들과 나란히 안장되었다.

　박열이 북에서 사망했다는 소식이 알려지자 남쪽의 지인들과 동지들도 추모식을 열었다. 1974년 2월 8일 서울 명동의 YWCA 대강당에서 열린 추도식에는 곽상훈 추도위원장을 비롯해 1,000여 명이나 참가해 고인의 항일역경을 기렸다.

　이 추도식에는 육군 중위로 근무하고 있던 27살의 아들 박영일을 비롯한 유족과 정당, 사회단체 대표들이 참석했는데 추도식 집행위원장 이은상은 조사를 통해 애도했다.

　　"일본 제국주의의 망령이 되살아나 민족의 통분을 사는 일이
　　많은 지금 박 의사의 유해마저 자유 남한의 땅에 모시지 못해
　　가슴 아프다."

　박열의 사망 소식에 누구보다도 가슴 아파한 이는 부인 장의숙이었다. 그녀의 생애는 첫 부인 가네코 후미코만큼이나 기구했다. 겨우 3년 남짓한 신혼생활 끝에 남편을 인민군에 빼앗긴 그녀는 중국군의 개입으로 인민군이 다시 밀고 내려온 1951년 1월 초, 두 자녀를 데리고 일본으로 건너갔다. 일본 가나가와 현에서 신문

재일본거류민단에서 거행한 박열 의사 추도식.

사와 잡지사에서 일하며 홀로 두 아이를 키우느라 고생하던 그녀
는 아들 박영일이 아쓰기고등학교를 졸업할 무렵인 1968년 북한
으로부터 뜻밖의 편지를 받았다. 평양 대동강변에서 찍은 본인의
사진과 함께 '아들의 교육을 조국에 들어가 시켜달라'는 박열의
편지였다. 장의숙은 남편의 뜻을 받들어 당시 육사 교장이던 정래
혁에게 청원해 어렵사리 아들 박영일을 육사에 입교시켰다. 박영
일은 이때 한글을 몰라서 귀국 후 따로 한글 공부를 해야만 했다.
아들을 따라 귀국한 장의숙은 남편의 성을 따라 '박의숙'으로 박
열의 호적에 입적하고 두 아이 뒷바라지에 혼신을 다한다. 하지만
생활고 때문에 다시 도일해 「코리아 헤럴드」 도쿄지국장, 거류민
단 공보실장 등으로 일하다가 1972년 3월에 영구 귀국했다.

남쪽에 알려진 박열의 마지막 모습. 1968년 67살 때로 추정한다.

　박열의 사망 소식이 전해질 당시 장의숙은 외국어대, 국제대, 홍익공전 등에서 일본어 시간강사를 하고 있었으나 생활은 무척 빈한했다. 북의 박열이 형식상으로나마 고위층으로 대접받은 반면, 남의 가족들은 서울 용산구 한강로 1가의 월세 2만 원짜리 아파트에서 어렵게 살고 있었다. 생이별 24년 만에 들려온 허망한 부음에 오열하던 장의숙은 2년 후인 1976년 2월 12일 58세의 나이로 뇌출혈을 일으켜 남편의 뒤를 따르고 말았다. 유해는 경기도 파주시 금촌공원묘지에 안장되었다.

　흔히 북에서의 행적으로 인해 남쪽에서 박열은 잊혔다고들 하지만 그것은 사실이 아니다. 한일병합 이후 항일투쟁으로 숨져간, 최소 2만 명에 이르는 애국지사 중 박열은 남북 모두에서 대접을 받은 드문 경우였다. 많이 늦기는 했으나 대한민국 정부는 박열 사망 후 15년이 지난 1989년 3월 1일 그에게 건국훈장 대통령장

제85호를 추서했다. 1991년 11월 21일에는 박열 등 15인의 납북 인사 추모제를 국립묘지 현충관에서 거행하고 1993년 6월 1일에 는 박열을 국가유공자 12-181호로 지정했다. 기념사업도 이어졌 다. 2001년 10월 30일에는 사단법인 박열의사기념사업회가 설립 되었고 2004년 6월 28일에는 박열의 생가가 경북지방문화재 148 호로 지정되었다. 그리고 2012년 10월 9일에는 경북 문경시 마성 면 오천리에 박열의사기념관이 세워져 성대한 개관식을 치렀다.

한편, 문경 팔령골 깊은 산속에 있던 가네코 후미코의 묘지는 반세기가 지나도록 찾은 이라곤 없이 외롭게 방치되어 있었다. 그 런데 박열이 죽기 2년 전인 1972년에 일본의 여성운동가 세토우 치 하루미(瀬戸内寂聴)가 가네코의 생애를 그린 논픽션『여백의 봄 (余白の春)』을 발간하면서 그녀의 묘지 문제가 부각되었다. 일본에 생존해 있던 불령사 동지들은 방치된 가네코의 묘를 일본으로 이 장하자는 운동을 벌였다.

이에 자극을 받은 국내의 생존 동지 육홍균, 최갑룡 등과 무정 부주의운동의 지도자이던 정화암, 양일동 등이 가네코의 묘지 단 장에 나섰다. 이들은 1973년 7월 23일 가네코 묘지의 봉분을 복 토하고 비석을 세웠다. 대리석 비석에는 '가네코 후미코 묘비건립 준비위원회' 명의로 이렇게 비문을 새겼다.

소백산령 기슭 여기 이곳에 여류 아나키스트 가네코 후미코
가 고이 잠들어 있다. 여사는 1904년 1월 25일(현재 가네코 후미
코가 태어난 해는 1903년으로 알려져 있으나 건립비에는 1904년으로 되어

있다-지은이) 일본 야마나시 현에 본적을 두고 요코하마 시에서 태어났다. 가난하고 불우한 가정환경 속에 자라난 여사는 한때 고모의 유인으로 한국 땅 부강에서 방랑했다. 영민한 감수성과 명석한 두뇌의 여사는 당시 일본 제국의 포악한 침략 하에서 도탄에 빠져 있는 한국인의 처참한 모습에 남달리 민감했다.

고모의 학대에 못 이겨 일본으로 되돌아갈 때는 벌써 여사의 가슴속 깊이 자기의 모국 일본의 부정 불의에 대한 의분이 도사리고 있었다. 그런 여사가 일본 제국주의에 항거 항쟁하던 혁명투사 박열 선생과 생사를 같이할 동지일 뿐 아니라 부부로서 결합했던 것은 필연의 결과다.

흑도회, 흑우회의 맹원으로 활약하던 박열 선생은 여사와 같이 일본 제국주의의 상징인 천황을 모살할 계획을 세워 비밀리에 공작을 펴오던 중, 1922년 4월에 김중한·육홍균·장상중·한현상·서도성·서상경·정태성·하세명·홍진유·최규종·니야마·구리하라·오가와·노구치 등 제씨와 더불어 혁명결사 '불령사'를 조직하고 「현 사회」라는 기관지를 발간하여 과감한 투쟁을 전개했다. 1923년 9월 간토대지진 당시에 불령사 맹원 전원이 검거 투옥되었다.

이렇게 검거되어 예심을 받던 과정에서 육홍균 씨 외 13명은 석방되고 박열 선생과 여사는 4년이라는 긴 세월 동안 17회의 예심을 거쳐 1926년 2월 26일 제1회 재판 개정을 보게 되었으나, 그들의 사상은 추호의 동요 없이 천황 유해론, 약소민족 해방, 한국 독립의 정당성, 인간의 자유를 시종여일하게 주장했다.

급기야 대역죄로 사형선고를 받자 여사는 만세를 외치고 박열 선생은 재판장에게 "수고했군." 하며 조소를 지었다. 이 사상의 일관성, 이 태도의 침착성, 이 생사의 초월성은 만세에 있어서 사상가의 귀감이 아닐 수 없다.

동년 7월 23일 여사는 수감 중이던 도치기 형무소에서 의문의 횡사로 그 한 많은 일생을 마쳤으니 향년 23세다. 동년 동월 여사의 유해는 그 무서운 일본 경찰의 눈을 피하여 많은 동지와 시숙 박정식 씨 등의 정성으로 본국에 반장되었으나, 일경의 날카로운 감시로 성분조차 제대로 하지 못한 채 50성상을 거치는 동안 풍마우세로 그 흔적도 찾기 어렵게 되었다. 이를 안타까이 여겨 동지들은 모든 성의를 모아 유지들의 찬조를 얻어 봉분을 개축하고 묘비를 세워 그 투혼을 영원히 기념하기로 한다.

가네코 후미코의 묘는 2003년 12월, 박열의사기념사업회에 의해 경북 문경군 마성면 오천리에 세워진 박열의사기념공원 경내로 이장되었다. '일본을 움직인 10대 여장부'라 불리는 가네코의 묘소에는 해마다 수많은 참배객이 찾아오고 있으며 그중에는 일본인도 상당수이다. 평양 신미리 애국열사릉의 박열 묘소에는 얼마나 많은 참배객이 찾아오는가 알 수 없으나, 남과 북 모두에게 존중받는 인물로서 한국사에 길이 남을 것이다.

박열, 불온한 조선인 혁명가

초판 1쇄 펴낸 날 2017. 6. 10.
초판 2쇄 펴낸 날 2017. 7. 3.

지은이   안재성
발행인   양진호
책임편집   위정훈
디자인   김민정
발행처   도서출판 인문서원

등 록   2013년 5월 21일(제2014-000039호)
주 소   (121-893) 서울시 마포구 양화로 56 동양한강트레벨 718호
전 화   (02) 338-5951~2
팩 스   (02) 338-5953
이메일   inmunbook@hanmail.net

ISBN   979-11-86542-37-8 (03910)

값은 뒤표지에 있습니다.
잘못 만들어진 책은 구입하신 서점에서 바꾸어 드립니다.

이 도서의 국립중앙도서관 출판예정도서목록(CIP)은 서지정보유통지원시스템 홈페이지(http://seoji.nl.go.kr)와 국가자료공동목록시스템(http://www.nl.go.kr/kolisnet)에서 이용하실 수 있습니다. (CIP제어번호: CIP2017009419)